工程经济学

主　编　陈　平　田　洋　朱崇利
副主编　王　双　鄂　婧　刘乔辉　陈　夺

北京理工大学出版社
BEIJING INSTITUTE OF TECHNOLOGY PRESS

内 容 简 介

本书以资金时间价值这一概念为主线,结合一级建造师考试科目《建设工程经济》的考试大纲,系统地介绍了工程经济分析的概念、基本理论和方法,以及这些概念、理论和方法在工程项目经济评价、建筑产品生产、房地产综合开发等方面的应用,同时较系统地阐述了在大数据背景下,BIM 技术对于工程及工程经济性的影响。全书分为 9 章,包括绪论、现金流量与资金时间价值、工程经济分析的基本要素、工程经济评价指标与方法、价值工程、设备更新的经济分析、建设项目财务评价与经济评价、不确定性分析与风险分析、BIM 技术对工程经济的影响。

本书主要作为土木工程相关专业本科生的教材,也可作为土木工程专科及其他理工科学生的教学参考书,还可作为工程及经济管理实践领域就职者的参考书。

版权专有　侵权必究

图书在版编目（CIP）数据

工程经济学／陈平，田洋，朱崇利主编．--北京：
北京理工大学出版社，2023.3
ISBN 978-7-5763-2209-5

Ⅰ.①工… Ⅱ.①陈… ②田… ③朱… Ⅲ.①工程经济学 Ⅳ.①F062.4

中国国家版本馆 CIP 数据核字（2023）第 048683 号

出版发行／北京理工大学出版社有限责任公司
社　　址／北京市海淀区中关村南大街 5 号
邮　　编／100081
电　　话／（010）68914775（总编室）
　　　　　（010）82562903（教材售后服务热线）
　　　　　（010）68944723（其他图书服务热线）
网　　址／http：//www.bitpress.com.cn
经　　销／全国各地新华书店
印　　刷／北京紫瑞利印刷有限公司
开　　本／787 毫米×1092 毫米　1/16
印　　张／15.5　　　　　　　　　　　　　　　　责任编辑／李　薇
字　　数／364 千字　　　　　　　　　　　　　　文案编辑／李　硕
版　　次／2023 年 3 月第 1 版　2023 年 3 月第 1 次印刷　责任校对／刘亚男
定　　价／95.00 元　　　　　　　　　　　　　　责任印制／李志强

图书出现印装质量问题，请拨打售后服务热线，本社负责调换

前 言

党的二十大报告中提出"加快建设国家战略人才力量,努力培养造就更多大师、战略科学家、一流科技领军人才和创新团队、青年科技人才、卓越工程师、大国工匠、高技能人才。"工程经济学是工程与经济的交叉学科,具体研究工程技术实践活动的经济效果。它在建设工程领域的研究客体是由建设工程生产过程、建设管理过程等组成的一个多维系统,通过所考察系统的预期目标和所拥有的资源条件,分析该系统的现金流量情况,选择合适的技术方案,以获得最佳的经济效果。运用工程经济学的理论和方法可以解决建设工程从决策、设计到施工及运行阶段的许多技术经济问题,如在施工阶段,要确定施工组织方案、施工进度安排、设备和材料的选择等,如果忽略了对技术方案进行工程经济分析,就有可能造成重大的经济损失。通过工程经济的学习,有助于建造师增强经济观念,运用工程经济分析的基本理论和经济效果的评价方法,将建设工程管理建立在更加科学的基础之上。

本书完整、准确、全面贯彻新发展理念,全面介绍工程经济学的基本原理和方法,以一级建造师资格考试的《建设工程经济》考点为主线进行编制,同时,加入了建筑行业全新的信息技术。为了方便读者更好地运用碎片化时间进行学习,编者编辑了一部分电子资源以供读者学习。

本书由陈平、田洋、朱崇利担任主编,王双、鄂婧、刘乔辉、陈夺担任副主编。具体编写分工为:陈平负责第1章、第2章、第4章的编写,田洋负责第3章、第5~8章的编写,王双、鄂婧负责第9章的编写,朱崇利、陈夺、刘乔辉负责本书的电子资源的编辑。

由于工程经济学是一门交叉学科,其所包含的知识点范围较广,尤其是随着新信息技术的使用和普及,工程经济学中用来分析工程经济性的方法和工具也在不断发展,本书中的内容难免存在不足之处,希望广大读者不吝指正。

编 者

目 录

第1章 绪论 (1)

1.1 工程经济学的相关概念 (1)
1.1.1 工程的概念 (1)
1.1.2 经济的概念 (2)
1.1.3 工程技术与经济的关系 (2)
1.1.4 工程经济学的概念 (3)

1.2 工程经济学的研究对象与研究范围 (4)
1.2.1 工程经济学的产生与发展 (4)
1.2.2 工程经济学的研究对象 (5)
1.2.3 工程经济学的研究范围 (5)

1.3 工程经济分析的基本原理 (6)
1.3.1 工程经济分析的一般程序 (6)
1.3.2 工程经济学的分析方法 (7)
1.3.3 工程经济分析的基本原则 (8)
1.3.4 工程经济学与相关学科的关系 (8)

第2章 现金流量与资金时间价值 (10)

2.1 现金流量 (10)
2.1.1 现金流量概述 (10)
2.1.2 现金流量图 (12)

2.2 资金的时间价值 (13)
2.2.1 资金时间价值概述 (13)

2.2.2　资金等值概述 ……………………………………………………………… (15)
　　2.2.3　资金等值的计算 …………………………………………………………… (16)
　　2.2.4　几种特殊利率 ……………………………………………………………… (20)
　　2.2.5　等值计算公式的应用 ……………………………………………………… (21)
　　2.2.6　几种特殊年金的等值计算 ………………………………………………… (22)
　　2.2.7　特殊现金流量的等值计算 ………………………………………………… (23)

第3章　工程经济分析的基本要素 …………………………………………………… (30)

3.1　建设项目投资 ………………………………………………………………………… (30)
　　3.1.1　我国现行建设项目总投资的构成 ………………………………………… (30)
　　3.1.2　建设投资 ……………………………………………………………………… (31)
　　3.1.3　建设期利息 …………………………………………………………………… (35)
　　3.1.4　流动资金 ……………………………………………………………………… (38)
3.2　成本费用 ……………………………………………………………………………… (42)
　　3.2.1　成本费用的构成 ……………………………………………………………… (42)
　　3.2.2　成本费用的计算 ……………………………………………………………… (44)
3.3　收入与税费 …………………………………………………………………………… (50)
　　3.3.1　营业收入 ……………………………………………………………………… (50)
　　3.3.2　营业税金及附加 ……………………………………………………………… (50)
3.4　利润 …………………………………………………………………………………… (52)
　　3.4.1　利润的计算 …………………………………………………………………… (52)
　　3.4.2　利润的分配 …………………………………………………………………… (53)

第4章　工程经济评价指标与方法 …………………………………………………… (58)

4.1　工程经济评价指标 …………………………………………………………………… (58)
　　4.1.1　工程经济评价指标体系 ……………………………………………………… (58)
　　4.1.2　静态评价指标 ………………………………………………………………… (60)
　　4.1.3　动态评价指标 ………………………………………………………………… (65)
4.2　方案经济评价方法 …………………………………………………………………… (74)
　　4.2.1　方案的类型 …………………………………………………………………… (74)
　　4.2.2　独立方案比选 ………………………………………………………………… (75)
　　4.2.3　互斥方案比选 ………………………………………………………………… (78)
　　4.2.4　现金流量相关型方案的选择 ………………………………………………… (88)

第5章　价值工程 ………………………………………………………………………… (92)

5.1　价值工程基本原理 …………………………………………………………………… (92)

  5.1.1 价值工程的产生与发展 ……………………………………………… (92)
  5.1.2 价值工程的概念 …………………………………………………… (94)
  5.1.3 提高价值的途径 …………………………………………………… (96)
  5.1.4 价值工程的特点 …………………………………………………… (96)
 5.2 价值工程的工作程序与方法 ………………………………………………… (97)
  5.2.1 价值工程的工作程序 ……………………………………………… (97)
  5.2.2 对象选择和信息资料收集 ………………………………………… (98)
  5.2.3 功能分析与评价 …………………………………………………… (102)
  5.2.4 方案创新与评价 …………………………………………………… (111)
 5.3 价值工程应用案例 …………………………………………………………… (113)

第6章 设备更新的经济分析 ……………………………………………………… (120)

 6.1 设备更新概述 ………………………………………………………………… (120)
  6.1.1 设备更新的含义 …………………………………………………… (120)
  6.1.2 设备磨损的含义及种类 …………………………………………… (120)
  6.1.3 设备的寿命 ………………………………………………………… (121)
  6.1.4 设备磨损的补偿 …………………………………………………… (122)
 6.2 设备大修理的经济分析 ……………………………………………………… (123)
  6.2.1 设备大修理的经济实质 …………………………………………… (123)
  6.2.2 设备大修理的经济界限 …………………………………………… (124)
 6.3 设备更新的经济分析 ………………………………………………………… (125)
  6.3.1 设备更新的原则 …………………………………………………… (125)
  6.3.2 设备原型更新的经济分析 ………………………………………… (126)
  6.3.3 出现新设备条件下的更新分析 …………………………………… (130)
  6.3.4 设备更新方案的比选 ……………………………………………… (130)
 6.4 设备现代化技术改造的经济分析 …………………………………………… (132)
  6.4.1 现代化技术改造的含义 …………………………………………… (132)
  6.4.2 现代化技术改造经济分析的方法 ………………………………… (133)
 6.5 设备购买与租赁的经济分析 ………………………………………………… (135)
  6.5.1 设备租赁的含义和方式 …………………………………………… (135)
  6.5.2 设备租赁的优缺点 ………………………………………………… (135)
  6.5.3 影响设备租赁或购买的主要因素 ………………………………… (135)
  6.5.4 设备租赁与购置的经济分析 ……………………………………… (136)

第7章 建设项目财务评价与经济评价 …………………………………………… (139)

 7.1 财务评价概述 ………………………………………………………………… (139)

  7.1.1 建设工程项目与经济评价 …………………………………………… (139)
  7.1.2 建设工程项目财务评价 …………………………………………… (142)
  7.1.3 财务评价的内容与步骤 …………………………………………… (142)
7.2 财务基础数据测算 ……………………………………………………… (144)
  7.2.1 财务效益与财务费用的概念 ……………………………………… (144)
  7.2.2 财务效益与费用估算的原则 ……………………………………… (145)
  7.2.3 财务效益与费用估算的内容 ……………………………………… (146)
  7.2.4 财务基础数据测算表的相互关系 ………………………………… (150)
  7.2.5 财务评价参数的选取 ……………………………………………… (150)
7.3 新设项目法人项目财务评价 …………………………………………… (152)
  7.3.1 财务评价报表的编制 ……………………………………………… (152)
  7.3.2 盈利能力分析 ……………………………………………………… (161)
  7.3.3 偿债能力分析 ……………………………………………………… (162)
  7.3.4 财务生存能力分析 ………………………………………………… (162)
7.4 既有项目法人项目财务评价 …………………………………………… (163)
  7.4.1 评价范围与数据的确定 …………………………………………… (163)
  7.4.2 既有项目法人项目财务评价的特点 ……………………………… (164)
  7.4.3 盈利能力分析 ……………………………………………………… (165)
  7.4.4 偿债能力分析 ……………………………………………………… (165)
  7.4.5 财务生存能力分析 ………………………………………………… (166)
7.5 非盈利性项目财务评价 ………………………………………………… (166)
  7.5.1 非盈利性项目的类型 ……………………………………………… (166)
  7.5.2 非盈利性项目财务评价方法 ……………………………………… (166)
7.6 财务评价案例 …………………………………………………………… (167)
  7.6.1 背景资料 …………………………………………………………… (167)
  7.6.2 财务分析 …………………………………………………………… (168)
7.7 经济分析概述 …………………………………………………………… (173)
  7.7.1 经济分析的概念及作用 …………………………………………… (173)
  7.7.2 经济分析与财务分析的联系 ……………………………………… (174)
  7.7.3 经济分析的项目类型和内容 ……………………………………… (175)
  7.7.4 经济分析的通用参数 ……………………………………………… (177)
7.8 经济效益和费用的识别 ………………………………………………… (178)
  7.8.1 经济效益和费用识别的基本要求 ………………………………… (178)
  7.8.2 经济效益与费用的计算原则 ……………………………………… (180)
  7.8.3 经济费用效益分析 ………………………………………………… (181)

  7.8.4 经济费用效益分析指标的计算 ………………………………………………… (181)
  7.8.5 经济费用效益分析的对策建议 ………………………………………………… (183)
  7.8.6 经济费用效果分析 ……………………………………………………………… (183)
 7.9 经济分析案例 ………………………………………………………………………… (185)
  7.9.1 项目背景资料 …………………………………………………………………… (185)
  7.9.2 项目经济分析的财务数值调整方法 …………………………………………… (186)
  7.9.3 项目经济分析 …………………………………………………………………… (188)

第8章 不确定性分析与风险分析 ……………………………………………………… (191)

 8.1 概述 …………………………………………………………………………………… (191)
  8.1.1 不确定性分析的概念 …………………………………………………………… (191)
  8.1.2 风险分析的概念 ………………………………………………………………… (192)
  8.1.3 风险分析与不确定性分析的关系 ……………………………………………… (192)
 8.2 盈亏平衡分析 ………………………………………………………………………… (192)
  8.2.1 盈亏平衡分析概述 ……………………………………………………………… (192)
  8.2.2 线性盈亏平衡分析 ……………………………………………………………… (193)
  8.2.3 非线性盈亏平衡分析 …………………………………………………………… (195)
  8.2.4 盈亏平衡分析的优缺点 ………………………………………………………… (197)
 8.3 敏感性分析 …………………………………………………………………………… (197)
  8.3.1 敏感性分析的概念、方法与步骤 ……………………………………………… (197)
  8.3.2 单因素敏感性分析 ……………………………………………………………… (199)
  8.3.3 多因素敏感性分析 ……………………………………………………………… (203)
  8.3.4 敏感性分析的不足 ……………………………………………………………… (205)
 8.4 风险分析 ……………………………………………………………………………… (205)
  8.4.1 风险分析的基本原理 …………………………………………………………… (205)
  8.4.2 风险分析的主要方法 …………………………………………………………… (209)

第9章 BIM 技术对工程经济的影响 …………………………………………………… (218)

 9.1 BIM 技术概述 ………………………………………………………………………… (218)
  9.1.1 BIM 的定义 ……………………………………………………………………… (218)
  9.1.2 BIM 采用的信息组织方法 ……………………………………………………… (219)
 9.2 BIM 技术在工程中的应用 …………………………………………………………… (220)
  9.2.1 BIM 在设计阶段的应用 ………………………………………………………… (220)
  9.2.2 BIM 在施工阶段的应用 ………………………………………………………… (222)
 9.3 BIM 应用现状 ………………………………………………………………………… (223)

9.3.1　传统施工成本控制存在问题和 BIM 技术落实难点 …………………… (224)
　　9.3.2　BIM 技术在工程项目中的成本控制措施 ……………………………… (224)
　　9.3.3　BIM 技术应用的重点 ……………………………………………………… (229)
9.4　BIM 技术在造价管理中的应用 …………………………………………………… (231)
　　9.4.1　行业及工具的转变 ………………………………………………………… (231)
　　9.4.2　造价管理存在的问题 ……………………………………………………… (232)
　　9.4.3　BIM 在造价管理中的作用和意义 ………………………………………… (233)
　　9.4.4　基于 BIM 的全过程造价管理 ……………………………………………… (234)

参考文献 ……………………………………………………………………………………… (238)

第 1 章

绪论

★学习目标

了解工程经济学的发展脉络，了解工程经济学的主要研究内容和应用范围，要求学生通过学习后，对工程经济学这个学科有一个简单全面地了解。了解技术实践活动、经济效果、工程经济学的概念，经济效果的含义，工程经济学的基本原理。能够根据工程经济学的研究内容分析工程经济学未来的发展趋势以及建筑行业信息化、数字化对于工程经济学研究方法的影响。

★主要内容

技术实践活动、经济效果、工程经济学的概念；经济效果的含义；工程经济学的基本原理。

1.1 工程经济学的相关概念

学习工程经济学的概念，首先应该了解工程的概念、经济学的概念，这对理解工程经济学的概念有所帮助。

1.1.1 工程的概念

工程，一般是指将自然科学的原理应用于工农业生产而形成的各学科的总称。这些学科是应用数学、物理学、化学等基础科学的原理，结合在生产实践中所积累的技术经验而形成的，如化学工程、冶金工程、机电工程、土木工程、水利工程、交通工程、纺织工程、食品工程等。其主要内容有生产工艺的设计与制订、生产设备的设计与制造、检测原理与设备的设计与制造、原材料的研究与选择、土木工程的勘测设计与施工设计、土木工程的施工建设等。此外，人们习惯将某个具体的工程项目简称为工程，如建设项目的三峡水电工程、青藏铁路工程、北京奥运会场馆建设工程、大型炼油厂工程、50 t 乙烯工程、核电站工程、高速公路建设工程、城市自来水厂或污水处理厂工程、企业的技术改造及改扩建工程，还有生产经营活动中的新产品开发项目、新药物研究项目、软件开发项目、新工艺及设备的研发项目等都具有工程的含义。工程经济学中的工程既包括工程技术方案、技术措施，也包括工程项目。

上述的所有工程（无论何种类型、何种项目）都具有一个共同的特点，即它是人类利用自然和改造自然的手段，也是人们创造巨大物质财富的方法与途径。其根本目的是为全人类提供更好的生活服务。

1.1.2 经济的概念

经济的概念有四个方面的含义：一是社会生产关系，是指人类社会发展到一定阶段的社会经济制度，它是社会生产关系的总和，是政治和思想等上层建筑赖以存在的基础；二是指国民经济的总称，如一国的社会产业部门的总称（第一产业：农业和采掘业；第二产业：加工制造产业；第三产业：服务业）；三是指人类的经济活动，即对物质资料的生产、交换、分配和消费活动；四是指节约或节省，即人们在日常工作与生活中的节约，既包括了对社会资源的合理利用与节省，也包括了个人家庭生活开支的节约。工程经济学主要应用了经济学中节约的含义。

1.1.3 工程技术与经济的关系

工程技术与科学不同，是科学的应用。科学家从事科研活动的目的是增加人类已经积累起来的系统知识，发现宇宙间的各种规律；对于工程技术人员来说，知识本身不是目的，而是他们用来设计和制造各种结构、系统、过程等的理论依据。

工程技术的先进性表现在两个方面：一个方面是它能够创造落后技术所不能创造的产品和劳务，如宇宙航行技术、海底资源开发技术、原子能利用技术和因特网信息技术等；另一方面是它能够用更少的物力和人力创造出相同的产品与劳务。

工程技术作为人类进行生产斗争的手段，它的经济目的性是十分明显的。因此，对于任何一种技术，在一般情况下，都不能不考虑经济效果的问题。脱离了经济效果的标准，技术是好、是坏、是先进、是落后，都无从加以判断。

既然人类发展技术是为了经济的目的，因而技术不断发展的过程，也就是其经济效果不断提高的过程。随着技术的日新月异，人类越来越能够用较少的人力、物力获得更多更好的产品或劳务。从这一方面来看，技术的先进性是同它的经济合理性相一致的。凡是先进的技术，一般来说总是具有较高的经济效果；恰恰是较高的经济效果才决定它是先进的技术。但从另一方面来看，在技术的先进性和其经济的合理性之间又存在着一定的矛盾。这是因为在实际的生产生活中，采用技术时必须考虑当时具体的自然条件和社会条件，而条件不同，技术所带来的效果也不同。很多时候，某种技术在某种条件下体现出较高的经济效果，而在另一种条件下就不一定是这样。可能从远景的发展方向来看，应该采用某种技术，而从近期的利益来看，则需要采用另一种技术。这类的例子有很多，例如，铁路机车的牵引动力，从总效率方面比较，以电力牵引为最优，内燃牵引次之，蒸汽牵引最差。

采用电力牵引，可以节省燃料，提高行车速度，减少环境污染，但是需要建设庞大的电力网和供电设施。因此，目前世界上许多国家仍然以蒸汽牵引或内燃牵引作为主要的牵引动力。由此可见，涉及具体的技术在实际使用的时候，经济性是与使用条件息息相关的。

因此，为了保证工程技术很好地服务于经济建设，最大限度地满足社会的需要，就必须研究在当时当地的具体条件之下采用哪种技术才是适合的。这个问题显然不是仅由技术是先进或落后所能够决定的，而必须通过效益、成本的计算和比较才能够解决。

1.1.4 工程经济学的概念

工程经济学（Engineering Economics）是工程与经济的交叉学科，是研究工程技术实践活动经济效果的学科，即以工程项目为主体，以技术经济系统为核心，研究如何有效利用资源，提高经济效益的学科。工程经济学研究各种工程技术方案的经济效益，研究各种技术在使用过程中如何以最小的投入获得预期产出，或者如何以等量的投入获得最大产出；如何用最低的寿命周期成本实现产品、作业及服务的必要功能。

从学科归属上看，工程经济学既不属于社会科学（经济学科），又不属于自然科学。因此不必固于传统观念，一定要把某一学科归属到自然科学或社会科学中。唯物辩证法承认非此非彼，既此又彼的客观存在。当学科归属出现大量反常现象时，恰恰意味着传统的学科划分面临危机。工程经济学立足于经济，研究技术方案，已成为一门独立的综合性学科。其主要特点如下：

（1）综合性。工程经济学横跨自然科学和社会科学两大类。工程技术学科研究自然因素运动、发展的规律是以特定的技术为对象的；而经济学科是研究生产力和生产关系运动发展规律的一门学科。工程经济学从技术的角度去考虑经济问题，又从经济角度去考虑技术问题，技术是基础，经济是目的。在实际应用中，技术经济涉及的问题很多，一个部门、一个企业有技术经济问题，一个地区、一个国家也有技术经济问题。因此，工程技术的经济问题往往是多目标、多因素的。它所研究的内容既包括技术因素、经济因素，又包括社会因素与时间因素。

（2）实用性。工程经济学之所以具有强大的生命力，在于它非常实用。工程经济学研究的课题，分析的方案都来源于生产建设实际，并紧密结合生产技术和经济活动进行，它所分析和研究的成果，直接用于生产，并通过实践来验证分析结果是否正确。工程经济学与经济的发展、技术的选择、资源的综合利用、生产力的合理布局等关系非常密切。它使用的数据、信息资料来自生产实践，研究成果通常以一个规划、计划或一个具体方案、具体建议的形式出现。

（3）定量性。工程经济学的研究方法以定量分析为主，即使有些难以定量的因素，也要予以量化估计。通过对各种方案进行客观、合理、完善的评价，用定量分析结果为定性分析提供科学依据。不进行定量分析，技术方案的经济性无法评价，经济效果的大小无法衡量，在诸多方案中也无法进行比较和优选。因此，在分析和研究过程中，要用到很多数学方法、计算公式，并建立数学模型，通过计算机计算结果。

（4）比较性。世上万物只有通过比较才能辨别孰优孰劣。经济学研究的实质是进行经济比较。工程经济分析通过经济效果的比较，从许多可行的技术方案中选择最优方案或满意的可行方案。例如，一个技术经济指标是先进还是落后，是通过比较而言的。以能耗为例，1 t 标准煤能够产生多少产值，没有比较无法说明。

（5）预测性。工程经济分析活动大多在事件发生之前进行。对将要实现的技术政策、技术措施、技术方案进行预先的分析和评价，首先要进行技术经济预测。通过预测，使技术方案更接近实际，避免盲目性。

工程经济预测性主要有两个特点：一方面，要求尽可能准确地预见某一经济事件的发展趋向和前景，充分掌握各种必要的信息资料，尽量避免由于决策失误所造成的经济损失；另一方面，由于预见性包含一定的假设和近似性，只能要求对某项工程或某一方案的分析结果尽可能接近实际，而不能要求其绝对准确。

1.2　工程经济学的研究对象与研究范围

1.2.1　工程经济学的产生与发展

伴随着社会经济发展和现代科学技术不断进步，自然科学和社会科学之间不断渗透，互相促进，在这样的背景下，工程经济学逐渐形成并快速发展。

19 世纪以前，技术落后，其推动经济发展的速度极为缓慢，人们看不到技术对经济的积极促进作用，只能就技术论技术；19 世纪以后，科学技术迅猛发展（蒸汽机、发电机、计算机等的兴起和普及），带来了经济繁荣。马克思在《资本论》中以很大篇幅总结了社会发展过程中技术进步对经济所起的作用，指出科学技术创造一种生产力，会生产较大量的使用价值，减少一定量效果上的必要劳动时间。

最早在工程领域开展经济评价工作的是美国的惠灵顿（A. M. Wellington），他用资本化的成本分析方法来选择铁路的最佳长度或路线的曲率，他在《铁路布局的经济理论》（1887 年）一书中，对工程经济下了第一个简明的定义："一门少花钱多办事的艺术"。

20 世纪 20 年代，戈尔德曼（O. B. Goldman）在《财务工程学》中指出："这是一种奇怪而遗憾的现象……在工程学书籍中，没用或很少考虑……分析成本以达到真正的经济……"也是他提出了复利计算方法。

20 世纪 30 年代，经济学家们注意到了科学技术对经济的重大影响，对技术经济的研究也随之展开，逐渐形成一门独立的学科。1930 年格兰特（E. L. Grant）出版了《工程经济原理》，他以复利为基础讨论了投资决策的理论和方法。这本书作为教材被广为引用，他的贡献也得到了社会的承认，被誉为"工程经济学之父"。

第二次世界大战后，各国都很重视技术进步对经济增长的促进作用，据测算 20 世纪 50—70 年代发达国家中技术进步对国民收入增长速度的贡献为 50% ~ 70%。在此之后，随着数学和计算技术的发展，特别是运筹学、概率论、数理统计等方法的应用，以及系统工程、计量经济学、最优化技术的飞跃发展，技术经济学得到了长足的发展。

1978 年布西（L. E. Bussey）出版了《工业投资项目的经济分析》，全面系统地总结了工程项目的资金筹集、经济评价、优化决策及项目的风险和不确定性分析等。1982 年里格斯（J. L. Riggs）出版了《工程经济学》，系统阐明了货币的时间价值、货币管理、经济决策和风险与不确定性分析等。

1.2.2　工程经济学的研究对象

工程经济学是一门研究如何评价在实现工程技术活动目标时，众多可行方案经济性的学科。其核心内容是一整套工程技术经济分析的思想和方法，是帮助决策者科学决策的重要工具，更是人类提高工程技术实践活动效率的基本工具。

工程经济学是介于自然科学和社会科学之间的边缘学科，是根据现代科学技术和社会经济发展的需要，在自然科学和社会科学的发展过程中，各学科互相渗透，互相促进，互相交叉，逐渐形成和发展起来的。在这门学科中，经济学处于主导地位。因此，工程经济学属于应用经济学的一个分支。

由此可见，工程经济学的研究客体应是各种工程技术实践活动，如建设工程项目的规划方案、设计方案、建造方案、设备工程的购买与更新方案等。研究内容是各种方案的经济效果分析并进行方案评价。总结来说，就是运用哪些经济学理论，采用何种分析工具，建立什么样的方法体系，才能寻求到技术与经济的最佳结合点，从而达到提高工程技术实践活动经济效果的目的。

这里所提到的经济效果是人们在使用工程技术的社会实践中效益与费用及损失的比较。对于取得一定有用成果和所支付的资源代价及损失的对比分析，就是经济效果评价。

当效益与费用及损失为不同度量单位时，经济效果可用下式表示：
$$经济效果 = 效益/(费用+损失)$$
当效益与费用及损失为相同度量单位时，经济效果可用下式表示：
$$经济效果 = 效益-(费用+损失)$$
提高工程技术实践活动的经济效果是工程经济分析与评价的出发点和归宿点。

1.2.3　工程经济学的研究范围

在明确了工程经济学的研究对象后，其具体的研究范围如下：

（1）现金流量与资金时间价值。资金的时间价值是工程经济分析的重要基础。其主要包括现金流量的概念及构成、现金流量图、资金时间价值和等值的概念及计算、名义利率与实际利率等内容。

（2）工程经济分析的基本要素。工程经济分析的要素是联系工程要素与经济分析的桥梁。其主要研究工程经济分析一般所使用的工程投资、成本费用、收入与税费及利润等基本要素的构成与计算。

（3）工程经济评价的基本指标。工程经济评价指标是工程经济分析的衡量依据。其主要研究由总投资收益率、项目资本金净利润率、静态投资回收期、利息备付率、偿债备付率、资产负债率等静态评价指标与内部收益率、净现值、净现值率、净年值、费用现值、费用年值、动态投资回收期等动态评价指标所构成的评价指标体系。

（4）方案的经济比较与选择。方案的经济比较与选择主要研究方案的类型、方案经济比选的要求与方法，以及独立方案、互斥方案和相关方案比选的基本原理与方法。

（5）建设项目可行性研究。建设项目可行性研究主要研究可行性研究的含义与作用、依据、主要内容及可行性研究报告的编制等。

（6）建设项目财务评价。建设项目财务评价主要研究财务评价的内容与步骤、财务评价基础数据与参数选取、新设项目法人项目财务评价、既有项目法人项目财务评价及非盈利性项目财务评价的基本原理与方法。

（7）建设项目经济分析。建设项目经济分析主要研究国民经济分析的概念与作用、国民经济分析的范围和内容、国民经济分析的通用参数、国民经济效益和费用的识别与计算、国民经济评价的方法、经济费用效益分析与经济费用效果分析等内容。

（8）不确定性分析与风险分析。不确定性分析与风险分析主要研究盈亏平衡分析、敏感性分析与风险分析的基本原理与方法。

（9）建设项目后评价。建设项目后评价主要研究建设项目后评价的含义、特点、作用，建设后评价的基本程序、内容与方法等。

（10）设备更新的经济分析。从设备的寿命与磨损及补偿入手，主要研究设备大修理的经济分析、设备更新的经济分析、设备现代化技术改造的经济分析及设备购买与租赁的经济分析等的基本原理和方法。

（11）价值工程。从价值工程的产生、发展与基本概念入手，主要研究提高价值的途径、价值工程的特点及价值分析的程序与方法等内容。

1.3 工程经济分析的基本原理

1.3.1 工程经济分析的一般程序

工程经济分析的一般程序如图1.1所示。

（1）确定目标。在确定目标时要做到目标具体、明确，具有可评价性，同时，应具有系统性和全局性的特点。

（2）调查研究。目标确定后，要对实现目标的需求进行调查研究，分析是否具有实现目标所需的资源、技术、经济和信息等条件。

（3）选择对比方案。一般是有几个备选方案，从备选方案选出较优的方案。

（4）将比较方案可比化。必须满足可比性的原则，应满足需求上的可比、消耗费用的可比、销售价格上的可比、时间的可比。

（5）建立经济数学模型。找出目标函数，根据约束条件列出方程，再找目标函数，使目标函数达到最大。

（6）模型求解。

（7）综合分析论证。

（8）与既定目标和评价标准比较。如果符合目标就采纳，如果不满足就淘汰。

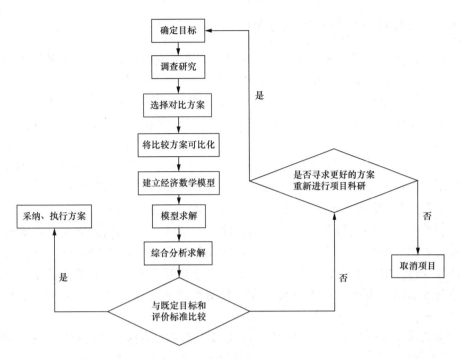

图 1.1 工程经济分析的一般程序

1.3.2 工程经济学的分析方法

工程经济学是工程技术与经济核算相结合的边缘交叉学科,是一门与生产建设、经济发展有着直接联系的应用性学科。其分析方法主要包括以下几种:

(1) 理论联系实际的方法。工程经济学是西方经济理论的延伸,具体研究资源的最佳配置,因此要正确运用工程经济学的分析方法,将经济学中的基本理论和工程项目的具体问题相结合,根据工程项目所处的不同发展阶段,具体问题具体分析。

(2) 定量与定性分析相结合的方法。在工程经济学中,对问题的分析过程是从定性分析出发,通过定量分析,再回到定性分析。

(3) 系统分析和平衡分析相结合的方法。工程项目通常都由许多个子项目组成,每个项目的运行都有各自的寿命周期,因此需要全面的、系统的分析方法。

(4) 静态评价和动态评价相结合的方法。确定投资机会或对项目进行初步选择时可采用静态分析,而动态分析则更科学、更准确地反映项目的经济情况。

(5) 统计预测与不确定性分析相结合的方法。在对工程项目实施分析时,各项指标只有依靠预测来获得,评价结论的准确性与预测数据的可靠性有着密切关系。统计预测方法主要从横向和纵向两个方面提供预测手段。由于影响未来的因素是众多的,许多因素处在发展变化之中,还需要对项目的经济指标进行不确定性分析。

1.3.3 工程经济分析的基本原则

（1）资金的时间价值原则。工程经济学中一个最基本的概念是资金具有时间价值。如果不考虑资金的时间价值，就无法合理地评价项目的未来收益和成本。

（2）现金流量原则。衡量投资收益用的是现金流量而不是会计利润。现金流量是项目发生的实际现金情况，而利润是会计账面数字，按"权责发生制"核算，并非手头可用的现金。

（3）增量分析原则。增量分析符合人们对不同事物进行选择的思维逻辑。对不同方案进行选择和比较时，应从增量角度进行分析，即考察增加投资的方案是否值得，将两个方案的比较转化为单个方案的评价问题，使问题得到简化，并容易进行。

（4）机会成本原则。机会成本就是指排除沉没成本，计入机会成本。企业投入一些自己拥有的资源，但这并不意味着自有要素的使用没有成本，将楼房出租或出售给其他企业就能够取得一定的收益，这种收益构成了企业使用自有要素的机会成本。沉没成本是决策前已支出的费用或已承诺将来必须支付的费用，这些成本不因决策而变化，是与决策无关的成本。

（5）有无对比原则。"有无对比法"将有这个项目和没有这个项目时的现金流量情况进行对比；"前后对比法"将某一项目实现以前和实现以后所出现的各种效益费用情况进行对比。

（6）可比性原则。进行比较的方案在时间上、金额上必须可比。因此，项目的效益和费用必须有相同的货币单位，并在时间上匹配。

（7）风险收益的权衡原则。投资任何项目都是存在风险的，因此必须考虑方案的风险和不确定性。不同项目的风险和收益是不同的，对风险和收益的权衡取决于人们对待风险的态度。但有一点是肯定的，选择高风险的项目，必须有较高的收益。

1.3.4 工程经济学与相关学科的关系

（1）工程经济学与西方经济学。工程经济学是西方经济学的重要组成部分。它研究问题的出发点、分析的方法和主要指标内容都与西方经济学一脉相承。西方经济学是工程经济学的理论基础，而工程经济学则是西方经济学的具体化和延伸。

（2）工程经济学与技术经济学。两者既有许多共性而又有所不同。工程经济学与技术经济学的主要区别在于对象不同，研究内容不同。

（3）工程经济学与投资项目评估学。工程经济学侧重于方法论科学，而投资项目评估学侧重于实质性科学。投资项目评估学具体研究投资项目应具备的条件，工程经济学为投资项目评估学提供分析的方法依据。

（4）工程经济学与投资效果学。投资效果学就是研究投资效益在宏观和微观上不同的表现形式与指标体系。工程经济学与投资效果学采用的经济指标存在重大区别。前者均为一般经济指标，这些指标要么不含有对比关系，如果有对比关系，也只是一种绝对对比关系；而后者则必须在同一个指标中包含投入与产出的内容，反映投入与产出的相对对比关系。

习题

1. 简述工程、经济、工程经济学的基本概念。
2. 简述工程经济学研究的对象和范围。
3. 简述工程经济分析的一般程序。
4. 简述工程经济分析的基本原则。

第 2 章
现金流量与资金时间价值

★ 学习目标

本章是工程经济分析最重要的基础内容之一，也是正确计算经济评价指标的前提，要求学生通过掌握现金流量的概念、利率与利息的基础概念和资金等值基本计算公式；理解资金时间价值的内涵，能够在生活和工作中正确认识和利用资金的时间价值原理进行相关决策。

★ 主要内容

现金流量的概念；利率与利息的概念；现金流量图的构成与绘制；名义利率和实际利率之间的关系和转换；资金时间价值的概念、影响资金时间价值的因素；资金等值计算公式。

2.1 现金流量

2.1.1 现金流量概述

1. 现金流量的概念

在工程经济分析中，通常将工程技术的实践活动（即一个工程项目或技术方案）视为一个独立的经济系统来考察其经济效果。每个经济系统都会有物质流动、信息流动和资金流动三种流，物质流动表现为各种原材料的流入和产成品的产出，其流动方向通常为由供应链的上游流向下游；资金流动表现为投入一定量的资金，花费一定量的成本（即资金流出），又通过产出物的销售等而获取一定量的货币收入（即资金流入），其流动方向通常为由供应链的下游流向上游；而信息流动表现为依托于物质和资金的流动而产生的信息会随着其依附的主体在供应链上双向流动。当研究经济系统中各个时间点上实际所发生的资金流出或资金流入时，就称之为对现金流量的研究。

把这种在所研究的经济系统中各个时间点上实际所发生的资金流出或资金流入称为现金流量，其中流出系统的资金称为现金流出（Cash Outflows），通常用 CO 表示；流入系统的资金称为现金流入（Cash Inflows），通常用 CI 表示；现金流入与现金流出之差称为净现金流量，通常用 CI-CO 来表示。净现金流量可以为正也可以为负，正现金流量可以理解为某一个时间节点处具有净收入，负现金流量可以理解为某一个时间节点处具有净支出。现金流入与现金流出统称为现金流量。工程经济分析的目的就是要根据所考察的经济系统的预期目标和所拥有的资源条件，分析该系统的现金流量情况，选择合适的工程技术方案，以获得最佳的经济效果。

2. 确定现金流量时应注意的问题

（1）明确现金流量发生的时间节点。

（2）现金流量一定是实际发生的，财务中经常提到的应收和应付款项不应纳入现金流量范围。

（3）不同的角度有不同的结果（如存入银行的资金，从储户的角度是现金流出，从银行的角度是现金流入）。

3. 现金流量的表达方式

在经济分析过程中，表示现金流量的方式主要有现金流量图和现金流量表两种。

（1）现金流量图。表示某一特定经济系统现金流入、流出与其发生时点对应关系的数轴图形，称为现金流量图，如图 2.1 所示。

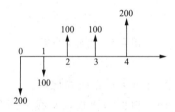

图 2.1 现金流量图

（2）现金流量表。把某一特定经济系统现金流入、流出与其发生时点对应关系用表格的形式表达出来，称为现金流量表。具体形式如图 2.2 所示。

序号	项目	计算期					合计
		1	2	3	…	n	
1	现金流入						
1.1							
2	现金流出						
2.1							
3	净现金流量						

图 2.2 现金流量表部分截图

对于期间发生现金流量的简化处理方法主要有以下三种习惯方法：

年末习惯法：假设现金发生在每期的期末。

年初习惯法：假设现金发生在每期的期初。

均匀分布法：假设现金发生在每期的期中。

在实际应用过程中视具体情况选择适当的现金流量简化处理方法。

由于现金流量图具有直观明了的特点，故在本章中主要介绍现金流量的表达方式之一——现金流量图。对于现金流量表的应用主要放在财务分析及国民经济分析时进行重点介绍。

2.1.2 现金流量图

在解决某一问题时，人们往往可以借助于直观的图形来帮助理解和分析。例如，物理学中分析物体的受力状况，可以借助于受力图来进行分析。对于一个经济系统而言，为了考察其在整个寿命期或计算期内的现金流入和现金流出情况，可以用现金流量图来进行经济效果分析。现金流量图就是一种能反映某一经济系统现金流量运动状态的图式，它可以直观地、形象地把项目的现金收支情况在一张图上表示出来，如图 2.3 所示。

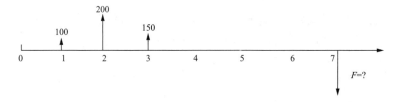

图 2.3 现金流量图

现以图 2.3 为例说明现金流量图的绘制方法和规则。

（1）画一条水平线作为时间轴。根据需要在水平线上划分若干刻度（等份），轴上每一刻度表示一个时间单位，根据分析的经济系统产生现金流量的实际时间可以取年、半年、季、月甚至是天等，时间轴上的点称为时点，时点通常表示的是该期的期末，同时，也是下一期的期初。零表示时间序列的起点，n 表示时间序列的终点。

（2）根据所研究的经济系统的实际情况用垂直于时间轴的箭线来表示该经济系统不同时间点上的现金流量情况，用箭头指向上方的箭线表示现金流入，箭头指向下方的箭线表示现金流出。

（3）在现金流量图中，箭线的长短与现金流量数值的大小应成比例。在实际工作中，由于经济系统中各时点现金流量常常因数值差额悬殊而无法成比例绘制，故在现金流量图的绘制中，箭线长短只要能适当体现各时点现金流量数值的差异，并在各箭线上方（或下方）注明其现金流量的数值即可。

（4）箭线与时间轴的交点即为现金流量发生的时间。

从上述可知，要正确绘制现金流量图，必须把握现金流量的三要素，即现金流量的大小（资金数额）、箭线的方向（资金流入或流出）和时间点（资金发生的时间点）。

2.2 资金的时间价值

2.2.1 资金时间价值概述

1. 资金时间价值的含义

在工程经济分析中，无论是技术方案所发挥的经济效益还是所消耗的人力、物力和自然资源，最后基本上都是以货币形态，即资金的形式表现出来。资金运动反映了物化劳动和活劳动的运动过程，而这个过程也是资金随时间运动的过程。因此，在工程经济分析时，不仅要着眼于方案资金量的大小（资金收入和支出的多少），而且也要考虑资金发生的时点。因为当前可以用来投资的一笔资金，即使不考虑通货膨胀的因素，也比将来同等数量的资金更有价值。这是由于资金是具有时间价值的，也就是说资金会随着时间的推移而产生增值。资金的增值必须是将资金放入经济循环体中循环才能产生，可以理解为资金使用者占用资金时付出的代价，也可以理解为资金所有者放弃资金使用权时获得的补偿。资金时间价值的多少和资金使用的数量、资金占用的时间及使用资金时的风险是相关的。由此看来，资金的时间价值是时间的函数，资金的价值会随时间的推移而增值，其增值的这部分资金就是原有资金的时间价值。

对于资金时间价值的含义，可以从以下两个方面加深理解：首先，资金随着时间的推移，其价值会增值（这种现象称资金增值）。资金是属于商品经济范畴的概念，在商品经济条件下，资金是不断运动着的。资金运动伴随着生产与交换的进行，生产与交换活动会给投资者带来利润，表现为资金的增值，资金增值的实质是劳动者在生产过程中创造了剩余价值。从投资者的角度来看，资金的增值特性使资金具有时间价值。其次，资金一旦用于投资，就不能用于现期消费。牺牲现期消费是为了能在预期得到更多的消费，个人储蓄的动机与国家积累的目的都是如此。从消费者的角度来看，资金的时间价值体现为对放弃现期消费的损失所应作的必要补偿。

2. 影响资金时间价值大小的因素

资金时间价值的大小取决于多方面的因素，从投资者的角度来看主要包括以下几个方面：

（1）投资收益率即单位投资所能取得的收益。投资收益率越大，资金的时间价值就越大。

（2）通货膨胀因素即对因货币贬值造成的损失所应作的补偿。通货膨胀率越高，资金时间价值越大。

（3）风险因素即对因风险的存在可能带来的损失所应作的补偿。技术实践活动风险越大，资金时间价值越大。

3. 资金时间价值的表现形式

在工程经济分析中，资金的利息和利率是具体体现资金时间价值的两个尺度，利息是衡量资金时间价值的绝对尺度，利率是衡量资金时间价值的相对尺度。事实上，利率就是投资者将资金存入银行所带来的投资收益率。

（1）利息。利息是指为得到资金的使用权所付出的代价（或放弃了资金的使用权所得到的补偿）。如果将一笔资金存入银行，这笔资金称为本金，经过一段时间后，储户可在本金之外再得到一笔利息。相反，如果向银行贷一笔资金，经过相同的一段时间后，贷款人除偿还银行的本金外，还需额外支付一笔利息。通常，这笔贷款利息会比存款利息高一些。

（2）利率。利率是指在一个计算周期内所得到的利息额与期初借贷资金额（即本金）之比，一般以百分数表示。相同金额相同期限的本金，向银行借贷所产生不等的利息就显示出利率大小的差异。利率期间通常以一年为周期，但也会见到小于一年的情况，用以表示利率的时间单位称为利率周期。

（3）利息的计算方式。借贷资金的计息制度可分为单利计息制和复利计息制两种，相应地称为单利法和复利法。

1）单利法。单利法是指每期只对原始本金计息，对所获得的利息不再进行计息。这就使得每个计息周期所获得的利息是相等的，单次利息与计息次数无关。在我国，国库券的利息通常是以单利计算的。单利法的计算公式为

$$F = P(1 + in) \tag{2.1}$$

式中　P——本金；

　　　i——年利率；

　　　n——计息次数；

　　　F——本利和，即本金与利息之和。

【例2.1】某人购买10 000元的4年期国库券，年利率为10%，4年后应得的本利和是多少？

解：由题设知 $P = 10\ 000$ 元，$i = 10\%$，得

$$F = P(1 + in) = 10\ 000 \times (1 + 10\% \times 4) = 14\ 000(元)$$

4年中，每年年末应支付利息与本利和见表2.1。

表2.1　单利法下应付本息和　　　　　　　　　　　　　　　　　元

时间/年	年初欠款	年末欠利息	年末欠本利和
1	10 000	10 000×10% = 1 000	11 000
2	11 000	10 000×10% = 1 000	12 000
3	12 000	10 000×10% = 1 000	13 000
4	13 000	10 000×10% = 1 000	14 000

2）复利法。复利法是指不仅本金生息，利息在每一计息周期结束后如果不付也要生息，是一种"利滚利"的计息方法。在国外，通常商业银行的贷款是按复利计算的。复利法的计算公式为

$$F = P(1 + i)^n \tag{2.2}$$

【例2.2】某人购买10 000元的4年期企业债券，年利率为10%，复利计息，4年后应得的本利和是多少？

解：由题设知 $P = 10\ 000$ 元，$i = 10\%$，得

$$F = P(1+i)^n = 10\,000 \times (1+10\%)^4 = 14\,641(元)$$

4年中,每年年末应支付利息与本利和见表2.2。

表 2.2 复利法下应付本息和 元

时间/年	年初欠款	年末欠利息	年末欠本利和
1	10 000	10 000×10% = 1 000	11 000
2	11 000	11 000×10% = 1 100	12 100
3	12 100	12 100×10% = 1 210	13 310
4	13 310	13 310×10% = 1 331	14 641

对比表2.1和表2.2便可以很清楚地看出单利法和复利法计算的差别:用复利法计算的利息金额及应偿还的本利和比单利法计算的结果大。这也符合资金在社会再生产过程中运动的实际状况。因为在社会再生产过程中,资金总是不断地周转、循环并增值单利法的隐含假设是每年的盈利不再投入社会再生产中,这不符合商品化社会生产的资金运动的实际情况。因此,在工程技术经济分析中,一般采用复利法计算。

另外,需要指出的是,复利计息有间断复利与连续复利之分。如果计息周期为一定的时间区间(如年、季、月或日等),并按复利计息,称为间断复利;如果计息周期无限缩短,则称为连续复利。从理论上讲,资金在不停地运动,每时每刻都通过生产和流通在增值,因而应该用连续复利计息,但在实际工作中为了简化计算,一般采用间断复利计息。

2.2.2 资金等值概述

1. 资金等值的概念

资金等值是指在考虑资金时间价值因素后,不同时点上数额不等的资金在一定利率条件下可能具有相等的价值。利用资金等值原理,可以把某一时间上的资金值按照给定的利率换算为与之等值的另一点上的资金值,这一换算过程称为资金的等值计算。

在工程经济分析中,等值是一个十分重要的概念。利用等值的概念,可以把一个时点发生的资金额换算成另一个时点的等资金额。把将来某一时点的资金额换算成现在时点的等资金额称为"折现"或"贴现",折现后的金额称为"现值"。与现值等价的将来某时点的资金额称为"终值"或"将来值"。需要说明的是,"现值"并非专指资金"现在"的价值,它是一个相对的概念。一般来说,将 $t+k$ 个时点上发生的资金折算到第 t 个时点,所得的等值金额就是第 $t+k$ 个时点上资金额的现值。

显然,影响资金等值的因素有资金额的大小;资金发生的时间;利率的大小。

2. 等值计算的有关参数

在进行资金等值计算之前,先明确以下几个计算参数的含义。

(1)利率或折现率(i):在工程经济分析中把根据未来的现金流量求现在的现金流量时所使用的利率称为折现率。本书对利率和折现率一般不加以区分,统一用 i 来表示。

(2)计息期数(计息次数,n):在利息计算中,它是指计算利息的次数;在工程经济分析中，它与工程项目的计算期有关。

（3）现值（P）：表示资金发生在某一特定时间序列始点上的价值。在工程经济分析中，它表示在现金流量图中 0 点的投资数额或现金流量折现到 0 点时的价值。

（4）将来值或终值（F）：表示资金发生在某一特定时间序列终点上的价值。其含义是指期初投入或产出的资金转换为计算期末的期终值，即期末本利和的价值。

（5）年金或年值（A）：是指每年（时间段）等额收入和支付的金额，通常以等额序列表示，即在某一特定时间序列期内，每隔相同时间（不一定是年）内收支的等额款项。

从以上参数的含义可以看出，现值 P 与终值 F 是相对而言的，某一个时间序列的终值，也是以该时间序列终点为起点的另一个时间序列的现值。

2.2.3 资金等值的计算

在资金等值的计算中，根据时间的不同和评价的需要，常用的资金等值变换有两种：第一种是现值 P 与终值 F 的变换，称为一次支付或整付类型。这类支付方式是现金，无论是流入还是流出，均在一个时点上发生；第二种是年值 A 与现值 P 或与终值 F 的相互变换，称为多次支付类型。多次支付是指现金流入和流出在多个时点上同时发生，而不是集中在某个时点上。现金流量数额的大小可以是不等的，也可以是相等的。当现金流量数额的大小相等时，可以利用数学公式简化计算过程。

1. 一次支付类型

一次支付的等值计算公式有两种情形，即已知现值 P 求终值 F 和已知终值 F 求现值 P。其典型的现金流量图如图 2.4 所示。

图 2.4 一次支付现金流量图

（1）一次支付终值公式。如果现存入银行 P 元，年利率为 i，n 年后可得到的本利和的计算过程为

第 1 年年末本利和：$F_1 = P + P \times i = P(1+i)$

第 2 年年末本利和：$F_2 = P(1+i) + P(1+i)i = P(1+i)^2$

第 n 年年末本利和：$F = P(1+i)^{n-1} + P(1+i)^{n-1} \times i = P(1+i)^n$

因此，一次支付终值公式为

$$F = P(1+i)^n \tag{2.3}$$

式中 $(1+i)^n$——一次支付终值系数，也可用符号 $(F/P, i, n)$ 表示，可以从相应的复利系数表中查得该系数的值。

所以式（2.3）又可以表示为

$$F = P(F/P, i, n) \tag{2.4}$$

【例 2.3】某人欲购买一辆轿车，现向银行借款 10 万元，年利率为 12%，5 年后一次还清，问到期后应向银行归还的本利和是多少？

解：由题设知，$P=10$ 万元，$i=12\%$，$n=5$ 年，依据式（2.3）计算得
$$F = P(1+i)^n = 10 \times (1+12\%)^5 = 17.62(万元)$$
也可以从附表中查得 $(F/P, i, n) = 1.762$，故
$$F = P(F/P, i, n) = 10 \times 1.762 = 17.62(万元)$$

（2）一次支付现值公式。已知 n 年后一笔资金 F，在利率为 i 的情况下，问相当于现在多少钱，这就是一次支付现值计算问题。对一次支付终值公式进行逆运算便可得到一次支付现值公式为

$$P = \frac{F}{(1+i)^n} \tag{2.5}$$

式中　$1/(1+i)^n$——一次支付现值系数，也可用符号 $(P/F, i, n)$ 表示，该系数的值同样也可以从书后附表中查得。

所以，一次支付现值公式又可以表示为

$$P = F(P/F, i, n) \tag{2.6}$$

【例 2.4】某人计划 5 年后从银行提取 1 万元，如果银行利率为 12%，问现在应存入多少钱？

解：由题设知，$F=1$ 万元，$i=12\%$，$n=5$，依据式（2.5）计算得
$$P = \frac{F}{(1+i)^n} = \frac{1}{(1+12\%)^5} = 0.5674(万元)$$

同样，也可以通过查表计算。

2. 等额分付类型

等额分付是多次支付类型的一种。其现金流量序列是连续的，且数额是相等的，把这样的现金流量称为等额系列现金流量。下面介绍等额系列现金流量的四个等值计算公式：

（1）等额分付终值公式。等额分付终值的现金流量图如图 2.5 所示。从第 1 年年末至第 n 年年末有一等额的现金流量序列，每年的金额均为 A，称为等额年金。同时，也可以看出，第 n 年年末的终值总额 F 等于各年存入资金 A 的终值总和，即

$$F = A + A(1+i) + A(1+i)^2 + \cdots + A(1+i)^{n-2} + A(1+i)^{n-1}$$
$$= A[1 + (1+i) + (1+i)^2 + \cdots + (1+i)^{n-2} + (1+i)^{n-1}]$$

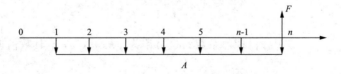

图 2.5　等额分付终值的现金流量图

运用等比数列前 n 项求和公式得

$$F = A \times \frac{(1+i)^n - 1}{i} \tag{2.7}$$

式中 $\dfrac{(1+i)^n - 1}{i}$ ——等额分付终值系数，可以用符号 $(F/A, i, n)$ 表示，其值可由附表查得，因此，等额分付终值公式也可表示为

$$F = A(F/A, i, n) \tag{2.8}$$

【例2.5】某夫妇准备为其刚出生的孩子向银行存入备用金，孩子每岁岁末存入1 000元，连续存款18年，若银行存款年利率为8%，问18年后的本利和是多少？

解：由题设知，$A = 1\,000$ 元，$n = 18$ 年，$i = 8\%$，依据式（2.7）计算得

$$F = A \times \dfrac{(1+i)^n - 1}{i} = 1\,000 \times \dfrac{(1+8\%)^{18} - 1}{8\%} = 1\,000 \times 37.45 = 37\,450(元)$$

同样，也可以通过查表进行计算。

（2）等额分付偿债基金公式。已知第 n 年年末要从银行提取 F 元，在利率为 i 的情况下，现在每年年末等额存入多少钱可以实现上述提取。这就是已知 F，求 A 的情形。显然，它是等额分付终值公式的逆运算。因此，可以由等额分付终值公式直接导出等额分付偿债基金公式，即

$$A = F \times \dfrac{i}{(1+i)^n - 1} \tag{2.9}$$

式中 $i/[(1+i)^n - 1]$ ——等额分付偿债基金系数，可以用 $(A/F, i, n)$ 表示，其数值可从附表查得。

因此，等额分付偿债基金公式也可以表示为

$$A = F(A/F, i, n) \tag{2.10}$$

【例2.6】某企业欲积累一笔基金，用于5年后更新某大型设备。更新费用为500万元，银行利率为10%，问每年至少要存款多少？

解：由题设知，$F = 500$ 万元，$n = 5$ 年，$i = 10\%$，依据式（2.9）计算得

$$A = F \times \dfrac{i}{(1+i)^n - 1} = 500 \times \dfrac{10\%}{(1+10\%)^5 - 1} = 500 \times 0.163\,8 = 81.9(万元)$$

（3）等额分付现值公式。如果从第一年年末到第 n 年年末有一个现金流量序列，每年的金额均为 A（图2.6），这一等额年金序列在利率为 i 的条件下，求其现值。为了公式推导方便，这个问题不妨这样来考虑：先通过式（2.7）求出与其对应的 F，然后再对所得的 F 折现，这样就可以得到所要求的 P。其推导过程为 $A \to F \to P$。因此，对式（2.9）计算得到的终值 F 为

$$P = A \times \dfrac{(1+i)^n - 1}{i(1+i)^n} \tag{2.11}$$

式中 $\dfrac{(1+i)^n - 1}{i(1+i)^n}$ ——等额分付现值系数，也可记为 $(P/A, i, n)$，其数值也可以通过查表进行计算。

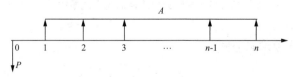

图2.6 等额分付现值的现金流量图

因此，等额分付现值公式也可以表示为
$$P = A(P/A, i, n) \tag{2.12}$$

【例 2.7】 某机械设备经济寿命为 5 年，预计年净收益为 10 万元，残值为零，若投资者要求收益率至少为 15%，问投资者最多愿意出多少钱购买该设备？

解：由题设知，$A = 10$ 万元，$n = 5$ 年，$i = 15\%$，依据式（2.11）计算得
$$P = A \times \frac{(1+i)^n - 1}{i(1+i)^n} = 10 \times \frac{(1+15\%)^5 - 1}{15\% \times (1+15\%)^5} = 33.522(万元)$$

所以，投资者最多愿意出价 33.522 万元购买此设备。

同样也可以通过查表进行计算。

（4）等额分付资金回收公式。此公式是已知 P，求 A 的情形。显然，它是等额分付现值公式的逆运算，因此可以由式（2.11）直接导出
$$A = P \times \frac{i(1+i)^n}{(1+i)^n - 1} \tag{2.13}$$

式中 $\dfrac{i(1+i)^n}{(1+i)^n - 1}$——等额分付资本回收系数，也可记为 $(A/P, i, n)$。

因此等额分付资金回收计算公式也可以表示为
$$A = P(P/A, i, n) \tag{2.14}$$

【例 2.8】 某投资项目贷款 500 万元，预计在 5 年内等额还清贷款，已知贷款利率为 12%，试问每年的净收益不应少于多少？

解：由题设知，$P = 500$ 万元，$i = 12\%$，$n = 5$ 年，依据式（2.13）计算得
$$A = P \times \frac{i(1+i)^n}{(1+i)^n - 1} = 500 \times \frac{12\% \times (1+12\%)^5}{(1+12\%)^5 - 1} = 500 \times 0.2774 = 138.7(万元)$$

所以，该项目每年的净收益至少应为 138.7 万元。

前面所介绍的六个公式，在工程经济计算和分析中有着非常重要的地位，它们是等值计算的基础，为了便于记忆，现将它们汇总于表 2.3 中。

表 2.3 常用资金等值计算公式

类型	求解关系	系数名称及符号	公式	相互关系
一次支付	已知 P 求 F	一次支付终值系数 $(F/P, i, n)$	$F = P(1+i)^n$	互为逆运算
	已知 F 求 P	一次支付现值系数 $(P/F, i, n)$	$P = \dfrac{F}{(1+i)^n}$	
等额分付	已知 A 求 F	等额分付终值系数 $(F/A, i, n)$	$F = A \times \dfrac{(1+i)^n - 1}{i}$	互为逆运算
	已知 F 求 A	等额分付偿债基金系数 $(A/F, i, n)$	$A = F \times \dfrac{i}{(1+i)^n - 1}$	
	已知 A 求 P	等额分付现值系数 $(P/A, i, n)$	$P = A \times \dfrac{(1+i)^n - 1}{i(1+i)^n}$	互为逆运算
	已知 P 求 A	等额分付资本回收系数 $(A/P, i, n)$	$A = P \times \dfrac{i(1+i)^n}{(1+i)^n - 1}$	

2.2.4 几种特殊利率

1. 名义利率和实际利率

在现实的经济活动中，通常采用年利率，并且每年只计算一次。但有时也见到每半年、季、月或日计算一次利息的情况。这样，一年的复利计算次数就是2、4、12或365。把计息周期为一年的年利率称为年实际利率，而把计息周期小于一年（如半年、季、月或日等）的年利率称为年名义利率。把这种利率周期与计息周期一致的利率称为实际利率；利率周期与计息周期不一致的利率称为名义利率。例如，年利率为15%，每季计息一次，则此年利率就是名义利率，实际的季利率为15%/4 = 3.75%，而实际年利率是比15%略大的一个数。

设年名义利率为r，一年中计息次数为m，则一个计息周期的利率为r/m，一年后的本利和为

$$F = P(1 + r/m) \tag{2.15}$$

根据利率定义得到实际年利率为

$$i = \frac{P\left(1 + \frac{r}{m}\right)^m - P}{P} = \left(1 + \frac{r}{m}\right)^m - 1 \tag{2.16}$$

从式（2.16）可以看出，当计息周期为一年（即$m=1$）时，实际利率等于名义利率；当计息周期小于一年（即$m>1$）时，实际利率大于名义利率，且随着计息周期的缩短或名义利率的增加实际利率与名义利率的差值都会增大。

【例2.9】若有一笔资金，本金为10 000元，年利率为15%，每月计息一次，试求其实际利率及第一年年末本利和。

解：由题设知，$P = 10\,000$元，$i = 15\%$，$m = 12$，$n = 1$年，则实际利率为

$$i = (1 + 15\%/12)^{12} - 1 = 16.075\%$$

本利和为

$$F = P(1 + i) = 10\,000 \times (1 + 16.075\%) = 11\,607.5(元)$$

【例2.10】假设年名义利率$r = 10\%$，则按年、半年、季、月、日计息的年有效利率见表2.4。

表2.4 年有效利率计算表

年名义利率	计算器	年计息次数 m	计息期利率 $i = r/m$	年有效利率 i_e
10%	年	1	10%	10%
	半年	2	5%	10.25%
	季	4	2.5%	10.38%
	月	12	0.833%	10.46%
	日	365	0.0274%	10.51%

从表2.4可以看出，在名义利率r一定时，每年计息次数m越多，年有效利率i出与r相差越大。因此，在工程经济分析中，如果各方案的计息期不同，就不能简单地使用名义利

率来评价，而必须换算成有效利率进行评价，否则会得出不正确的结论。

2. 连续利率

连续利率是指计息周期无限缩短（即计息次数 $m \to \infty$）时的利率，有

$$i = \lim_{m \to \infty} \left(1 + \frac{r}{m}\right)^m - 1 = \lim_{m \to \infty} \left(1 + \frac{1}{\frac{m}{r}}\right)^{\frac{m}{r} \cdot r} - 1 = e^r - 1 \tag{2.17}$$

2.2.5 等值计算公式的应用

资金等值计算公式广泛应用在工程经济的计算中，通过下面例题可以对资金等值计算的公式有更进一步的理解。

【例2.11】某人每年年初存入银行5 000元，年利率为10%，8年后的本利和是多少？

解：首先根据题意绘制出现金流量图，如图2.7所示。

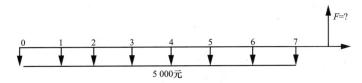

图 2.7 例 2.11 现金流量图

方法一：
$$F = 5\,000 \times (F/A, 10\%, 8)(1 + 10\%) = 62\,897.45(元)$$

方法二：
$$F = 5\,000 \times [(1 + 10\%)^8 + (1 + 10\%)^7 + (1 + 10\%)^6 + (1 + 10\%)^5 + (1 + 10\%)^4 + (1 + 10\%)^3 + (1 + 10\%)^2 + (1 + 10\%)] = 62\,897.45(元)$$

方法三：
$$F = A(F/A, 10\%, 8) = 5\,000 \times (1 + 10\%)(F/A, 10\%, 8) = 62\,897.45(元)$$

【例2.12】设利率为10%，现存入多少钱，才能恰好从第四年到第八年的每年年末等额提取2万元？

解：首先根据题意绘制出现金流量图，如图2.8所示。

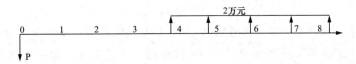

图 2.8 例 2.12 现金流量图

根据图2.8有
$$P = 2(P/A, 10\%, 5)(P/F, 10\%, 3) = 5.7(万元)$$

2.2.6 几种特殊年金的等值计算

1. 预付年金

预付年金也称先付年金。有些情况年金不是发生在每期期末，而是发生在每期期初，如房租的支付等。由于现金流量的形式与上述推导普通年金不同，因此不能直接套用普通年金的等值计算公式。

【例 2.13】求图 2.9 所示预付年金的现值。

图 2.9 预付年金现金流量图

解：方法一：先运用等额支付终值公式求出年金的终值 F_{n-1}，该终值在 $n-1$ 时点上，如图 2.10（a）所示，有

$$F_{n-1} = A(F/A, i, n) \tag{2.18}$$

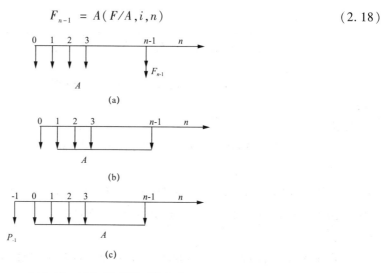

图 2.10 例 2.13 计算过程示意

再求 $n-1$ 时点终值的现值：

$$P = n - 1(P/F_{n-1}, i, n-1) \tag{2.19}$$

方法二：将第 1 项年金与其他年金分开，求从第 2 项至第 n 项年金（共计 $n-1$ 项）的现值。由于从第 2 项至第 n 项年金对于 0—n 时间序列是普通年金，因此可以直接利用普通年金的现值公式，再与发生在 0 时点的第 1 项年金相加，如图 2.10（b）所示，有

$$P = A + A(P/A, i, n-1) \tag{2.20}$$

方法三：运用普通年金的现值公式求现值，这时求出的现值在第 1 项年金的前一时点上，即 -1 时点上 P_{-1}，再将 P_{-1} 折算到 0 时点上，如图 2.10（c）所示，有

$$P = A(P/A, i, n)(F/P, i, 1) \tag{2.21}$$

2. 永续年金

在一些特殊情况下,发生的年金可能是无穷多项,如对于土地所有者而言,将土地出租可以永远获得租金,这时的年金称为永续年金。永续年金求取现值实际上是对普通年金的现值公式求极值,不难推导出

$$P = \lim_{n \to \infty} A \times \frac{(1+i)^n - 1}{i(1+i)^n} = \frac{A}{i} \tag{2.22}$$

虽然在工程经济中,永续年金很少出现,但是对于一些 n 较大的普通年金将其看作永续年金处理,可以简化计算,当 n 较大时,计算误差不大,在一些对计算结果精度要求不高的实务中,经常会这样处理。

3. 递延年金

有时往往在期初的几年内并不发生年金,而是在后续的某年开始,每年年末连续发生 n 期年金,这种情况被称之为递延年金或延期年金。往往将不发生年金的时间称之为递延期,以 m 表示。递延年金求终值时可以直接使用年金终值公式即(2.7),但递延年金求现值时不能直接使用年金现值公式即(2.11)。求递延年金现值有三种思路:第一种为先利用年金终值公式求解出终值然后一次性折现到期初,即 $P = A(F/A,i,n)(P/F,i,m+n)$;第二种思路为 $P = A(P/A,i,n)(P/F,i,m)$;第三种思路为 $P = A(P/A,i,m+n) - A(P/A,i,m)$。

2.2.7 特殊现金流量的等值计算

在许多工程经济问题中,常会遇到某些项目的现金流序列是连续的,但其数额却是呈现出某种规律的情形。例如,年金呈现等差序列的现象或呈现等比序列的现象。在这种情况下,前面介绍的公式已不再适用,需要建立如下两类计算公式。

1. 等差序列现值公式

设有一台设备,第一年维修费为零,以后每年增加 G 元形成的等差序列,如图 2.11 所示,设备的经济寿命为 n 年,在年利率为 i 的情况下,问其维修费相当于现在的多少钱?

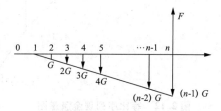

图 2.11 等差序列现金流量图

显然,每年的现金流量为 $(t-1)G$,则

$$A_i = (t-1)G \quad (t = 1, 2, \cdots, n) \tag{2.23}$$

式中　G——等差额;
　　　t——时点。

等差序列现金流量 n 年年末的终值为

$$F = \sum_{t=1}^{n} A_t (1+i)^{n-t} \tag{2.24}$$

$$F = \sum_{i=1}^{n-1} G \times \frac{(1+i)^i - 1}{i} \tag{2.25}$$

$$= G\left[\frac{(1+i)-1}{i} + \frac{(1+i)^2-1}{i} + \cdots + \frac{(1+i)^{n-1}-1}{i}\right]$$

$$= \frac{G}{i}[(1+i) + (1+i)^2 + \cdots + (1+i)^{n-1} - (n-1)]$$

$$= \frac{G}{i}[1 + (1+i) + (1+i)^2 + \cdots + (1+i)^{n-1}] - \frac{nG}{i}$$

故

$$F = \frac{G}{i} \times \frac{(1+i)^n - 1}{i} \times \frac{nG}{i} = \frac{G}{i}\left[\frac{(1+i)^n - 1}{i} - n\right]$$

上式两端除以系数 $(1+i)^n$，则可得等差序列现值公式为

$$F \times \frac{1}{(1+i)^n} = \frac{G}{i}\left[\frac{(1+i)^n - 1}{i} - n\right] \times \frac{1}{(1+i)^n} \tag{2.26}$$

即

$$P = G\left[\frac{(1+i)^n - in - 1}{i^2 (1+i)^n}\right]$$

式中 $\dfrac{(1+i)^n - in - 1}{i^2 (1+i)^n}$ ——等差序列现值系数，可用符号 $(P/G, i, n)$ 表示，其值可在附表中查到。

2. 等比序列现值公式

如图 2.12 所示，第三年的现金流量为 $A_1(1+j)^2$，第四年的现金流量为 $A_1(1+j)^3$……一直到第 n 年，现金流量为 $A_1(1+j)^{n-1}$。

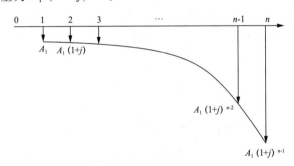

图 2.12 等比序列现金流量图

设折现率为 i，则有

第一年的现金流量的现值：$A_1/(1+i)$；

第二年的现金流量的现值：$A_1(1+j)/(1+i)^2$；

第三年的现金流量的现值：$A_1(1+j)^2/(1+i)^3$；

第四年的现金流量的现值：$A_1(1+j)^3/(1+i)^4$；

以此类推，第 n 年的现金流量的现值为 $A_1(1+j)^{n-1}/(1+i)^n$，其实这仍旧是一个等比数列，首项为 $A_1/(1+i)$，公比为 $q=(1+j)/(1+i)$。

对于等比数列，它的求和公式为

$$S_n = a_1(1-q^n)/(1-q) \quad (q \neq 1, 即 h \neq i) \tag{2.27}$$

将上面的数据代入式（2.27）可得

$$P = \frac{A_1}{1+i} \times \frac{1-\left(\dfrac{1+j}{1+i}\right)^n}{1-\dfrac{1+j}{1+i}} \tag{2.28}$$

进行一系列化简，可得

$$P = A_1 \times \frac{[(1+i)^n(1+i)^{-n}-1]}{j-i} \quad (i \neq j) \tag{2.29}$$

$$P = \frac{nA_1}{(1+j)} \quad (i=j) \tag{2.30}$$

【例 2.14】某建设项目，第一年年末筹资 200 万元，以后每年以 10% 的速度递增，连续筹资 4 年，在年利率为 12% 的条件下，相当于现在一次筹资多少钱？

解：由题设知，$A_1=200$ 万元，$h=10\%$，$i=12\%$，$n=4$ 年，可得

$$\begin{aligned} P &= \frac{A_1}{i-h} \times \left[1-\frac{(1+h)^n}{(1+i)^n}\right] \\ &= \frac{200}{12\%-10\%} \times \left[1-\frac{(1+10\%)^4}{(1+12\%)^4}\right] \\ &= 200 \times 3.477 \\ &= 695.4(万元) \end{aligned}$$

课外延伸阅读

2022 年 9 月中国制造业
恢复发展态势

房地产政策调控
举措进一步落地

人民币国际化的
现状及优势

习题

一、简答题

1. 资金时间价值形成的原因是什么？
2. 借贷资金的计息制度分为哪两种形式？单利法和复利法分别是什么？各有什么特点？
3. 名义利率和实际利率分别是什么？其关系如何？
4. 简述资金时间价值的 6 个等值公式及公式中系数之间的关系。

5. 影响资金时间价值的因素有哪些？

二、选择题

1. 当年名义利率一定时，每年的计算期数越多，则年有效利率（　　）。
   A. 与年名义利率的差值越大 　　B. 与年名义利率的差值越小
   C. 与计息期利率的差值越小 　　D. 与计息期利率的差值越趋于常数

2. 某工程项目建设期为 2 年，建设期内第 1 年年初和第 2 年年初分别贷款 600 万元和 400 万元，年利率为 8%，若运营期前 3 年每年年末等额偿还贷款本息，到第 3 年年末全部还清，则每年年末应偿还贷款本息（　　）万元。
   A. 406.66　　　B. 439.19　　　C. 587.69　　　D. 634.70

3. 某企业从设备租赁公司租借一台价格为 80 万元的设备，总租期和寿命期均为 4 年，年折现率为 10%，按年金法计算，每年年初应支付租金（　　）万元。
   A. 17.24　　　B. 22.94　　　C. 25.24　　　D. 29.24

4. 关于现金流量的说法中，下列正确的是（　　）。
   A. 收益获得的时间越晚、数额越大，其现值越大
   B. 收益获得的时间越早、数额越大，其现值越小
   C. 投资支出的时间越早、数额越小，其现值越大
   D. 投资支出的时间越晚、数额越小，其现值越小

5. 某项目建设期为 2 年，建设期内每年年初贷款 1 000 万元，年利率为 8%。若运营期前 5 年每年年末等额偿还贷款本息，到第 5 年年末全部还清。则每年年末偿还贷款本息（　　）元。
   A. 482.36　　　B. 520.95　　　C. 562.63　　　D. 678.23

6. 某企业从设备租赁公司租借一台价格为 100 万元的设备，总租金和寿命期均为 36 个月，每月月初支付租金，年名义利率为 12%，则月租金为（　　）万元。
   A. 3.10　　　B. 3.29　　　C. 3.32　　　D. 3.47

7. 某企业在第一年年初向银行借款 300 万元用于购置设备，贷款年有效利率为 8%，每半年计息一次，今后 5 年内每年 6 月底和 12 月底等额还本付息，则该企业每次偿还本息（　　）万元。
   A. 35.46　　　B. 36.85　　　C. 36.99　　　D. 37.57

8. 某企业在年初向银行借贷一笔资金，月利率为 1%，则在 6 月底偿还时，按单利和复利计算的利息应分别是本金的（　　）。
   A. 5% 和 5.10%　　B. 6% 和 5.10%　　C. 0.5% 和 6.15%　　D. 6% 和 6.15%

9. 某项目建设期为 5 年，建设期内每年年初贷款 300 万元，年利率为 10%。若在运营期第 3 年年底和第 6 年年底分别偿还 500 万元，则在运营期第 9 年年底全部还清贷款本息时尚需偿还（　　）万元。
   A. 2 059.99　　B. 3 199.24　　C. 3 318.65　　D. 3 750.52

10. 某项目建设期为 2 年，建设期内每年年初分别贷款 600 万元和 900 万元，年利率为 10%。若在运营期前 5 年内于每年年末等额偿还贷款本息，则每年应偿还（　　）万元。
    A. 343.20　　　B. 395.70　　　C. 411.52　　　D. 452.68

11. 在其他条件相同的情况下，考虑资金的时间价值时，下列现金流量图中效益最好的是（ ）。

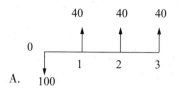
A.

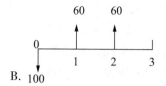
B.

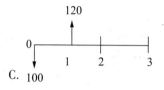
C.

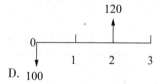
D.

12. 在绘制现金流量图时，应把握的要素有现金流量的（ ）。
   A. 对象　　B. 数额　　C. 累计额　　D. 流向　　E. 发生时间

13. 利率与社会平均利润率两者相互影响，（ ）。
   A. 社会平均利润率越高，则利率越高
   B. 要提高社会平均利润率，必须降低利率
   C. 利率越高，社会平均利润率越低
   D. 利率和社会平均利润率总是按统一比例变动

14. 某企业计划年初投资 200 万元购置新设备以增加产量。已知设备可使用 6 年，每年增加产品销售收入 60 万元，增加经营成本 20 万元，设备报废时净残值为 10 万元。对此项投资活动绘制现金流量图，则第 6 年年末的净现金流量可表示为（ ）。
   A. 向上的现金流量，数额为 50 万元　　B. 向下的现金流量，数额为 30 万元
   C. 向上的现金流量，数额为 30 万元　　D. 向下的现金流量，数额为 50 万元

15. 现在的 100 元和 5 年以后的 248 元两笔资金在第 2 年年末价值相等，若利率不变，则这两笔资金在第 3 年年末的价值（ ）。
   A. 前者高于后者　　B. 前者低于后者　　C. 两者相等　　D. 两者不可比较

16. 某企业现在对外投资 1 000 万元，投资期 5 年，5 年内每年年末等额收回本金和利息 280 万元，已知（P/A, 8%, 5）= 3.992 7，（P/A, 10%, 5）= 3.856 2，（P/A, 12%, 5）= 3.608 4，（P/A, 14%, 5）= 3.433 1，则年基准收益率为（ ）。
   A. 8.21%　　B. 11.24%　　C. 12.39%　　D. 14.17%

17. 每半年存款 2 000 元，年利率 4%，每季复利计息一次。2 年存款本息和为（ ）元。
   A. 8 160.00　　B. 8 243.32　　C. 8 244.45　　D. 8 492.93

18. 已知年名义利率是 8%，按季计息，则计息期有效利率和年有效利率分别为（ ）。
   A. 2.00%，8.00%　　　　B. 2.00%，8.24%
   C. 2.06%，8.00%　　　　D. 2.06%，8.24%

三、计算题

1. 年利率为10%，每半年计息一次，从现在起连续3年每年年初支出500万元，问第3年年末等值资金是多少？

2. 已知现金流量图如图2.13所示。
   （1）若 $P=1\,000$ 元，$A=200$ 元，$i=12\%$，则 n 为多少？
   （2）若 $P=1\,000$ 元，$A=200$ 元，$n=10$ 年，则 i 为多少？
   （3）若 $A=200$ 元，$i=12\%$，$n=5$ 年，则 P 为多少？
   （4）若 $P=1\,000$ 元，$i=12\%$，$n=5$ 年，则 A 为多少？

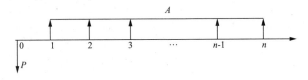

图 2.13　计算题 2 图

3. 已知某公司的现金流量图如图2.14所示，在年利率为7%的条件下，计算与图中现金流量等值的0点现值是多少？

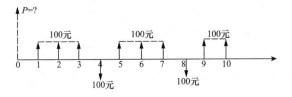

图 2.14　计算题 3 图

4. 某公司购买了一台设备，预计可以使用2年，每4年要大修一次，每次大修费为5 000元，现应存入银行多少钱才足以支付20年寿命期内的大修费用？已知年利率为12%，每半年计息一次。

5. 现有一项目，其现金流量为第一年年末支付1 000万元，第二年年末支付1 500万元，第三年收益200万元，第四年收益300万元，第五年收益400万元，第六年到第十年每年收益500万元，第十一年收益450万元，第十二年收益400万元，第十三年收益350万元，第十四年收益450万元。设年利率为12%，求：(1)现值；(2)终值；(3)第二年年末项目的等值。

6. 某设备价格为110万元，合同签订时付了20万元，然后采用分期付款方式。第一年年末付款28万元，从第二年年初起每半年付款8万元。设年利率为12%，每半年复利一次，问多少年能付清设备价款？

7. 某公司拟购置一处房产，房主提出两种付款方案：一是从现在起，每年年初支付20万元，连续支付10次，共200万元；二是从第5年开始，每年年初支付25万元，连续支付10次，共250万元。若该公司的资本成本为10%，应选择哪种付款方式？

8. 某企业为了购买设备，贷款40万元，贷款年利率为8%，按季计息，贷款期限

15 年，每年按等额本息法支付本金和利息，在归还了 10 次后，该企业想把余额一次性还清，问在 10 年年末应准备多少资金才能将余款还清？

9. 某建筑公司进行技术改造，2019 年年初贷款 100 万元，2020 年年初贷款 200 万元，年利率 8%，2022 年年末一次偿还，问共还款多少元？

10. 某企业打算五年后兴建一幢 5 000 m² 的住宅楼以改善职工居住条件，按测算每平方米造价为 800 元。若银行利率为 8%，问现在起每年年末应存入多少金额，才能满足需要？

11. 某建筑公司打算贷款购买一部 10 万元的建筑机械，利率为 10%。据预测此机械使用年限为 10 年，每年平均可获净利润 2 万元。问所得净利润是否足以偿还银行贷款？

第3章 工程经济分析的基本要素

★ 学习目标

通过掌握建设项目现金流量的构成、成本费用的概念及构成、工程项目的收入和销售税金及附加的计算,深入理解对项目进行技术经济分析时,经济评价是其核心内容,并掌握经济分析时涉及的具体要素。

★ 主要内容

建设项目现金流量的构成;成本费用的概念及构成;工程项目的收入和销售税金及附加的计算。

3.1 建设项目投资

3.1.1 我国现行建设项目总投资的构成

建设项目总投资是指投资主体为了特定的目的,以达到预期收益,从工程筹建开始到项目全部竣工投产为止所发生的全部资金投入。生产性建设项目总投资包括固定资产投资和流动资产投资;非生产性建设项目总投资只包括固定资产投资。其中,建设投资、建设期利息和固定资产投资方向调节税之和对应于固定资产投资,固定资产投资与建设项目的工程造价在量上相等。按照是否考虑资金的时间价值,建设投资可分为静态投资和动态投资两部分。静态投资部分由建筑工程费、安装工程费、设备及工器具购置费、工程建设其他费用、预备费的基本预备费构成;动态投资部分由预备费的涨价预备费、建设期贷款利息和固定资产投资方向调节税构成。

上述建设项目总投资的构成仅仅适用于基本建设新建和改扩建项目,在编制、评审和管理建设项目可行性研究投资估算和初步设计概算投资时,作为计价的依据;不适用于外商投资项目。在具体应用时,要根据项目的具体情况列支实际发生的费用,本项目没有发生的费用不得列支。

我国现行建设项目总投资的构成如图 3.1 所示。

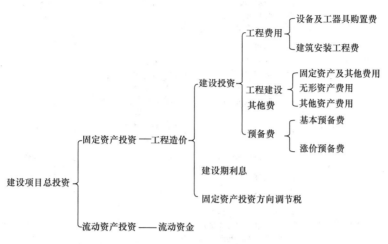

图 3.1　我国现行建设项目总投资的构成

需要说明的是，图 3.1 中的建设项目总投资主要是指在项目可行性研究阶段用于财务分析时的总投资构成，在"项目报批总投资"或"项目概算总投资"中只包括铺底流动资金，其金额为流动资金总额的 30%。

3.1.2　建设投资

建设投资是指在项目筹建与建设期间所花费的全部建设费用，应在给定的建设规模、产品方案和工程技术方案的基础上进行估算。根据国家发改委和原建设部发布的《建设项目经济评价方法与参数》（第三版）中的规定，建设投资由工程费用、工程建设其他费用和预备费三部分组成。

1. 建筑安装工程费

建筑安装工程费由建筑工程费和安装工程费组成。根据住房和城乡建设部、财务部颁发的《建筑安装工程费用项目组成》（建标〔2013〕44 号）文件规定，按照费用构成要素划分，我国现行建筑安装工程费由人工费、材料费、施工机具使用费、企业管理费、利润、规费和税金组成。其具体构成如图 3.2 所示。

2. 设备及工器具购置费

设备及工器具购置费是指按照项目设计文件的要求，建设单位（或其委托单位）购置或自制的达到固定资产标准的设备和新建、扩建项目配置的首套工器具及生产家具所需的费用，由设备购置费和工器具及生产家具购置费组成。在生产性工程建设项目中，设备及工具购置费占固定资产投资比重越大，越意味着生产技术的进步和资本有机构成的提高。目前，在工业建设项目中，设备及工器具费用约占建设项目总投资的 50%，并有逐步增加的趋势，因此，正确计算该费用，对于资金的合理使用和投资效果分析具有十分重要的意义。

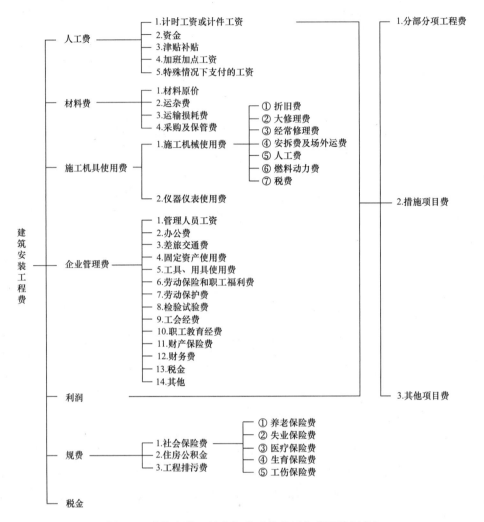

图 3.2 建筑安装工程费构成（按费用构成要素划分）

设备及工器具购置费由设备购置费和工器具及生产家具购置费组成，它是固定资产投资中的积极部分。

(1) 设备购置费是指为工程建设项目购置或自制的达到固定资产标准的各种国产或进口设备、工器具的购置费用。固定资产的标准：使用年限在一年以上，单位价值在规定的限额以上，它由设备原价和设备运杂费构成。

(2) 工器具及生产家具购置费是指新建或扩建项目初步设计规定的，保证初期正常生产所必需购置的没有达到固定资产标准的设备、仪器、工卡模具、器具、生产家具和备品备件等的购置费用。一般以设备购置费为计算基数，按照部门或行业规定的工器具及生产家具费率计算。其计算公式为

$$\text{工器具及生产家具购置费} = \text{设备购置费} \times \text{定额费率} \tag{3.1}$$

3. 工程建设其他费用

工程建设其他费用是指从工程筹建到工程竣工验收交付使用为止的整个建设期间，除建

筑安装工程费用和设备及工器具购置费外的部分，为保证工程建设顺利完成和交付使用后能够正常发挥效用而发生的固定资产其他费用、无形资产费用和其他资产费用。具体构成如图 3.3 所示。

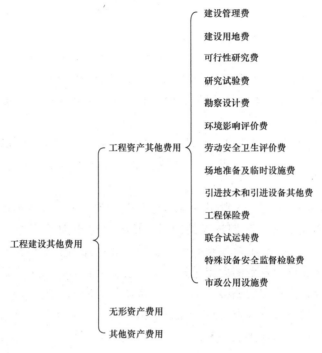

图 3.3　工程建设其他费用的构成

（1）固定资产其他费用是固定资产费用的一部分。固定资产费用是指项目投产时将直接形成固定资产的投资，包括前面介绍的工程费用及在工程建设其他费用中按规定将形成固定资产的费用，后者称为固定资产其他费用。固定资产其他费用包括建设管理费、建设用地费、可行性研究费、研究试验费、勘察设计费、环境影响评价费、劳动安全卫生评价费、场地准备及临时设施费、引进技术和引进设备其他费、工程保险费、联合试运转费、特殊设备安全监督检验费、市政公用设施费等。

（2）无形资产费用是指直接形成无形资产的建设投资。其主要包括以下费用：

1）国外设计及技术资料费，引进有效专利、专有技术使用费和技术保密费；

2）国内有效专利、专有技术使用费；

3）商标权、商誉和特许经营权费等。

（3）其他资产费用是指建设投资中除形成固定资产和无形资产外的部分，主要包括生产准备及开办费等。生产准备及开办费是指建设项目为保证正常生产（或营业、使用）而发生的人员培训费、提前进厂费及投产使用必备的生产办公用具、生活家具及工器具等购置费用。对于土地使用权的特殊处理：按照有关规定，在尚未开发或建造自用项目前，土地使用权作为无形资产核算，房地产开发企业开发商品房时，将其账面价值转入开发成本；企业建造自用项目时将其账面价值转入在建工程成本，因此，为了与以后的折旧和摊销计算相协调，在建投资估算表中通常将土地使用权直接列入固定资产其他资产费用中。

4. 预备费

根据我国现行有关规定，预备费包括基本预备费和涨价预备费。

(1) 基本预备费是指在项目实施中可能发生，但在项目决策阶段难以预料，需要事先预留的费用，又称工程建设不可预见费。其主要是指设计变更及施工过程中可能增加工程量的费用。基本预备费一般由下列内容构成：

1) 在批准的设计范围内，技术设计、施工图设计及施工过程中所增加的费用；经批准的设计变更、工程变更、材料代用、局部地基处理等增加的费用；

2) 一般自然灾害造成的损失和预防自然灾害所采取的措施费用，实行工程保险的工程项目，该费用应适当降低；

3) 竣工验收时为鉴定工程质量对隐蔽工程进行必要的挖掘和修复费用。基本预备费以工程费用和工程建设其他费用之和为计取基数，乘以行业主管部门规定的基本预备费率计算。其计算公式为

$$\text{基本预备费} = (\text{工程费用} + \text{工程建设其他费用}) \times \text{基本预备费率} \qquad (3.2)$$

(2) 涨价预备费是对建设工期较长的项目，由于在建设期内可能发生材料、机械、设备、人工等价格上涨，利率和汇率调整等因素引起投资增加而需要事先预留的费用，也称价格变动不可预见费。涨价预备费的内容包括人工、设备、材料、施工机械的价差费，建筑安装工程费及工程建设其他费用的调整，利率、汇率调整等增加的费用。

涨价预备费一般根据国家规定的投资综合价格指数，以估算年份价格水平的投资额为基数，采用复利方法计算。其计算公式为

$$PF = \sum_{t=1}^{n} I_t [(1+f)^m (1+f)^{0.5} (1+f)^{t-1} - 1] \qquad (3.3)$$

式中　PF——涨价预备费；

　　　n——建设期年份数；

　　　I_t——建设期中第 t 年的投资计划额，包括工程费用、工程建设其他费用及基本预备费，即第 t 年的静态投资；

　　　f——建设期年均价格上涨指数；

　　　m——从编制估算到开工建设的年限，即建设前期年限。

【例3.1】 某项目建设期初静态投资为 3 000 万元，项目建设前期年限为 1 年，建设期为 2 年，第 1 年计划投资 40%，第 2 年计划投资 60%，年平均价格上涨率为 3%，则该项目的涨价预备费为多少？

解：第 1 年的涨价预备费为

$$PF_1 = 3\ 000 \times 40\% \times [(1+3\%)^1 \times (1+3\%)^{0.5} - 1] = 54.40(\text{万元})$$

第 2 年的涨价预备费为

$$PF_2 = 3\ 000 \times 60\% \times [(1+3\%)^1 \times (1+3\%)^{0.5} \times (1+3\%)^1 - 1] = 138.05(\text{万元})$$

$$PF = PF_1 + PF_2 = 54.40 + 138.05 = 192.45(\text{万元})$$

故该项目的涨价预备费为 192.45 万元。

3.1.3 建设期利息

1. 建设期利息的含义

建设期利息是指筹措债务资金时在建设期内发生并按规定允许在投产后计入固定资产原值的利息，即资本化利息。建设期利息包括银行借款和其他债务资金的利息，以及其他融资费用。其他融资费用是指某些债务资金中发生的手续费、承诺费、管理费、信贷保险费等融资费用，一般情况下应将其单独计算并计入建设期利息。在项目建议书阶段和可行性研究阶段也可粗略估计后计入建设投资。

2. 建设期利息的估算

估算建设期利息，需要根据项目进度计划，提出建设投资分年计划，设定初步的融资方案，列出各年的投资额，并明确其中的外汇和人民币额度。还应根据不同情况选择名义年利率或有效年利率，并假定各种债务资金均在年中支付，即当年借款按半年计息，上年借款按全年计息。

（1）建设期用自有资金按期支付利息按单利计算，直接采用名义年利率计算各年建设期利息。其计算公式为

$$各年应计利息 = （年初借款本金累计 + 本年借款额/2）× 名义年利率 \quad (3.4)$$

（2）建设期不支付利息且贷款均衡发放按复利采用有效年利率计算各年建设期利息。计算公式为

$$各年应计利息 = （年初借款本息累计 + 本年借款额/2）× 有效年利率 \quad (3.5)$$

公式可表达为

$$Q = \sum_{t=1}^{n}\left(P_{t-i} + \frac{A_t}{2}\right)i \quad (3.6)$$

式中 Q——建设期利息；

P_{t-1}——按单利计息，为建设期第 $t-1$ 年年末借款本金累计，按复利计息，为建设期第 $t-1$ 年年末借款本息累计；

A_t——建设期第 t 年借款额；

i——借款年利率；

t——年份。

【例 3.2】某新建项目，建设期为 3 年，分年均衡贷款。第 1 年贷款 400 万元，第 2 年贷款 600 万元，第 3 年贷款 400 万元，贷款年利率为 6%，每年计息 1 次，建设期内不支付利息。试计算该项目的建设期利息。

解：建设期各年利息计算如下：

第 1 年贷款利息：$Q_1 = 400/2 × 6\% = 12$（万元）

第 2 年借款利息：$Q_2 = (412 + 600/2) × 6\% = 42.72$（万元）

第 3 年借款利息：$Q_3 = (412 + 642.72 + 400/2) × 6\% = 75.28$（万元）

该项目的建设期利息为

$$Q = Q_1 + Q_2 + Q_3 = 12 + 42.72 + 75.28 = 130（万元）$$

(3) 建设期不支付利息但贷款在年初发放，根据项目实际情况，也可采用借款额在建设期各年年初发放，则应按全年计息。其计算公式为

$$Q = \sum_{t=1}^{n}(P_{t-i} + A_t)i \tag{3.7}$$

【例3.3】在例3.2中，假设各年贷款均在年初发生，试计算该项目的建设期利息。

解：建设期各年利息计算如下：

第1年贷款利息：$Q_1 = 400 \times 6\% = 24$(万元)

第2年贷款利息：$Q_2 = (424 + 600) \times 6\% = 61.44$(万元)

第3年贷款利息：$Q_3 = (424 + 661.44 + 400) \times 6\% = 89.13$(万元)

该项目的建设期利息为

$$Q = Q_1 + Q_2 + Q_3 = 24 + 61.44 + 89.13 = 174.57(万元)$$

当有些项目有多种借款资金来源，且每笔借款的年利率各不相同时，既可分别计算每笔借款的利息，也可先计算出各笔借款加权平均年利率，再以加权平均年利率计算全部借款的利息。

在项目的经济分析中，对于分期建成投产的项目，应注意按各期投产时间分别停止借款费用的资本化，即投产后继续发生的借款费用不作为建设期利息计入固定资产原值，而是作为运营期利息计入总成本费用。

【例3.4】拟建某工业建设项目，其各项数据如下：

（1）主要生产项目费用7 400万元（其中，建筑工程费2 800万元，设备购置费3 900万元，安装工程费700万元）；

（2）辅助生产项目费用4 900万元（其中，建筑工程费1 900万元，设备购置费2 600万元，安装工程费400万元）；

（3）公用工程费用2 200万元（其中，建筑工程费1 320万元，设备购置费660万元，安装工程费220万元）；

（4）环境保护工程费用660万元（其中，建筑工程费330万元，设备购置费220万元，安装工程费110万元）；

（5）总图运输工程费用330万元（其中，建筑工程费220万元，设备购置费110万元）；

（6）服务性工程建筑工程费160万元；

（7）生活福利工程建筑工程费220万元；

（8）厂外工程建筑工程费110万元；

（9）工程建设其他费用400万元；

（10）基本预备费费率为10%；

（11）建设期各年平均价格上涨率为6%；

（12）建设期为2年，每年建设投资相等，建设资金来源：第1年贷款5 000万元，第2年贷款4 800万元，其余为自有资金，贷款年利率为6%（每半年计息一次）；

（13）项目正常年份流动资金估算额为900万元。

试编制该建设项目的投资估算表。

解:(1) 首先分析题目背景资料,并汇总出该建设项目工程费用和工程建设其他费用之和为 16 380 万元。

(2) 计算基本预备费。

$$基本预备费 = (工程费用 + 工程建设其他费用) \times 基本预备费费率$$
$$= 16\ 380 \times 10\% = 1\ 638(万元)$$

(3) 计算涨价预备费。

$$涨价预备费 = \frac{16\ 380 + 1\ 638}{2} \times [(1+6\%)^{0.5} - 1] + \frac{16\ 380 + 1\ 638}{2} \times [(1+6\%)^{1.5} - 1]$$
$$= 1\ 089.13(万元)$$

该项目预备费为

$$1\ 638 + 1\ 089.19 = 2\ 727.19(万元)$$

(4) 计算建设期利息。

$$年实际贷款利率 = \left(1 + \frac{6\%}{2}\right)^2 - 1 = 6.09\%$$

$$第1年贷款利息 = \frac{1}{2} \times 5\ 000 \times 6.09\% = 152.25(万元)$$

$$第2年贷款利息 = \left(5\ 000 + 152.25 + \frac{1}{2} \times 4\ 800\right) \times 6.09\% = 459.93(万元)$$

建设贷款利息为

$$152.25 + 459.93 = 612.18(万元)$$

将各项估算汇总,见表 3.1。

表 3.1 项目总投资估算汇总表　　　　　　　　　　　万元

序号	工程费用名称	估算价值				
		建筑工程	设备购置	安装工程	其他费用	合计
1	工程费用	7 060	7 490	1 430		15 980
1.1	主要生产项目	2 800	3 900	700		7 400
1.2	辅助生产项目	1 900	2 600	400		4 900
1.3	公用工程	1 320	660	220		2 200
1.4	环境保护工程	330	220	110		660
1.5	总图运输工程	220	110			330
1.6	服务性工程	160				160
1.7	生活福利工程	220				220
1.8	厂外工程	110				110
2	工程建设其他费用				400	400
	1+2 合计	7 060	7 490	1 430	400	16 380
3	预备费					3 292
3.1	基本预备费					1 638
3.2	涨价预备费					1 089.19

续表

序号	工程费用名称	估算价值				
		建筑工程	设备购置	安装工程	其他费用	合计
4	建设期利息					612
5	流动资金					900
	总计	7 060	7 490	1 430	4 304	20 619.19

3.1.4 流动资金

流动资金是指生产经营性项目投产后，为进行正常生产运营，用于购买原材料、燃料动力、备品备件，支付工资及其他生产经营费用所必需的周转资金，通常以现金及各种存款、存货、应收及应付账款的形态出现。

流动资金是项目运营期内长期占用并周转使用的营运资金，不包括运营中需要的临时性营运资金。到项目寿命期结束，全部流动资金才能退出生产与流通，以货币资金的形式被收回。

流动资金的估算基础主要是营业收入和经营成本。因此，流动资金估算应在营业收入和经营成本估算之后进行。流动资金的估算按行业或前期研究的不同阶段，可选用扩大指标估算法或分项详细估算法。

1. 扩大指标估算法

扩大指标估算法是参照同类企业流动资金占营业收入的比例（营业收入资金率）或流动资金占经营成本的比例（经营成本资金率或单位产量占用营运资金的数额）来估算流动资金。扩大指标估算法虽然简便易行，但准确度不高，在项目建议书阶段和初步可行性研究阶段可以采用，某些流动资金需要量小的项目在可行性研究阶段也可采用扩大指标估算法。其计算公式为

$$流动资金 = 年营业收入额 \times 营业收入资金率 \quad (3.8)$$

$$流动资金 = 年经营成本 \times 经营成本资金率 \quad (3.9)$$

$$流动资金 = 年产量 \times 单位产量占用流动资金额 \quad (3.10)$$

2. 分项详细估算法

分项详细估算法是对构成流动资金的各项流动资产和流动负债分别进行估算。流动资产的构成要素一般包括存货、现金、应收账款、预付账款；流动负债的构成要素一般包括应付账款和预收账款，流动资金等于流动资产和流动负债的差额。

分项详细估算法虽然工作量较大，但准确度较高，一般项目在可行性研究阶段应采用分项详细估算法。其计算公式为

$$流动资金 = 流动资产 - 流动负债 \quad (3.11)$$

$$流动资产 = 应收账款 + 预付账款 + 存货 + 现金 \quad (3.12)$$

$$流动负债 = 应付账款 + 预收账款 \quad (3.13)$$

$$流动资金本年增加额 = 本年流动资金 - 上年流动资金 \quad (3.14)$$

流动资金估算的具体步骤是首先确定各分项的最低周转天数，计算出各分项的年周转次

数，然后再分项估算占用资金额。

（1）确定各项流动资产和流动负债最低周转天数，分项详细估算法的准确度取决于各项流动资产和流动负债的最低周转天数取值的合理性。在确定最低周转天数时，可参照同类企业的平均周转天数和项目的实际情况，并考虑适当的保险系数。如对于存货中的外购原材料、燃料的最低周转天数应根据不同品种和来源，考虑运输方式和运输距离，以及占用流动资金的比例大小等因素分别确定。

（2）计算年周转次数，周转次数是指流动资金的各个构成项目在一年内完成多少个生产过程。周转次数可用1年天数（通常按360天计算）除以流动资金的最低周转天数计算。其计算公式为

$$周转次数 = 360 天/流动资金最低周转天数 \tag{3.15}$$

（3）应收账款估算，应收账款是指企业对外销售商品、提供劳务尚未收回的资金。其计算公式为

$$应收账款 = 年经营成本/应收账款周转次数 \tag{3.16}$$

（4）预付账款估算，预付账款是指企业为购买各类材料、半成品或服务所预先支付的款项。其计算公式为

$$预付账款 = 外购商品或服务年费用金额/预付账款周转次数 \tag{3.17}$$

（5）存货估算，存货是指企业在日常生产经营过程中持有以备出售，或者仍然处在生产过程，或者在生产或提供劳务过程中将消耗的材料或物料等，包括各类材料、商品、在产品、半成品和产成品等。为简化计算，项目评价中仅考虑外购原材料、燃料，其他材料，在产品和产成品，并分项进行计算。其计算公式为

$$存货 = 外购原材料、燃料 + 其他材料 + 在产品 + 产成品 \tag{3.18}$$

$$外购原材料、燃料 = 年外购原材料、燃料费用/外购原材料、燃料周转次数 \tag{3.19}$$

$$其他材料 = 年其他材料费用/其他材料周转次数 \tag{3.20}$$

$$在产品 = (年外购原材料、燃料动力费用 + 年工资及福利费 + 年修理费年其他制造费用)/在产品周转次数 \tag{3.21}$$

$$产成品 = (年经营成本 - 年其他营业费用)/产成品周转次数 \tag{3.22}$$

（6）现金估算，项目流动资金中的现金是指为维持正常生产运营必须预留的货币资金，包括库存现金和银行存款。其计算公式为

$$现金 = (年工资及福利费 + 年其他费用)/现金周转次数 \tag{3.23}$$

$$年其他费用 = 制造费用 + 管理费用 + 营业费用 - 以上三项费用中所含的工资及福利费、折旧费、摊销费、修理费 \tag{3.24}$$

（7）流动负债，估算流动负债是指将在一年或超过一年的一个营业周期内，需要偿还的各种债务，包括短期借款、应付票据、应付账款、预收账款、应付工资、应付福利费、应付股利、应交税金、其他暂收应付款、预提费用和一年内到期的长期借款等。为简化计算，流动负债的估算只考虑应付账款和预收账款两项。其计算公式为

$$应付账款 = 年外购原材料、燃料动力费及其他材料费用/应付账款周转次数 \tag{3.25}$$

$$预收账款 = 预收的营业收入年金额/预收账款周转次数 \tag{3.26}$$

3. 估算流动资金应注意的问题

（1）投入物和产出物采用不含增值税价格时，估算中应注意将销项税额和进项税额分别包括在相应的年费用金额中。

（2）项目投产初期所需流动资金一般应在项目投产前开始筹措。为了简化计算，可从投产第一年开始按生产负荷安排流动资金需用量。借款部分按全年计算利息，流动资金利息应计入生产期间财务费用，项目计算期末收回全部流动资金（不含利息）。

（3）用详细估算法计算流动资金，需以经营成本及其中的某些科目为基数，因此，实际上流动资金估算应在经营成本估算之后进行，不能简单地按100%运营负荷下的流动资金乘以投产期运营负荷估算。

【例3.5】某项目依据市场开拓计划，确定计算期第3年（即投产第1年）生产负荷为30%，计算期第4年生产负荷为60%，计算期第5年起生产负荷为100%。该项目各年的经营成本数据见表3.2，根据该项目生产、销售的实际情况确定其各项流动资产和流动负债的最低周转天数：应收账款、应付账款均为45天，存货中各项原材料平均为45天，在产品为4天，产成品为120天，现金为30天，该项目不需要外购燃料，一般也不发生预付账款和预收账款。试估算该项目的流动资金数额。已知各年所需流动资金的30%由项目资本金支付，其余为借款，试确定各年所需流动资金借款额。

表3.2 某项目各年的经营成本数据　　　　　　　　　　　　万元

序号	收入或成本项目	第3年	第4年	第5~12年
1	经营成本（含进项税额）	5 646.5	9 089.7	13 680.5
1.1	外购原材料（含进项税额）	2 044.6	4 089.2	6 815.3
1.2	外购动力（含进项税额）	404	808.1	1 346.8
1.3	工资	442.5	442.5	442.5
1.4	修理费	436.4	436.4	436.4
1.5	技术开发费	464.1	928.2	1 547.0
1.6	其他制造费用	218.2	218.2	218.2
1.7	其他管理费用	1 106.3	1 106.3	1 106.3
1.8	其他营业费用	530.4	1 060.8	1 768.0

解： 以第3年为例，用分项详细估算法估算流动资金。

$$流动资金 = 流动资产 - 流动负债$$

（1）流动资产的估算

$$流动资产 = 应收账款 + 现金 + 存货 + 预付账款$$

应收账款：

$$应收账款周转次数 = 360/45 = 8(次)$$

$$应收账款 = 年经营成本/应收账款周转次数 = 5\ 646.5/8 = 705.8(万元)$$

现金：

$$现金周转次数 = 360/30 = 12(次)$$

$$现金 = (年工资及福利费 + 年其他费用)/现金周转次数$$

$$= (年工资及福利费 + 技术开发费 + 年其他制造费用 + 年其他管理费用 + 年其他营业费用)/现金周转次数$$

$$= (442.5 + 464.1 + 218.2 + 1\,106.3 + 530.4)/12 = 230.1(万元)$$

存货：

$$存货 = 外购原材料、燃料 + 其他材料 + 在产品 + 产成品$$

1) 外购原材料周转次数 = 360/45 = 8(次)

$$外购原材料 = 年外购原材料费用/外购原材料周转次数$$
$$= 2\,044.6/8 = 255.6(万元)$$

2) 在产品周转次数 = 360/4 = 90(次)

$$在产品 = (年外购原材料、燃料动力费用 + 年工资及福利费 + 年修理费 + 其他制造费用)/在产品周转次数$$
$$= (2\,044.6 + 404 + 442.5 + 436.4 + 218.2)/90 = 39.4(万元)$$

3) 产成品周转次数 = 360/120 = 3(次)

$$产成品 = (年经营成本 - 年其他营业费用)/产成品周转次数$$
$$= (5\,646.5 - 530.4)/3 = 1\,705.4(万元)$$
$$存货 = 255.6 + 39.4 + 1\,705.4 = 2\,000.4(万元)$$
$$流动资产 = 705.8 + 230.1 + 2\,000.4 = 2\,936.3(万元)$$

(2) 流动负债估算

$$流动负债 = 应付账款 + 预收账款$$

应付账款周转次数 = 360/45 = 8(次)

$$应付账款 = 年外购原材料、燃料动力费及其他材料费用/应付账款周转次数$$
$$= (2\,044.6 + 404)/8 = 306.1(万元)$$
$$流动负债 = 306.1(万元)$$

(3) 第3年流动资金 = 2 936.3 - 306.1 = 2 630.2(万元)

其他年份所需流动资金估算见表3.3。

表3.3 流动资金估算　　　　　　　　　　　　　　　　　　万元

序号	项目	最低周转次数	周转次数	运营期		
				第3年	第4年	第5~12年
1	流动资产			2 936.3	4 703.3	7 059.2
1.1	应收账款	45	8	705.8	1 136.2	1 710.1
1.2	存货			2 000.4	3 254.1	4 925.6
1.2.1	原材料	45	8	255.6	511.2	851.9
1.2.2	在产品	4	90	39.4	66.6	102.9
1.2.3	产成品	120	3	1 705.4	2 676.3	3 970.8
1.3	现金	30	12	230.1	313.0	423.5
1.4	预付账款					

续表

序号	项目	最低周转次数	周转次数	运营期 第3年	第4年	第5~12年
2	流动负债			306.1	612.2	1 020.3
2.1	应付账款	45	8	306.1	612.2	1 020.3
2.2	预收账款					
3	流动资金（1−2）			2 630.2	4 091.1	6 038.9
4	流动资金当期增加额			2 630.2	1 460.9	1 947.8
5	用于流动资金的项目资本金			789.1	1 227.3	1 811.7
6	流动资金借款			1 841.1	2 863.8	4 227.2

3.2 成本费用

成本费用是项目生产运营中所支出的各种费用的统称。按照《企业会计制度》对成本与费用的定义，费用是指企业为销售商品、提供劳务等日常活动所发生的经济利益的流出；成本是指企业为生产产品、提供劳务而发生的各种耗费，也称产品成本、劳务成本。

在项目财务评价中，为了对生产运营期间的总费用一目了然，将管理费用、财务费用和营业费用这三项费用与生产成本合并为总成本费用。这是财务评价相对于会计制度所做的不同处理，但并不因此影响利润的计算。

成本与费用的种类：成本与费用按计算范围可分为单位产品成本和总成本费用；按成本与产量的关系可分为固定成本和可变成本；按会计核算的要求可分为生产成本和制造成本；按财务分析的特定要求提出了经营成本这一说法。

3.2.1 成本费用的构成

总成本费用是指企业在运营期内为生产产品或提供服务所发生的全部费用。根据《建设项目经济评价方法与参数》（第三版）的规定，在项目评价阶段，总成本费用的构成可以采用生产成本加期间费用法和生产要素估算法。

1. 按生产成本加期间费用估算法

所划分的总成本费用的构成在生产成本加期间费用估算法中，工程项目总成本费用等于生产成本加期间费用。其中，生产成本又称制造成本，是指企业在生产经营过程中实际消耗的直接材料费、直接工资、其他直接支出和制造费用；期间费用是指在一定会计期间发生的与生产经营没有直接关系和关系不密切的管理费用、财务费用和营业费用。

按生产成本加期间费用估算法划分的总成本费用构成如图 3.4 所示。其中直接材料费、直接燃料和动力费、直接工资、其他直接支出、制造费用计入产品生产成本；期间费用不计入产品生产成本。

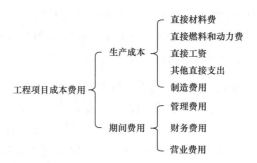

图 3.4 按生产成本加期间费用估算法划分的总成本费用的构成

总成本费用计算公式为

$$总成本费用 = 生产成本 + 期间费用 \tag{3.27}$$

$$生产成本 = 直接材料费 + 直接工资 + 其他直接支出 + 制造费用 \tag{3.28}$$

$$期间费用 = 管理费用 + 财务费用 + 营业费用 + 财务费用 \tag{3.29}$$

项目评价中一般只考虑财务费用中的利息支出,式(3.29)可改写为

$$期间费用 = 管理费用 + 营业费用 + 利息支出 \tag{3.30}$$

采用这种方法一般需要先分别估算各种产品的生产成本,然后与估算的管理费用、营业费用、利息支出相加。各成本费用的概念及构成如下:

(1)直接材料费:包括企业生产经营过程中实际消耗的原材料、辅助材料、设备零配件、外购半成品、燃料、动力、包装物、低值易耗品及其他直接材料费。

(2)直接工资:包括企业直接从事产品生产人员的工资、奖金、津贴和补贴等。

(3)其他直接支出:包括直接从事产品生产人员的职工福利费等。

(4)制造费用:是指企业为生产产品和提供劳务而发生的各项间接费用,包括生产单位管理人员工资和福利费、折旧费、修理费(生产单位和管理用房屋、建筑物、设备)、办公费、水电费、机物料消耗、劳动保护费,季节性和修理期间的停工损失等,但不包括企业行政管理部门为组织和管理生产经营活动而发生的管理费用。项目评价中的制造费用是指项目包含的各分厂或车间的总制造费用,为了简化计算将制造费用分为管理人员工资和福利费、折旧费、修理费和其他制造费用几部分。

(5)管理费用:是指企业为管理和组织生产经营活动所发生的各项费用,包括公司经费、工会经费、职工教育经费、劳动保险费、待业保险费、董事会费、咨询费、聘请中介机构费、诉讼费、业务招待费、排污费、房产税、车船使用税、土地使用税、印花税、矿产资源补偿费、技术转让费、研究与开发费、无形资产与其他资产摊销、计提的坏账准备和存货跌价准备等。项目评价时,为了简化计算将管理费用分为管理人员工资和福利费、折旧费、无形资产与其他资产摊销、修理费和其他管理费用等几部分。

(6)财务费用:是指企业为筹集资金而发生的各项费用,包括运营期间的利息净支出、汇兑净损失、调剂外汇手续费、金融机构手续费及在筹资过程中发生的其他财务费用等。在项目评价中,一般只考虑利息支出。

(7)营业费用:是指企业在销售商品过程中发生的各项费用及专设销售机构的各项经费,包括应由企业负担的运输费、装卸费、包装费、保险费、广告费、展览费及专设销售机构人员工资和福利费、类似工资性质的费用、业务费等经营费用。项目评价时，为了简化计算将营业费用分为销售人员工资和福利费、折旧费、修理费和其他营业费用等几部分。

2. 按生产要素估算法所划分的总成本费用的构成

由于工程经济分析常发生在工程使用之前，较难详细按生产成本加期间费用估算法估算总成本费用，因此，在工程经济分析中，一般采用生产要素法估算总成本费用。生产要素估算法是先估算各种生产要素的费用，再汇总得到项目总成本费用，而无论其具体应归集到哪个产品上。即将生产和销售过程中消耗的全部外购原材料、燃料和动力费用加上全部工资及福利费、当年应计提的全部折旧费、摊销费、修理费、利息支出和其他费用，构成项目的总成本费用。

采用这种估算方法，不必考虑项目内部各生产环节的成本结转，同时，也较容易计算项目的可变成本、固定成本。其计算公式为

$$总成本费用 = 外购原材料和燃料动力费 + 工资及福利费 + 折旧费 + 摊销费 +$$
$$修理费 + 财务费用（利息支出） + 其他费用 \qquad (3.31)$$

按生产要素估算法划分的总成本费用构成如图 3.5 所示。其中，其他费用是指从制造费用、管理费用和营业费用中分别扣除了折旧费、摊销费、修理费、工资及福利费以后的其余部分。在总成本费用估算时，应遵循国家现行的企业财务会计制度规定的成本和费用核算方法，同时应遵循有关税收制度中准予在所得税前列支科目的规定。当两者有矛盾时，一般应按从税的原则处理。

另外，由于各行业成本费用的构成各不相同，制造业项目可直接采用式（3.31）估算，其他行业的成本费用估算应按图 3.5 所示生产要素估算法划分，根据行业规定或结合行业特点另行处理。

图 3.5　总成本费用构成

3.2.2　成本费用的计算

下面根据生产要素估算法中总成本费用的构成，分别说明各分项的计算要点。

1. 外购原材料和燃料动力费的计算

原材料和燃料动力费是指外购的部分，计算时要充分体现行业特点和项目具体情况，并需要确定以下基础数据：

（1）相关专业提出的外购原材料和燃料动力年耗用量。

（2）在选定价格体系下的预测价格，该价格应按入库价格计，即到厂价格并考虑途库损耗。

(3) 选定适用的增值税税率，计算进项税额。外购原材料和燃料动力费的计算公式为

$$\text{外购原材料和燃料动力费} = \text{年产量} \times \text{单位产品外购原材料和燃料动力成本} \quad (3.32)$$

式中，年产量可根据测定的设计生产能力和投产期各年的生产负荷加以确定；单位产品外购原材料和燃料动力成本是依据原材料和燃料动力消耗定额和单价确定的。

2. 人工工资及福利费的计算

财务分析中的人工工资及福利费，是指企业为获得职工提供的服务而给予各种形式的报酬，通常包括职工工资、奖金、津贴和补贴及职工福利费等。

按照生产要素估算法计算总成本费用时，所采用的职工人数为项目全部定员。确定单位人工工资及福利费时需考虑项目性质、项目地点、行业特点及原企业工资水平等因素。根据不同项目的需要，财务分析中的工资可以采取以下两种方法计算：

（1）按项目全部人员年工资的平均数值计算年工资总额，计算公式为

$$\text{年工资成本} = \text{企业职工定员数} \times \text{人均年工资额} \quad (3.33)$$

（2）按人员类型和层次分别设定不同档次的工资进行计算。如采用分档工资，最好编制工资及福利费用估算表。

福利费主要包括职工的保险费、医药费、医疗经费、职工生活困难补助及按国家规定开支的其他职工福利支出，但不包括职工福利设施的支出。福利费的计算一般可按职工工资总额的一定比例提取。

3. 折旧费的计算

固定资产在使用过程中会受到磨损，其价值损失通常是通过提取折旧费的方式得以补偿。即折旧费是随着资产损耗而逐渐转移到产品成本费用中的那部分价值。将折旧费计入成本费用是企业回收固定资产投资的一种手段。

计算固定资产折旧，需要先计算固定资产原值。固定资产原值是指项目投产时（达到预定可使用状态）按规定由投资形成固定资产的部分，主要包括工程费用、固定资产其他费用、预备费和建设期利息。

在现金流量表中，折旧费并不构成现金流出，但是在估算利润总额和所得税时，它是总成本费用的组成部分。折旧费不是实际支出，只是一种会计手段，是把以前发生的一次性支出在年度（或季度、月份）中进行分摊，以核算年（或季、月）应缴付的所得税和可以分配的利润。

按财税制度规定，企业固定资产应当按月计提折旧，并根据用途计入相关资产的成本或当期损益。在财务分析中，按生产要素法估算总成本费用时，固定资产折旧可直接列支于总成本费用。

固定资产的折旧方法可在税法允许的范围内由企业自行确定，一般采用直线法，包括平均年限法和工作量法。我国税法也允许对某些机器设备采用快速折旧法，即双倍余额递减法和年数总和法。固定资产折旧年限、预计净残值率可在税法允许的范围内由企业自行确定，或按行业规定。

（1）平均年限法是根据固定资产的原值、预计的净残值率和折旧年限计算折旧。其计

算公式为

$$年折旧率 = \frac{1 - 预计净残值率}{折旧年限} \times 100\% \qquad (3.34)$$

$$年折旧额 = 固定资产原值 \times 年折旧率 \qquad (3.35)$$

(2) 工作量法又分为两种，一是按照行驶里程计算折旧；二是按照工作小时计算折旧。其计算公式如下：

按照行驶里程计算折旧：

$$单位里程折旧额 = \frac{固定资产原值 \times (1 - 预计净残值率)}{总行使里程} \qquad (3.36)$$

$$年折旧额 = 单位里程折旧额 \times 年行驶里程 \qquad (3.37)$$

按照工作小时计算折旧：

$$每工作小时折旧额 = \frac{固定资产原值 \times (1 - 预计净残值率)}{总工作小时} \qquad (3.38)$$

$$年折旧额 = 每工作小时折旧额 \times 年工作小时 \qquad (3.39)$$

(3) 双倍余额递减法是以平均年限法确定的折旧率的 2 倍乘以固定资产在每一会计期间的期初账面净值，从而确定当期应提折旧的方法。其计算公式为

$$年折旧率 = 2/折旧年限 \times 100\% \qquad (3.40)$$

$$年折旧额 = 年初固定资产净值 \times 年折旧率 \qquad (3.41)$$

$$年初固定资产净值 = 固定资产原值 - 以前各年累计折旧 \qquad (3.42)$$

实行双倍余额递减法时，应在折旧年限到期前两年内，将固定资产净值扣除净残值后的净额平均摊销。

(4) 年数总和法是以固定资产原值扣除预计净残值后的余额作为计提折旧的基础，按照逐年递减的折旧率计提折旧的方法。采用年数总和法的关键是每年都要确定一个不同的折旧率。其计算公式为

$$年折旧率 = \frac{折旧年限 - 已使用年数}{折旧年限 \times (折旧年限 + 1)/2} \times 100\% \qquad (3.43)$$

$$年折旧额 = (固定资产原值 - 预计净残值) \times 年折旧率 \qquad (3.44)$$

【例 3.6】某项固定资产原值为 20 000 元，预计使用年限为 5 年，净残值率为 5%，试分别用平均年限法、双倍余额递减法和年数总和法计算折旧。

解：(1) 平均年限法计算折旧。

$$年折旧率 = \frac{1 - 5\%}{5} \times 100\% = 19\%$$

$$各年折旧额 = 20\,000 \times 19\% = 3\,800(元)$$

(2) 双倍余额递减法计算折旧。

$$年折旧率 = \frac{2}{5} \times 100\% = 40\%$$

第 1 年折旧额 = 20 000 × 40% = 8 000(元)

第 2 年折旧额 = (20 000 - 8 000) × 40% = 4 800(元)

第 3 年折旧额 = (20 000 - 8 000 - 4 800) × 40% = 2 880(元)

第 4 年折旧额 = (20 000 - 8 000 - 4 800 - 2 880 - 20 000 × 5%)/2 = 1 660(元)

第 5 年折旧额 = (20 000 - 8 000 - 4 800 - 2 880 - 20 000 × 5%)/2 = 1 660(元)

(3) 年数总和法计算折旧。

$$年数总和 = 5 \times (5+1)/2 = 15(年)$$

$$预计净残值 = 20\,000 \times 5\% = 1\,000(元)$$

第 1 年折旧率 = 5/15 × 100% = 33.33%

第 1 年折旧额 = (20 000 - 1 000) × 33.33% = 6 332.7(元)

第 2 年折旧率 = 4/15 × 100% = 26.67%

第 2 年折旧额 = (20 000 - 1 000) × 26.67% = 5 067.3(元)

第 3 年折旧率 = 3/15 × 100% = 20%

第 3 年折旧额 = (20 000 - 1 000) × 20% = 3 800(元)

第 4 年折旧率 = 2/15 × 100% = 13.33%

第 4 年折旧额 = (20 000 - 1 000) × 13.33% = 2 532.7(元)

第 5 年折旧率 = 1/15 × 100% = 6.67%

第 5 年折旧额 = (20 000 - 1 000) × 6.67% = 1 267.3(元)

从上述三种折旧方法可以看出，年限平均法计算的各年折旧率和折旧额都相同；双倍余额递减法计算的各年折旧率相同，但各年折旧额逐年变小；年数总和法计算的各年折旧率和折旧额都逐渐变小。但无论按哪种方法计算只要折旧年限和净残值率相同，总折旧额是相同的。只是按后两种方法计算，在折旧年限前期折旧额大，以后逐渐变小。

4. 修理费的计算

修理费是指为保持固定资产的正常运转和使用，充分发挥使用效能，运营期内对其进行必要修理所发生的费用。按修理范围的大小和修理时间间隔的长短可分为大修理和中小修理。

修理费可直接按固定资产原值（扣除所含的建设期利息）的一定百分数估算，百分数的选取应考虑行业和项目特点。通常，在生产运营的各年中，修理费率采用固定值，也可根据项目特点间断性地调整修理费率，开始取较低值，以后取较高值。

5. 摊销费的计算

无形资产和其他资产的原始价值要在规定的年限内，按年度或产量转移到产品的成本之中，这部分被转移的价值称为摊销。企业通过计提摊销费，回收无形资产和其他资产的资本支出。

按照有关规定，无形资产从开始使用之日起，在有效使用期限内平均摊入成本。法律和合同规定了法定有效期限或受益年限的，摊销年限从其规定，否则摊销年限应注意符合税法的要求。无形资产的摊销一般采用平均年限法，不计残值。其他资产的摊销也可以采用平均年限法，不计残值，摊销年限应注意符合税法的要求。

6. 其他费用的计算

其他费用包括其他制造费用、其他管理费用和其他营业费用三项费用。

(1) 其他制造费用是指由制造费用中扣除生产单位管理人员工资及福利费、折旧费、修理费后的其余部分。项目评价中常见的估算方法有按固定资产原值（扣除所含的建设期利息）的百分数估算；按人员定额估算。

（2）其他管理费用是指由管理费用中扣除工资及福利费、折旧费、摊销费、修理费后的其余部分。项目评价中常见的估算方法有按人员定额估算；按工资及福利费总额的倍数估算。

（3）其他营业费用是指由营业费用中扣除工资及福利费、折旧费、修理费后的其余部分。项目评价中常见的估算方法是按营业收入的百分数估算。

7. 利息支出的计算

利息支出的估算包括长期借款利息、流动资金借款利息和短期借款利息三部分。

（1）长期借款利息是指建设投资借款在还款起始年年初（即运营期初）的余额（含未支付的建设期利息）应在运营期支付的利息，也称建设投资借款利息。

建设投资借款利息可以选择等额还本付息方式、等额还本利息照付方式和最大能力还本方式进行估算。

1）等额还本付息方式。等额还本付息方式是指在指定的还款期内，每年还本付息的总额相同，随着本金的偿还，每年支付的利息逐年减少，同时每年偿还的本金逐年增多。此方式适用于投产初期效益较差，而后期效益较好的项目。其计算公式如下：

$$A = I_c \times \frac{i(1+i)^n}{(1+i)^n - 1} \tag{3.45}$$

式中　　A——每年还本付息额（等额年金）；

　　　　I_c——还款起始年年初的借款余额（含未支付的建设期利息）；

　　　　I——年利率；

　　　　n——预定的还款期；

　　　　$\frac{i(1+i)^n}{(1+i)^n - 1}$——资金回收系数；

$$\text{每年支付利息} = \text{年初借款余额} \times \text{年利率} \tag{3.46}$$

$$\text{每年偿还本金} = A - \text{每年支付利息} \tag{3.47}$$

$$\text{各年年初借款余额} = I_c - \text{本年以前各年偿还的本金累计} \tag{3.48}$$

2）等额还本利息照付方式。等额还本利息照付方式是指在指定的还款期内，每年等额偿还本金，同时支付逐年减少的利息。此方法在项目投产初期还本付息的压力大，因此适用于投产初期效益好，有充足现金流的项目。其计算公式如下：

$$A = \frac{I_c}{n} + I_c \times \left(1 - \frac{t-1}{n}\right) \times i \tag{3.49}$$

式中　　A——第 t 年还本付息额；

　　　　$\frac{I_c}{n}$——每年偿还本金额；

　　　　$I_c \times \left(1 - \frac{t-1}{n}\right) \times i$——第 t 年支付利息额。

3）最大能力还本付息方式。最大能力还本付息方式是指在指定的还款期内，每年偿还本金的数额按最大偿还能力计算,同时利息逐年减少。代表偿还能力的资金主要包括可以用于还款的折旧费、摊销费、扣除盈余公积金和公益金后的所得税后利润及其他还款资金。它适用于贷款利率较高的项目。每年支付利息的计算公式如下:

$$每年支付利息 = 年初本金累计 \times 年利率 \quad (3.50)$$

式中,年初本金累计应包括未偿还的建设期利息。

【例3.7】 某拟建项目固定资产投资估算总额(不含建设期利息)为3 540万元,建设期为2年,生产运营期为6年。其中,第1年投入自有资金1 200万元,第2年投入自有资金340万元,贷款2 000万元。建设投资借款合同规定的还款方式为投产期的前4年等额还本,利息照付。借款利率为6%,流动资金借款利率为4%(按年计息)。试根据题目背景资料,编制该项目借款还本付息计划表。

解: 计算该项目建设期内各年的贷款利息:

首年贷款利息为 $Q = 0.5 \times 2\,000 \times 6\% = 60.00(万元)$

编制该项目借款还本付息计划表,见表3.4。

表3.4 项目借款还本付息计划表 万元

序号	项目	计算期					
		1	2	3	4	5	6
1	期初借款余额	0	0	2 060.00	1 545.00	1 030.00	515.00
2	当年借款		2 000.00				
3	当年应计利息	60.00	123.60	92.70	61.80	30.90	
4	当年应还本付息			638.60	607.70	576.80	545.90
4.1	应还本金			515.00	515.00	515.00	515.00
4.2	应还利息			123.60	92.70	61.80	30.90
5	期末余额		2 060.00	1 545.00	1 030.00	515.00	0.00

(2)流动资金借款利息。流动资金借款从本质上说应归类为长期借款,但目前企业往往有可能与银行达成共识,按年终偿还、下年年初再借的方式处理,并按一年期利率计息。财务分析中对流动资金的借款可以在计算期最后一年偿还,也可在还完长期借款后安排。流动资金借款利息的计算公式为

$$年流动资金借款利息 = 年初流动资金借款余额 \times 流动资金借款年利率 \quad (3.51)$$

(3)短期借款利息项目评价中的短期借款是指项目运营期间为了资金的临时需要而发生的短期借款,短期借款的数额应在财务计划现金流量表中得到反映,其利息应计入总成本。

在费用表的利息支出中,计算短期借款利息的利率一般为一年期利率。短期借款本金的偿还按照随借随还的原则处理,即当年借款尽可能于下年偿还。

8. 经营成本

经营成本是项目经济评价中所使用的特定概念,设置这一概念的目的是便于进行项目现金流量分析。由于现金流量分析是按照收付实现制确定的,而总成本费用包括一部分非付现成本(折旧和摊销等),所以在工程经济分析中,为了便于考察项目经营期间构成实际现金流出的那一部分成本,引入了经营成本这一概念。

作为项目运营期的主要现金流出,其构成和估算可采用下式表达:

$$经营成本 = 外购原材料和燃料动力费 + 工资及福利费 + 修理费其他费用 \quad (3.52)$$

经营成本与总成本费用的关系如下:

$$经营成本 = 总成本费用 - 折旧费 - 摊销费 - 利息支出 \quad (3.53)$$

由于折旧费和摊销费并不构成实际的现金流出而只是建设投资在经营期的分摊,因此折旧费和摊销费不属于经营成本的范畴。

3.3 收入与税费

3.3.1 营业收入

项目的营业收入是指项目建成投入运营后销售产品或提供服务所取得的收入,在工程经济评价中主要是指销售收入和劳务收入。

营业收入是企业利润的主要来源,是估算利润总额、营业税金及附加和增值税的基础,是财务分析的重要数据。其估算的基础数据包括产品或服务的数量和价格。营业收入的计算公式如下:

$$年营业收入 = 产品销售单价 \times 产品年销售量 \quad (3.54)$$

在工程项目经济分析中,产品年销售量应根据市场行情,采用科学的预测方法确定。产品销售单价一般采用出厂价格,也可根据需要选用送达用户的价格。

对于生产多种产品和提供多项服务的项目,应分别估算各种产品及服务的营业收入,或者采取折算为标准产品的方法计算营业收入。

3.3.2 营业税金及附加

项目评价涉及的税费主要包括关税、增值税、消费税、所得税、资源税、城市维护建设税和教育费附加,税种和税率的选择应根据项目具体情况和相关税法确定。在工程经济分析中,增值税作为"价外税"一般不包括在营业税金及附加中。

营业税金及附加是根据商品或服务的流转额征收的税金,包含在营业收入之内,包括消费税、资源税、城市维护建设税和教育费附加等内容。

1. 增值税

增值税是对我国境内销售货物、进口货物及提供加工、修理修配劳务的单位和个人,就其取得货物的销售额、进口货物金额、应税劳务收入额计算税款,并实行税款抵扣制的一种流转税。

(1) 增值税税率分为13%和17%两个档次。

1) 销售或进口粮食、食用植物油、自来水暖气、冷气、热水、煤气、石油液化气、天然气、沼气、图书、报纸、杂志、农业生产资料等货物的税率为13%;

2) 提供加工、修理修配劳务,税率为17%;

3) 出口货物税率为零。

（2）应纳增值税税额计算公式如下：

$$应纳增值税税额 = 当期销项税额 - 当期进项税额 \quad (3.55)$$

若价格中含增值税，则

$$销项税额 = 营业收入(含税)/(1+增值税税率) \times 增值税税率 \quad (3.56)$$

$$进项税额 = 外购原材料和燃料动力费/(1+增值税税率) \times 增值税税率 \quad (3.57)$$

若售价中不含增值税，则

$$销项税额 = 营业收入(不含税) \times 增值税税率 \quad (3.58)$$

$$进项税额 = 外购原材料和燃料动力费 \times 增值税税率 \quad (3.59)$$

【例3.8】 某公司购进甲货物100件，金额为10 000元（不含增值税），当期出售乙货物70件，取得销售额15 000元（不含增值税），增值税税率为17%。该企业当期应纳增值税额为多少元？

解：
$$当期销项税额 = 15\,000 \times 17\% = 2\,550(元)$$
$$当期进项税额 = 10\,000 \times 17\% = 1\,700(元)$$
$$应纳增值税额 = 2\,550 - 1\,700 = 850(元)$$

2. 消费税

消费税是对一些特定的消费品或消费行为征收的一种税，凡是在中国境内生产、委托加工和进口所规定的消费品的单位与个人都是纳税人。

（1）消费税税率消费税共设11个税目：烟的税率为30%～45%；酒及酒精的税率为5%～20%或220～250元/t；化妆品的税率为30%；贵重首饰及珠宝玉石的税率为5%～10%；鞭炮焰火的税率为15%；汽油的税率为0.20～0.28元/L；柴油的税率为0.10元/L；汽车轮胎的税率为3%；摩托车的税率为3%～10%；小汽车的税率为1%～40%。

（2）消费税应纳税额。消费税实行从价定率、从量定额，或者从价定率和从量定额复合计税（以下简称复合计税）的方法计算应纳税额。其计算公式如下：

1）从价定率：

$$应纳税额 = 销售额 \times 比例税率 \quad (3.60)$$

2）从量定额：

$$应纳税额 = 销售数量 \times 定额税率 \quad (3.61)$$

3）复合计税：

$$应纳税额 = 销售额 \times 比例税率 + 销售数量 \times 定额税率 \quad (3.62)$$

式中，销售额为纳税人销售应税消费品向购买方收取的全部价款和价外费用。

3. 资源税

资源税是我国对在中国境内开采矿产品或生产盐的单位和个人征收的一种税。其中，矿产品包括原油、天然气、煤炭、金属矿产品和非金属矿产品；盐包括固体盐和液体盐。

（1）资源税税率。资源税共设7个税目，税率由国家根据产品类别和不同的资源条件确定。

（2）资源税应纳税额：

$$应纳税额 = 课税数量 \times 单位税额 \quad (3.63)$$

式中，课税数量是指纳税人开采或生产应税产品用于销售或自用的数量。

4. 城市维护建设税

城市维护建设税是以纳税人实际交纳的增值税、消费税额为计税依据征收的一种税，并与增值税、消费税同时缴纳。

（1）税率。城市维护建设税按项目纳税人所在地区实行差别税率，分为三个档次：项目所在地为市区的，税率为7%；项目所在地为县城、镇的，税率为5%；项目所在地为市区、县城或镇以外的，税率为1%。

（2）应纳税额：

$$应纳税额 = （增值税 + 消费税）\times 适用税率 \tag{3.64}$$

5. 教育费附加

教育费附加以纳税人实际缴纳的增值税、消费税税额为计征依据，并与增值税、消费税同时缴纳。除国务院另有规定者外，任何地区、部门不得擅自提高或降低教育费附加率。征收目的主要是加快地方教育事业的发展，扩大地方教育经费的资金来源。

（1）税率教育费附加税率为3%；

（2）应纳税额：

$$应纳税额 = （增值税 + 消费税）\times 税率 \tag{3.65}$$

3.4 利润

3.4.1 利润的计算

利润是企业在一定时期内生产经营活动的最终财务成果，集中反映了企业生产经营活动的效益。利润的高低直接反映了项目投产后各年的获利能力，是项目财务评价的主要计算指标。根据《企业会计通则》，企业的利润总额包括营业利润、投资净收益、营业外收支净额及补贴收入等。即

$$利润总额 = 营业利润 + 投资净收益 + 营业外收支净额 + 补贴收入 \tag{3.66}$$

$$营业利润 = 主营业务利润 + 其他业务利润 - 营业费用 - 管理费用 - 财务费用 \tag{3.67}$$

$$主营业务利润 = 主营业务收入 - 主营业务成本 - 主营业务税金及附加 \tag{3.68}$$

在工程经济分析中估算利润总额时，一般假定不发生其他业务利润，也不考虑投资净收益、营业外收支净额和补贴收入。本期发生的总成本费用等于主营业务成本、营业费用、管理费用和财务费用之和，而且将主营业务收入视为本期的销售（营业）收入，主营业务税金及附加视为本期的销售税金及附加。则利润总额的计算公式为

$$利润总额 = 销售（营业）收入 - 总成本费用 - 销售税金及附加 \tag{3.69}$$

根据利润总额可计算所得税和净利润，净利润是指企业缴纳所得税后形成的利润，是企业所有者权益的组成部分，也是企业进行利润分配的依据。其计算公式为

$$净利润 = 利润总额 - 所得税 \tag{3.70}$$

3.4.2 利润的分配

1. 所得税计算

根据税法的规定，在中华人民共和国境内，企业和其他取得收入的组织为企业所得税的纳税人。纳税人在取得利润后向国家缴纳企业所得税。其计算公式为

$$应纳所得税额 = 应纳税所得额 \times 适用税率 \tag{3.71}$$

式中，应纳税所得额是指每纳税年度的收入总额减去准予扣除项目后的余额。在工程经济分析中，一般将利润总额作为计税基础。

企业所得税的税率为25%，但对符合条件的小型微利企业实行20%的优惠税率；对国家需要重点扶持的高新技术企业实行15%的优惠税率。

2. 利润的分配顺序

在工程经济分析中，企业当期实现的净利润一般视为可供分配的利润，可按照下列顺序分配：

（1）弥补以前年度亏损。

（2）提取法定盈余公积金。法定盈余公积金按照税后净利润10%提取，当法定盈余公积金已达注册资本的50%时，可不再提取。

（3）提取法定公益金。法定公益金按照税后利润的5%～10%提取，主要用于企业职工的集体福利设施。

（4）按照投资协议、合同或法律法规规定向投资者分配利润，企业以前年度未分配的利润，可以并入本年度分配。

（5）未分配利润为企业剩余利润，可以结转下一年度进行分配。

课外延伸阅读

新基建的优势

许林："一带一路"
新基建大有可为

习题

一、简答题

1. 试述我国工程项目投资的构成。
2. 我国建筑安装工程费是如何构成的？
3. 设备及工器具购置费是如何构成的？
4. 工程建设其他费用由哪些项目组成？
5. 什么是成本费用？什么是经营成本？

6. 固定资产折旧的计算方法有哪些？工作量法的适用范围是什么？
7. 营业税金及附加中包括哪些税种？
8. 试述利润总额、净利润及未分配利润的关系。

二、选择题

1. 固定资产加速折旧的方法有（　　）。
   A. 平均年限法　　　B. 工作量法　　　C. 双倍余额递减法　　　D. 年数总和法

2. 某固定资产原值为 100 万元，预计净残值为 5 万元，使用年限为 10 年，若采用年数总和法计提折旧，则第六年计提的折旧额为（　　）万元。
   A. 8.64　　　　　B. 8.19　　　　　C. 6.91　　　　　D. 6.55

3. 某设备的购置费为 30 万元，估计使用年限为 5 年，期末残值为 5 000 元，则按双倍余额递减法计算的第二年的折旧额为（　　）万元。
   A. 7.20　　　　　B. 7.68　　　　　C. 11.8　　　　　D. 7.28

4. 在计算增值税应纳税额时，当期进项税额是指（　　）。
   A. 当期销售额与税率的乘积
   B. 当期购进货物或应税劳务缴纳的增值税额
   C. 当期销售货物缴纳的增值税额
   D. 当期产值与税率的乘积

5. 某新建项目，建设期为 3 年，第一年贷款 300 万元，第二年贷款 600 万元，第三年没有贷款。贷款在年度内均衡发放，年利率为 6%，贷款本息均在项目投产后偿还，则该项目第三年的贷款利息是（　　）万元。
   A. 36.0　　　　　B. 54.54　　　　C. 56.73　　　　D. 58.38

6. 某建设项目工程费用为 7 200 万元，工程建设其他费用为 1 800 万元，基本预备费为 400 万元。项目前期年限为 1 年，建设期为 2 年，各年度完成静态投资额的比例分别为 60% 与 40%，年均投资价格上涨率为 6%，则该项目建设期第二年涨价预备费为（　　）万元。
   A. 444.96　　　　B. 464.74　　　　C. 564.54　　　　D. 589.63

7. 某工程项目建设期为 2 年，建设期内第一年年初和第二年年初分别贷款 600 万元和 400 万元，年利率为 8%。若运营期前 3 年每年年末等额偿还贷款本息，到第三年年末全部还清，则每年年末应偿还贷款本息（　　）万元。
   A. 406.66　　　　B. 439.19　　　　C. 587.69　　　　D. 634.7

8. 某固定资产原值为 20 万元，现评估市值为 25 万元，预计使用年限为 10 年，净残值率为 5%。采用平均年限法折旧，则年折旧额为（　　）万元。
   A. 1.90　　　　　B. 2.00　　　　　C. 2.38　　　　　D. 2.50

9. 某项目在经营年度外购原材料和燃料动力费为 100 万元，工资及福利费为 500 万元，修理费为 50 万元，其他费用为 40 万元，则该项目年度经营成本为（　　）万元。
   A. 1 600　　　　 B. 1 640　　　　 C. 1 650　　　　 D. 1 690

10. 下列各项内容中，分别属于流动资产和流动负债的是（　　）。
    A. 预收账款和预付账款　　　　B. 待摊费用和预提费用
    C. 应付账款和待摊费用　　　　D. 预提费用和预收账款

三、计算题

1. 某工程项目期初投资130万元,年销售收入为100万元,年折旧费为20万元,销售税金为2万元,年经营成本为50万元,所得税税率为33%。不考虑固定资产残值,试计算该工程项目的年净现金流量。

2. 某企业在某年年初购买了一台设备,初始投资为35 000元。使用期限为5年,预计5年后其残值为1 750元。使用该设备后每年能获得利润1 400元。所得税税率为33%,试计算在其使用期限内每年的税后现金流量。
   (1) 按平均年限法计算折旧额;
   (2) 按双倍余额递减法计算折旧;
   (3) 按年数总和法计算折旧。

3. 拟建一工程项目,第1年投资1 000万元,第2年又投资2 000万元,第3年再投资1 500万元。从第4年起,连续8年每年的销售收入为5 200万元,经营成本为2 600万元,折旧费为800万元,销售税金为160万元,所得税税率为33%,项目在期末的残值为700万元,试计算该项目的年净现金流量并画出该项目的现金流量图。

4. 某项目建设期为2年,第1年贷款100万元,第2年贷款1 000万元,生产运营期为6年。建设投资借款合同规定的还款方式为,投产期的前4年按等额本金法还本付息,借款利率为6%。试确定该项目每年的还本付息额,并填入表3.5中。

表3.5 项目借款还本付息计划表　　　　　　万元

序号	项目	合计	计算期					
			1	2	3	4	5	6
1	期初借款余额							
2	当年借款							
3	当年应计利息							
4	当年应还本付息							
5	应还本金							
5.1	应还利息							
5.2	期末借款余额							

5. 某项目固定资产投资(含无形资产)为3 600万元,其中,预计形成固定资产3 060万元(含建设期贷款利息),无形资产540万元。固定资产使用年限为10年,残值率为4%,采用直线法折旧。该项目生产运营期6年。无形资产在运营期6年中,均匀摊入成本,项目年经营成本为3 200万元,试计算该项目的年总成本费用。

6. 某建设项目有关资料如下:
   (1) 项目计算期为10年,其中建设期为2年。项目第3年投产,第5年开始达到100%设计生产能力。
   (2) 项目固定资产投资9 000万元(不含建设期贷款利息和固定资产投资方向调节

税），预计8 500万元形成固定资产，500万元形成无形资产。固定资产年折旧费为673万元，固定资产残值在项目运营期末收回，固定资产投资方向调节税率为零。

（3）无形资产在运营期8年中，均匀摊入成本。

（4）流动资金为1 000万元，在项目计算期末收回。

（5）项目的设计生产能力为年产量1.1万吨，预计每吨销售价为6 000元，年销售税金及附加按销售收入的5%计取，所得税税率为33%。

（6）项目的资金投入、收益、成本等基础数据，见表3.6。

表3.6 建设项目资金投入、收益及成本　　　　　　　　　万元

序号	项目	年份	1	2	3	4	5
1	建设投资	自有资金	3 000	1 000			
		贷款（不含贷款利息）		4 500			
2	流动资金	自有资金部分			400		
		贷款			100	500	
3	年销售量/万吨				0.8	1.0	1.1
4	年经营成本				4 200	4 600	5 000

（7）还款方式：在项目运营期间（即从第3~10年）按等额还本利息照付方式偿还，流动资金贷款每年付息。长期贷款利率为6.22%（按年付息），流动资金贷款利率为3%。

（8）经营成本的80%作为固定成本。

试完成下列要求：

(1) 计算无形资产摊销费；

(2) 编制借款还本付息表，把计算结果填入表3.7中（表中数字按四舍五入取整，表3.8同）；

编制总成本费用估算表，把计算结果填入表3.8中。

表3.7 项目还本付息表　　　　　　　　　万元

序号	项目 年份	1	2	3	4	5	6	7	8	9	10
1	年初累计借款										
2	本年新增借款										
3	本年应计利息										
4	本年应还本金										
5	本年应还利息										

表 3.8 总成本费用估算表　　　　　　　　　　万元

序号	项目＼年份	3	4	5	6	7	8	9	10
1	经营成本								
2	折旧费								
3	摊销费								
4	财务费								
4.1	长期借款利息								
4.2	流动资金借款利息								
5	总成本费用								
5.1	固定成本								
5.2	可变成本								

第4章

工程经济评价指标与方法

★学习目标

为了确保投资决策的科学性和正确性，正确选择经济评价指标和方法是十分必要的。本章是工程经济学的重点章节，通过本章的学习，学生将掌握后期所有评价的基本原理和方法。能够根据项目特点选择合理的经济评价方法。

★主要内容

投资回收期的概念和计算；投资利润率的概念和计算；净现值和净年值的概念和计算；基准收益率的概念和确定；净现值与收益率的关系；内部收益率的含义和计算；借款偿还期的概念和计算；独立方案和从属方案的经济评价方法；互斥方案的经济评价方法。

一个工程项目通常有多个可行方案可供选择。方案的设计和选择是否恰当，是技术活动成败的关键。方案的确定和选择是一个优化过程，而对技术方案进行工程经济评价、筛选择优，则是这一优化过程的关键。工程经济评价包括单个方案和多个方案的经济评价，对某一技术上可行的单个方案进行经济评价的目的是论证该方案在经济上的可行性；而对多个技术上可行的方案进行经济评价的目的是选择经济上最有利的方案。本章重点介绍工程经济评价指标和工程经济评价方法。

4.1 工程经济评价指标

4.1.1 工程经济评价指标体系

评价工程项目经济效果的好坏，一方面取决于基础数据的完整性和可靠性；另一方面取决于选取的评价指标体系的合理性，只有选取正确的评价指标体系，经济评价的结果能与客观实际情况吻合，才具有实际意义。根据经济评价指标所考虑因素及使用方法的不同，可进行不同的分类，一般有以下三种分类方法：

（1）按指标在计算中是否考虑资金时间价值分类。项目评价指标体系按时间价值分类如图 4.1 所示。

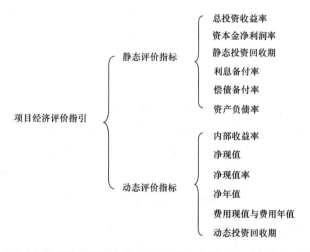

图 4.1　项目经济评价指标体系（按是否考虑资金时间价值分类）

（2）按指标本身的经济性质分类。项目经济评价指标体系按指标的经济性质分类如图 4.2 所示。

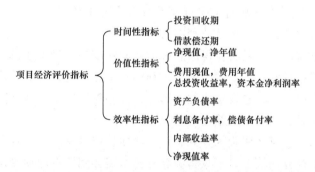

图 4.2　项目经济评价指标体系（按指标的经济性质分类）

（3）按项目经济评价的性质分类。项目经济评价指标体系按评价的性质分类如图 4.3 所示。

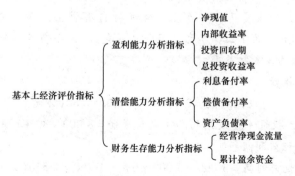

图 4.3　项目经济评价指标体系（按项目经济评价的性质分类）

4.1.2 静态评价指标

静态评价指标是在不考虑时间因素对货币价值影响的情况下,直接通过现金流量计算出来的经济评价指标。静态评价指标的最大特点是计算简便。主要用于技术经济数据不完备和不精确的项目初选阶段,或对计算期比较短的项目及对于逐年收益大致相等的项目进行评价。

1. 总投资收益率(ROI)

(1) 含义。总投资收益率(Return On Investment,ROI)就是单位总投资能够实现的息税前利润,是指工程项目达到设计生产能力后正常年份的年息税前利润或运营期内年平均息税前利润与项目总投资的比率。它常用于项目财务评价的静态盈利能力分析中。

(2) 计算公式。

$$ROI = \frac{EBIT}{TI} \times 100\% \tag{4.1}$$

式中 ROI——总投资收益率;

$EBIT$——项目正常年份的年息税前利润或运营期内年平均息税前利润;

TI——项目总投资。

年息税前利润 = 年营业收入 - 年营业税金及附加 - 年总成本费用 + 利息支出

项目总投资 = 建设投资 + 建设期利息 + 流动资金

(3) 评价标准总投资收益率高于同行业的收益率参考值时,认为该项目盈利能力满足要求;反之,则表明此项目不能满足盈利能力的要求。

总投资收益率越高,从项目所获得的息税前利润就越多。对于建设工程项目而言,若总投资收益率高于同期银行利率,适度举债是有利的;反之,过高的负债比率将损害企业和投资者的利益。由此可以看出,总投资收益率这一指标不仅可以用来衡量工程建设项目的获利能力,还可以作为建设工程筹资决策参考的依据。

总投资收益率的经济意义明确、直观,计算简便,但没有考虑投资收益的时间价值。因此,此指标主要用于计算期较短、不具备综合分析所需详细资料的项目盈利能力分析,而不能作为主要决策依据对项目长期建设方案进行评价。

【例4.1】某新建项目建设期为2年,运营期为8年。建设投资(不含建设期利息)为8 000万元,均匀投入。第1年自有资金投入6 000万元,第2年贷款投入2 000万元,贷款年利率为8%。流动资金投资1 000万元,全部为自有资金。项目建成后年销售收入为3 000万元,年总成本费用为1 250万元(不含利息支出),年销售税金及附加为销售收入的6%,试计算该项目的总投资收益率。

解:(1) 项目总投资。

建设期利息 = 2 000 × 8% × 0.5 = 80(万元)

项目总投资 = 建设投资 + 建设期利息 + 流动资金 = 8 000 + 80 + 1 000 = 9 080(万元)

(2) 项目各年息税前利润。

息税前利润 = 3 000 - 3 000 × 6% - 1 250 = 1 570(万元)

(3) 总投资收益率。

$$ROI = 1\,570/9\,080 \times 100\% = 17.29\%$$

所以,该项目的总投资收益率为 17.29%。

2. 项目资本金净利润率（ROE）

(1) 含义。项目资本金净利润率（Return On Equity, ROE）表示项目资本金的盈利水平,是指项目达到设计能力后正常年份的年净利润或运营期内年平均净利润与项目资本金的比率。

(2) 计算公式。

$$ROE = \frac{NP}{EC} \times 100\% \tag{4.2}$$

式中 ROE——项目资本金净利润率；

NP——项目正常年份的净利润或运营期内平均净利润

EC——项目资本金。

(3) 评价标准项目资本金净利润率高于同行业净利润率参考值时,认为该项目盈利能力满足要求；反之,则认为不能满足要求。

总投资收益率和项目资本金净利润率指标常用于项目融资后盈利能力分析。

3. 静态投资回收期

(1) 含义。静态投资回收期（Payback Time of Investment）也称返本期,是在不考虑资金时间价值的条件下,以方案的净收益回收项目全部投入资金所需要的时间。静态投资回收期一般从项目建设开始年算起,如果从项目投产开始年计算,应予以注明。

(2) 计算公式。静态投资回收期理论计算公式为

$$\sum_{t=1}^{P_t} (CI - CO)_t = 0 \tag{4.3}$$

式中 CI——为现金流入量；

CO——为现金流出量；

$(CI - CO)_t$——第 t 期的净现金流量；

P_t——静态投资回收期。

在实际工作中,投资回收期是通过现金流量表来计算的,根据现金流量表的使用计算公式为

$$P_t = T - 1 + \frac{\text{第 } T-1 \text{ 年的累计净现金流量的绝对值}}{\text{第 } T \text{ 年的净现金流量}} \tag{4.4}$$

式中, T 为项目各年累计净现金流量首次为正或零的年份,如果投资在期初一次投入,且每年的净收益固定不变,则静态投资回收期公式可简化为

$$P_t = \frac{I}{A} \tag{4.5}$$

式中 I——项目投入的全部资金；

A——每年的净现金流量。

(3) 评价标准。设基准投资回收期为 P_c, 若 $P_t < P_c$, 则项目不可行；反之,项目可以

考虑接受，投资回收期越短则表明项目回收资金的速度越快，抗风险的能力越强。

【例 4.2】 某项目的净现金流量表见表 4.1，试求该项目的静态投资回收期。

表 4.1 某项目的净现金流量表

t 年年末	0	1	2	3	4	5	6	7
净现金流量	-10	-20	4	8	12	12	12	12
累计净现金流量	-10	-30	-26	-18	-6	6	18	30

解： $P_t = 5 - 1 + 6/12 = 4.5$（年）

（4）优缺点。静态投资回收期最大的优点是意义明确、直观、计算方便，它可以反映项目投资回收的快慢，反映项目的风险大小；静态投资回收期最大的缺点是没有考虑资金的时间价值，无法确定投资项目在整个使用期内的盈利水平。它舍弃了回收期以后的收入与支出数据，故不能全面反映项目在寿命期内的真实效益，难以对不同方案的比较选择作出正确判断。因此，静态投资回收期指标只能作为一种辅助指标，而不能单独使用。

4. 利息备付率（ICR）

（1）含义。利息备付率（Interest Coverage Ratio，ICR）是指项目在借款偿还期内各年可用于支付利息的息税前利润与当期应付利息费用的比值。它从付息资金来源的充裕性角度反映项目偿付债务利息的能力，表示使用项目税息前利润偿付利息的保证倍率。

（2）计算公式。

$$ICR = \frac{EBIT}{PI} \times 100\% \tag{4.6}$$

式中 ICR——利息备付率；

EBIT——息税前利润，即支付利息和所得税前的利润；

PI——计入总成本费用的应付利息。

息税前利润 = 利润总额 + 计入总成本费用的利息费用

（3）评价标准。利息备付率应分年计算。利息备付率表示使用项目利润偿付利息的保证倍率。利息备付率越高，表明利息偿付的保障程度越高。一般情况下，利息备付率应大于 1 或大于等于国家部分行业建设项目清偿能力测算与协调参数结果中利息备付率的最低可接受值，并结合债权人要求确定。需要指出的是，这个最低可接受值 1 并不是项目必须要达到的基准值，不同行业、不同项目，其最低值也可能不同，因此，这个最低可接受值应是行业正常运营情况下的行业平均值

5. 偿债备付率（DSCR）

（1）含义。偿债备付率（Debt Service Coverage Ratio，DSCR）是指项目在借款偿还期内，各年可用于还本付息的资金与当期应还本付息金额的比值。它从还本付息资金来源的充裕性反映项目偿付债务本息的保障程度和支付能力。

（2）计算公式。

$$DSCR = \frac{EBITAD - TAX}{PD} \times 100\% \tag{4.7}$$

式中 DSCR——偿债备付率；

$EBITAD$——息税前利润加折旧和摊销；

TAX——企业所得税；

PD——应还本付息金额，包括还本金额和计入总成本费用的全部利息。

融资租赁费用可视同借款偿还，运营期内的短期借款本息也应纳入计算。

（3）评价标准。偿债备付率表示可用于还本付息的资金偿还债务资金的保障程度。偿债备付率应分年计算。偿债备付率高，表明可用于还本付息的资金保障程度高。正常情况下，偿债备付率应大于1或大于等于国家部分行业建设项目清偿能力测算与协调参数结果中偿债备付率的最低可接受值，并结合债权人要求确定。

6. 资产负债率（LOAR）

（1）含义。资产负债率（Liability On Asset Ratio，LOAR）是指各期末负债总额同资产总额的比率，表示总资产中有多少是通过负债得来的。它是评价项目负债水平的综合指标，反映项目利用债权人提供资金后的经营活动能力，同时，又能体现债权人发放贷款的安全度。

（2）计算公式。

$$LOAR = \frac{TL}{TA} \times 100\% \tag{4.8}$$

式中　$LOAR$——资产负债率；

TL——期末负债总额；

TA——期末资产总额。

（3）评价标准。适度的资产负债率，表明企业经营安全、稳健，具有较强的筹资能力，也表明企业和债权人的风险较小。一般来说，资产负债率应在国家所发布的行业建设项目偿债能力测算与协调参数结果中资产负债率的合理区间内。对该指标的分析，应结合国家宏观经济状况、行业发展趋势、企业所处的竞争环境等具体条件判定。项目财务分析中，在长期债务还清后，可不计算资产负债率。

【例4.3】 某公司拟生产一种新的产品，以自有资金购入新产品专利，价格为20万元，设备投资100万元（自有资金40万元，贷款60万元），年初安装即可投产使用。厂房利用本单位一座闲置的一直无法出租或转让的厂房。生产期和设备折旧期均为5年，设备采用直线法折旧，残值率为5%。专利转让费在生产经营期5年内平均摊销。产品第一年的价格为18元/件，以后每年递增2%，经营成本第一年为10元/件，以后每年递增10%。设备贷款第一年年初全部发放，贷款期5年，等额还本付息，利率为5%。流动资金全部为自有资金，所得税税率为33%，基准收益率为15%。项目各年产量见表4.2。完成表4.3并计算该项目的利息备付率与偿债备付率，分析项目偿还债务能力。

表4.2　项目各年产量表

年份	1	2	3	4	5
产量/万件	5	8	12	10	6

表 4.3 偿债备付率和利息备付率计算表

序号	项目 \ 年份	1	2	3	4	5
1	销售收入					
1.1	年产量/万件					
1.2	售价/(元·件$^{-1}$)					
2	总成本费用					
2.1	年经营成本					
2.1.1	单位经营成本/(元·年$^{-1}$)					
2.1.2	年产量/万件					
2.2	年折旧费					
2.3	年摊销费					
2.4	年利息支出					
3	利润总额（年税前利润）					
4	年所得税					
5	税后利润（净利润）					
6	年息税前利润					
7	年还本					
8	还本付息总额					
9	还本付息资金来源					
指标计算	利息备付率					
	偿债备付率					

解：（1）根据项目贷款偿还计划，首先应计算项目的还本付息表（表4.4）。

采用等额还本付息，每年还本付息总额为

$$A = P(A/P, 5\%, 5) = 60 \times 0.23097 = 13.858（万元）$$

表 4.4　还本付息表　　　　　　　　　　　　　　　　　　　万元

序号	项目 \ 年份	1	2	3	4	5
1	期初借款累计	60	49.14	37.74	25.77	13.2
2	本年应计利息	3	2.46	1.89	1.29	0.66
3	本年还本利息	13.86	13.86	13.86	13.86	13.86
3.1	本年还本	10.86	11.4	11.97	12.57	13.2
3.2	本年付息	3	2.46	1.89	1.29	0.66
4	年末借款累计	49.14	37.74	25.77	13.2	0

（2）偿债备付率与利息备付率的计算，结果见表4.5。

$$年折旧额 = 100 \times (1 - 5\%)/5 = 19（万元）$$

$$年摊销费 = 20/5 = 4（万元）$$

表 4.5 偿债备付率和利息备付率计算表

序号	项目 \ 年份	1	2	3	4	5	计算方法（序号对应的项目）
1	销售收入	90.00	146.88	224.73	191.02	116.90	1 = 1.1 × 1.2
1.1	年产量/万件	5	8	12	10	6	
1.2	售价/（元·件$^{-1}$）	18.00	18.36	18.73	19.10	19.48	
2	总成本费用	76	113.46	170.09	157.39	111.51	
2.1	年经营成本	50.00	88.00	145.20	133.10	87.85	2.1 = 2.1.1 × 2.2.2
2.1.1	单位经营成本/（元·年$^{-1}$）	10.00	11.00	12.10	13.31	14.64	
2.1.2	年产量/万件	5	8	12	10	6	
2.2	年折旧费	19.00	19.00	19.00	19.00	19.00	
2.3	年摊销费	4.00	4.00	4.00	4.00	4.00	
2.4	年利息支出	3.00	2.46	1.89	1.29	0.66	
3	利润总额（年税前利润）	14.00	33.42	54.64	33.63	5.40	3 = 1 − 2
4	年所得税	4.62	11.03	18.03	11.10	1.78	4 = 3 × 33%
5	税后利润（净利润）	9.38	22.39	36.61	22.53	3.62	5 = 3 − 4
6	年息税前利润	17.00	35.88	56.53	34.92	6.06	6 = 3 + 2.4
7	年还本	10.86	11.40	11.97	12.57	13.20	
8	还本付息总额	13.86	13.86	13.86	13.86	13.86	
9	还本付息资金来源	35.78	47.85	61.50	46.82	27.28	9 = 2.2 + 2.3 + 2.4 + 5
指标计算	利息备付率	5.67	14.59	29.91	27.07	9.18	6/2.4
指标计算	偿债备付率	2.55	3.45	4.44	3.38	1.97	9/8

各年的利息备付率与偿债备付率均大于1，说明项目利息偿付的保障程度大，有足够的资金偿还借款本息，因而项目的偿债风险较小。

4.1.3 动态评价指标

动态评价指标是在分析项目或方案的经济效益时，对发生在不同时间的效益、费用计算资金的时间价值，将现金流量进行等值化处理后计算的评价指标。静态评价指标没有考虑资金的时间价值，不能反映项目整个计算期间的全面情况；动态评价指标则能较全面地反映投资方案整个计算期的经济效果，主要用于项目最后决策前的可行性研究阶段，或对计算期较长的项目及逐年收益不相等的项目进行评价。

在对投资项目进行经济评价时，应以动态分析为主，必要时另加某些静态评价指标进行辅助分析。

1. 动态投资回收期

（1）含义。为了克服静态投资回收期未考虑资金的时间价值的缺陷，可采用其改进指标动态投资回收期。动态投资回收期是指在考虑资金时间价值的条件下，用项目各年的净收益回收全部投资所需要的时间。

(2)计算公式。

$$\sum_{t=1}^{P'_1}(CI-CO)_t(1+i_t)^{-t}=0 \tag{4.9}$$

式中 P'_1——动态投资回收期。

在实际工作中,动态投资回收期更为实用的计算公式为

$$P'_1 = 累计净现金流量折现值出现正值的年数 - 1 + \frac{上年累计折现值的绝对值}{当年净现金流量的折现值} \tag{4.10}$$

(3)评价标准。设基准投资回收期为 P_z,若 $P_t \leq P_c$,则方案可以被接受;否则应予以拒绝。动态投资回收期反映了项目和资金的运作情况。需要注意的是,动态投资回收期与折现率有关,若折现率不同,其反映的投资回收年限则不同,当折现率为零时,动态投资回收期等于静态投资回收期。

【例4.4】某项目的净现金流量见表4.6,试求该项目的静态投资回收期、动态投资回收期。

表4.6 项目各年净现金流量   万元

序号	年份\项目	1	2	3	4	5	6	7	8	9
1	净现金流量	-100	-250	120	150	150	150	150	150	170

解:根据题目编制现金流量表见表4.7。

表4.7 项目现金流量表   万元

序号	年份\项目	1	2	3	4	5	6	7	8	9
1	净现金流量	-180	-250	120	150	150	150	150	150	170
2	累计现金流量	-180	-430	-310	-160	-10	140	290	440	610
	折现系数($i=10\%$)	0.8929	0.7972	0.7118	0.6355	0.5674	0.5066	0.4523	0.4039	0.3603
3	折现净现金流量	-160.71	-199.30	85.41	95.33	85.11	75.99	67.85	60.58	61.30
4	累计折现净现金流量	-160.71	-360.01	-274.60	-179.27	-94.16	-18.16	49.69	110.27	171.58
	流量									

根据表4.7得,静态投资回收期为

$$P_1 = 6 - 1 + \frac{10}{150} = 5.07(年)$$

动态投资回收期为

$$P'_1 = 7 - 1 + \frac{18.16}{76.85} = 6.27(年)$$

2. 净现值(NPV)

(1)含义。净现值(Net Present Value,NPV)是指按设定的折现率,将项目计算期内

各年发生的净现金流量折现到建设期期初的现值之和。

（2）计算公式。

$$NPV = \sum_{t=1}^{n} (CI - CO)_t (1+i)^{-t} \qquad (4.11)$$

式中　i——设定的折现率；

CI——现金流入量；

CO——现金流出量。

（3）评价标准。对于单一方案：若 $NPV \geq 0$，则方案应予以接受；若 $NPV < 0$，则方案应予以拒绝。对于寿命期不同的互斥方案：NPV 越大的方案相对越优，NPV 最大且大于 0 的方案是最佳方案。即若 $NPV_A > NPV_B$，则 A 方案优于 B 方案；若 $NPV_A = NPV_B$，则 A 方案等价于 B 方案；若 $NPV_A < NPV_B$，则 A 方案劣于 B 方案。

【例 4.5】某项目各年的净现金流量如图 4.4 所示，试用净现值指标判断项目的可行性。

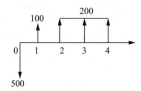

图 4.4　某项目现金流量图（单位：万元）

解：$NPV(i=10\%) = -500 + 100 (P/F, 10\%, 1) + 200 (P/A, 10\%, 3)(P/F, 10\%, 1) = 43.08$（万元）

由于 $NPV > 0$，故项目在经济效果上是可以接受的。

（4）指标特点。

1）考虑了资金的时间价值，并考虑了整个计算期的现金流量，能够直接以货币额表示项目的盈利水平。

2）必须先设定一个符合经济现实的基准折现率，而基准折现率的确定往往是比较复杂的。

3）NPV 用于对寿命期不同的互斥方案的评价时，偏好于寿命期长的方案，因而必须构造一个共同的分析期才可使用 NPV 指标。

4）NPV 用于对寿命期相同的互斥方案的评价时，偏好于投资额大的方案，不能反映项目单位投资的使用效率，不能直接说明在项目运营期间各年的经营成果。解决方法是引入净现值指数指标。

（5）几个需要说明的问题。

1）基准收益率。基准收益率又称基准投资收益率、基准折现率、目标收益率、最低期望收益率，是决策者对项目投资资金时间价值的判断和项目风险程度的估计，是项目财务可行性和方案比选的主要判据。

基准收益率是经济评价和投资决策的一个重要参数，基准收益率定得太高，会使许多经济效益好的项目被拒绝；基准收益率定得太低则可能使一些经济效益不好的方案被采纳，因此必须慎重决定项目的基准收益率。

由于不同的投资者对于同一项目的判断不尽相同，再加上所处行业、项目具体特点、项目筹资差异、对待风险的态度、对收益水平的预期等诸多因素，决定了投资者必须自主确定其在相应项目上最低可接受的收益率。投资主体应根据资金成本和风险收益自行决定项目的基准收益率，或将其认可的项目最低可接受收益率作为项目的基准收益率。若企业在跨行业投资或项目投资者对项目的特点及风险情况缺乏经验时，可以参考使用国家行政主管部门统一测定并发布的行业基准收益率。政府投资项目使用的基准收益率则是国家行政主管部门统一测定并发布的行业基准收益率。

确定基准收益率的方法很多，有资本资产定价模型法、加权平均资金成本法、典型项目模拟法、德尔菲专家调查法等。确定基准收益率时应考虑以下几个因素：

①资金成本和机会成本。资金成本是为取得资金使用权所支付的费用，项目投资后所获利润额必须能够补偿资金成本，然后才能有利可言。因此，基准收益率不应小于资金成本，否则便无利可图。投资的机会成本是指投资者将有限的资金用于除拟建项目以外的其他投资机会所能获得的最好收益。显然，基准收益率应不低于单位资金成本和单位投资的机会成本，这样才能使资金得到最有效的利用。这一要求可用下式表达：

$$i_c \geq i_1 = \max\{\text{单位资金成本}, \text{单位投资机会成本}\} \tag{4.12}$$

当项目完全由企业自有资金投资时，可参考行业基准收益率，可以理解为一种资金的机会成本。

假如投资项目由自有资金和贷款组成时，最低收益率不应低于行业基准收益率与贷款利率的加权平均收益率。如果有几种不同的贷款时，贷款利率应为加权平均贷款利率。

②投资风险。在整个项目计算期内，可能发生难以预料的环境变化，使投资者要冒着一定风险作决策。因而在确定基准收益率时，仅考虑资金成本、机会成本因素是不够的，还应考虑风险因素。通常，以一个适当的风险贴补率来提高值。即以一个较高的收益水平补偿投资者所承担的风险，风险越大，贴补率越高。为此，投资者自然就要求获得较高的利润，否则投资者不会去冒风险。为了限制对风险大、盈利低的项目进行投资，可以采取提高基准收益率的办法进行项目经济评价。

③通货膨胀。在通货膨胀影响下，各种物资的价格及人工费都会上升。为反映和评价拟建项目在未来的真实经济效果，在确定基准收益率时，应考虑通货膨胀因素。若项目现金流量是按当年价格预测估算的，则应以年通货膨胀率来修正值；若项目的现金流量是按基准年不变价格预测估算的，预测结果已排除通货膨胀因素的影响，就不再重复考虑通货膨胀的影响，而去修正 i_c 值。

综合以上分析，基准收益率可确定如下：

当按当年价格预测项目现金流量时：

$$i_c = (1+i_1)(1+i_2)(1+i_3) - 1 \approx i_1 + i_2 + i_3 \tag{4.13}$$

当按不变价格预测项目现金流量时：

$$i_c = (1+i_1)(1+i_2)(1+i_3) - 1 \approx i_1 + i_2 \tag{4.14}$$

上述近似处理的条件是 i_1, i_2, i_3 都为小数。

总之，资金成本和机会成本是确定基准收益率的基础，投资风险和通货膨胀是确定基准收益率必须考虑的影响因素。

2) NPV 与 i 的关系。对于常规项目而言，若投资方案各年的现金流量已知，则该方案

净现值的大小完全取决于折现率的大小,即 NPV 可以看作 i 的函数:

$$NPV(i) = \sum_{t=0}^{n}(CI-CO)_t(1+i)^{-t}$$

NPV 与 i 的关系可用图 4.5 来说明。

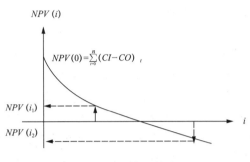

图 4.5 NPV 与 i 的关系

从图 4.5 可知,净现值函数一般具有以下特点:i 越大,$NPV(i)$ 越小,故 i 定得越高,可行的方案就越少;存在一个 i^*,当 $i = i^*$ 时,$NPV(i) = 0$;当 $i < i^*$ 时,$NPV(i) > 0$;当 $i > i^*$ 时,$NPV(i) < 0$。i^* 是一个具有重要经济意义的折现率临界值,称为内部收益率(IRR)。

3. 净现值率(NPVR)

净现值指标用于多方案比较时,虽然能反映每个方案的盈利水平,但是由于没有考虑每个方案投资额的大小,因而不能直接反映资金的利用效率。为了考察资金的利用效率,可采用净现值率指标作为净现值的补充指标。净现值率反映了净现值与全部投资现值的比值关系,是多方案评价与选择的一个重要的辅助性评价指标。

(1)含义净现值率(Net Present Value Ratio,NPVR)是项目净现值与项目全部投资现值之比。在多方案比较时,如果几个方案的 NPV 值都大于零但投资规模相差较大,可以进一步用净现值率作为净现值的辅助指标。其经济含义是单位投资现值所能得到的净现值。

(2)计算公式。

$$NPVR = \frac{NPV}{I_P} = \frac{\sum_{t=1}^{n}(CI-CO)_t(1+i_c)^{-t}}{\sum_{t=1}^{n}I_1(1+i_c)^{-t}} \qquad (4.15)$$

式中 I_P——项目总投资现值。

(3)评价标准。对于单方案而言,净现值率的判别准则与净现值一样,若 NPVR < 0,则方案不可行;反之,方案可以接受,对多个方案进行评价时,净现值率越大,方案的经济效果越好。

4. 净年值(NAV)

(1)含义净现值率(Net Annual Value,NAV)是以设定的折现率将项目计算期内净现值换算成等额的年金。

(2)计算公式。

$$NAV = NPV(A/P, i, n)$$
$$= \left[\sum_{t=1}^{n}(CI - CO)_t(1 + i_c)^{-t}\right](A/P, i, n) \quad (4.16)$$

(3) 评价标准。若 $NAV \geq 0$，则项目在经济上可行；若 $NAV < 0$，则项目在经济上不可行。多方案比选时，净年值越大的方案相对越优。

用净现值 NPV 和净年值 NAV 对一个项目进行评价，是将同一现金流量分别换算为基准期的年值和第 $1 - n$ 年的等额年金，因而这两个指标是等效的，评价的结论一致。但是，对计算期不相同的多个互斥方案进行选优时，净年值比净现值有独到的简便之处。

【例4.6】已知 A、B 两种设备均能满足使用要求，A 设备的市场价为 100 万元，计算期为 4 年，每年可带来净收入 40 万元，期末残值 5 万元；B 设备的市场价为 200 万元，计算期为 6 年，每年可带来净收入 53 万元，期末残值 8 万元。试在基准折现率为 10% 的条件下选择经济上有利的方案。

解：画出两种设备的现金流量图，如图 4.6 所示。

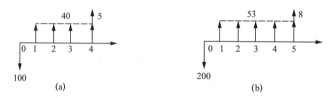

图 4.6 A、B 设备的现金流量图（单位：万元）

(a) A 设备；(b) B 设备

$$NAV_A = -100(A/P, 10\%, 4) + 40 + 5(A/F, 10\%, 4) = 8.61(万元)$$
$$NAV_B = -200(A/P, 10\%, 6) + 53 + 8(A/F, 10\%, 6) = 8.10(万元)$$

因为 $NAV_A > NAV_B$，故选择 A 设备在经济上更为合理。

所以，在基准折现率为 10% 的条件下，选择 A 设备在经济上是有利的。

5. 内部收益率（IRR）

(1) 含义。内部收益率（Internal Rate Of Return，IRR）是一个被广泛使用的项目经济评价指标，是指使项目计算期内净现金流量现值累计等于零时的折现率。

内部收益率容易被误认为项目初期投资的收益率，实际上内部收益率的经济含义是投资方案占用的尚未回收投资的获利能力，它取决于项目内部。

【例4.7】某投资方案的净现金流量见表 4.8，已知该投资方案的内部收益率为 10%，试分析内部收益率的经济含义。

表 4.8 投资方案的净现金流量 万元

年份	0	1	2	3
净现金流量	-1 000	600	450	110

解：当折现率为 10% 时，项目未回收投资的计算结果见表 4.9 和图 4.7。

表 4.9　项目未回收投资的计算　　　　　　　　　　　　　万元

年份	0	1	2	3
现金流量	-1 000	600	450	110
第 t 年年初未回收投资	—	-1 000	-500	-100
第 t 年年末的利息	—	100	50	10
第 t 年年末未回收投资	-1 000	-500	-100	0

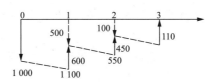

图 4.7　未回收投资的现金流量示意图

在项目整个计算期内，如果按利率 $i = IRR$ 计算，始终存在未回收投资，且仅在计算期终时，投资才恰被完全收回，则 i 便是项目的内部收益率。这样，内部收益率的经济含义就是使未回收投资余额及其利息恰好在项目计算期末完全收回的一种利率，也可以理解为项目对贷款利率的最大承受能力。

（2）计算公式。内部收益率可通过解下述方程求得

$$NPV(IRR) = \sum_{t=1}^{n} (CI - CO)_t (1 + IRR)^{-t} = 0 \qquad (4.17)$$

式中　IRR——内部收益率。

内部收益率是未知的折现率，由式（4.17）可知，求折现率需解高次方程，当各年的净现金流量不等，且计算期较长时，求解 IRR 是较烦琐的。一般来说，求解 IRR 有插值试算法和利用计算机工具求解两种方法。

1）插值试算法。对于计算期不长，生产期内年净收益变化不大的项目，又有复利系数表可利用的情况下，并不十分困难。

插值试算法计算 IRR 的一般步骤如下：利用折现率与净现值之间的关系（图 4.8），粗略估计 IRR 的值。取 i_2 计算，若 $NPV_1 > 0$，再试用 i_2（$i_2 > i_1$），若 $NPV_2 > 0$，再试用 i_3，直至 $NPV_{n-1} > 0$，$NPV_n < 0$。

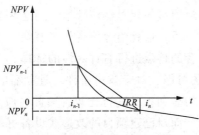

图 4.8　内部收益插值法示意

用线性插值法计算 IRR 的近似值，其计算公式为

$$IRR = i_{n-1} + \frac{NPV_{n-1}}{NPV_{n-1} + |NPV_n|}(i_n - i_{n-1}) \tag{4.18}$$

由于式（4.18）IRR 的计算误差的大小与 $i_n - i_{n-1}$ 的大小有关，i_n 与 i_{n-1} 之间的差距一般以不超过 2% 为宜，最大不允许超过 5%。

插值试算法只适宜于具有常规现金流量的投资方案，对于具有非常规现金流量的方案，其内部收益率的存在可能不唯一，因而不适用插值试算法。

2）计算机工具计算法。一般来说，采用试算法求解内部收益率很费时间，需经过多次的大量计算才能成功。若利用计算机专业软件求解，就十分容易。例如，Excel 中就有专门的函数求解 IRR。

（3）评价标准。若 IRR≥i，则方案在经济上可以考虑接受；若 IRR＜i，则方案在经济上应予以拒绝。

【例 4.8】 购买某台设备需 80 000 元，用该设备每年可获净收益 12 600 元，该设备报废后无残值。若设备使用 8 年后报废，这项投资的内部收益率是多少？

解：由方程 $-80\,000 + 12\,600\,(P/A, IRR, 8) = 0$，

取 $i_m = 5\%$，$i_n = 6\%$，

$NPV(5\%) = -80\,000 + 12\,600 \times 6.463 = 1\,433.8(元)$

$NPV(6\%) = -80\,000 + 12\,600 \times 6.210 = -1\,754(元)$

所以，$IRR = 5\% + [1\,433.8/(1\,433.8 + 1\,754)] \times 1\% = 5.45\%$

（4）优缺点。内部收益率的优点是考虑了资金的时间价值，对项目进行动态评价，并考察了项目在整个计算期内的全部收支情况。由于内部收益率取决于项目净现金流量的情况，这种内部决定性使它与净现值、净年值、净现值率等需要事先设定基准折现率才能进行计算的指标相比，操作困难小，因此，我国进行项目经济评价时通常把内部收益率作为主要的经济评价指标之一。内部收益率的主要缺点是计算烦琐，试算通常很难一次成功。对于非常规现金流量的项目，内部收益率可能有多解现象，也可能不存在。内部收益率只适用于独立方案的经济评价和可行性判断，一般不能直接用于互斥方案和相关方案的比较和选择，也不能对独立方案进行优劣排序。内部收益率也不适用于只有现金流入或现金流出项目的经济评价。

（5）内部收益率与净现值的比较。净现值与内部收益率都是反映投资项目经济效益的重要指标，它们虽然存在着很大的联系，但两者之间仍有许多不同。从形式上看，前者反映项目的绝对经济效果；后者反映项目的相对经济效果。用这两个指标评价投资项目时，有时结论是一致的，有时结论互相矛盾，这就给评价者带来麻烦。因此，用这两个指标评价工程项目投资效果时，应该根据两者的特点进行有针对性的选择。

1）从工程项目投资的目的考虑。对于新建项目，通常希望它在整个寿命周期内的盈利水平较高，并且还要同本行业的盈利状况进行比较，因此，应着重考虑它的相对经济效益，故一般优先使用 IRR 进行评价。而对已建项目的改造或设备更新项目，投资者更关心能否维持或增加原有的盈利水平，因此，通常优先选用反映项目绝对经济效果的 NPV 法。

2）从指标本身的特点考虑。IRR 不能反映项目的寿命期及其规模的不同，故不适宜作为项目优先排队的依据；而 NPV 则特别适用于互斥方案的评价。另外，还应考虑投资者的

主观要求。例如,世界银行和亚洲发展银行认为,IRR 法计算时事先不必规定基准折现率,容易用复利法计算,而且 IRR 代表了资本的收益性和周转能力,可以看出资本运用的效率,因此,偏重 IRR 法。而美国国际开发署却彻底否定 IRR 法,它规定只用 NPV 法,认为对项目实施最重要的并不是规定投资的下限,而是要确定投资的优先次序,故应该用 NPV 法。

6. 费用现值（PC）与费用年值（AC）

前面介绍的动态评价指标,每个指标的计算均考虑了现金流入、流出,即采用净现金流量进行计算。实际工作中,在进行多方案比较时,往往会遇到各方案的收入相同或收入难以用货币计量的情况。在此情况下,为简便起见,可省略收入,只计算支出。这就出现了经常使用的两个指标:费用现值和费用年值。

（1）费用现值。

1）含义。在对多个方案比较时,如果各方案的收益皆相同,或收益难以用货币计量,这时计算净现值指标可以省略现金流量中的收益,只计算费用,这样计算的结果称为费用现值（Present Cost, PC）。为方便起见费用取正号。

2）计算公式。

$$PC = \sum_{t=1}^{n} CO_t(P/F, i, n) \quad (4.19)$$

式中 PC——费用现值；

L——期末（第 n 年年末）回收的残值。

3）评价标准。在多方案比较中,费用现值越低,方案的经济效果越好。

【例 4.9】某企业需要更新设备,现有两套方案,具体情况见表 4.10。

表 4.10 设备现金流量表　　　　　　　　　　　　　元

设备型号	期初一次投资	年经营费	回收残值	设备寿命
A 型	26 500	1 050	2 150	6
B 型	36 500	850	3 650	6

解：$PC_A = 26\,500 + 1050 \times (P/A, 10\%, 6) - 2150 \times (P/F, 10\%, 6) = 29\,859.07(元)$

$PC_B = 36\,500 + 850 \times (P/A, 10\%, 6) - 3\,650 \times (P/F, 10\%, 6) = 38\,141.32(元)$

因为 $PC_A < PC_B$,故应选择 A 型设备。

（2）费用年值。

1）含义。与费用现值相同,费用年值也适用于多方案比较时各方案收益均相等的情况,这时计算净年值指标可以省略现金流量中除期末回收残值或余值之外的收益,只计算费用,这样计算的结果称为费用年值（Annual Cost, AC）。

2）计算公式。

$$AC = PC(A/P, i, n) = \left[\sum_{t=1}^{n} CO_t(P/F, i_c, t) - L(P/F, i_c, n)\right](A/P, i_c, n) \quad (4.20)$$

式中,AC 为费用年值。

3）评价标准。在多方案比较中,费用年值越低,方案的经济效果越好。一般来说,费用现值和费用年值只能用于多个方案的必选。

【例 4.10】在某一项目中，有两种机器可以选用，都能满足生产需要。机器 A 买价为 10 000 元，在第 8 年年末的残值为 4 000 元，前 4 年的年运行费用为 5 000 元，后 4 年为 6 000 元。机器 B 买价为 8 000 元，第 6 年年末的残值 3 000 元，其运行费用前 3 年为每年 5 500 元，后三年为每年 6 500 元（$i=10\%$），见表 4.11。评价 A、B 两方案并选择最优。

表 4.11　项目现金流量表　　　　　　　　　　　　　　　　元

方案	初始投资	年运行费用	年运行费用	残值	寿命期
A	10 000	5 000（1~4 年）	6 000（5~8 年）	4 000	8
B	8 000	5 500（1~3 年）	6 500（4~6 年）	3 000	6

解：$PC_A = 10\,000 + 5\,000(P/A,10\%,4) + 6\,000(P/A,10\%,4)(P/F,10\%,4) - 4\,000$
$(P/F,10\%,8) = 36\,974.66(元)$

$$AC_A = PC(A/P,10\%,8) = 6\,930.53(元)$$

$PC_B = 8\,000 + 5\,500(P/A,10\%,3) + 6\,500(P/A,10\%,3)(P/F,10\%,3) - 3\,000(P/F,10\%,6)$
$= 32\,129.84(元)$

$$AC_B = PC(A/P,10\%,6) = 7\,377.33(元)$$

选择机器 A。

4.2　方案经济评价方法

4.2.1　方案的类型

要想正确评价方案的经济性，仅凭对评价指标的计算和判别是不够的，还必须了解方案之间的相互关系，按照方案的类型确定适当的评价方法和指标，为最终作出正确的投资决策提供依据。

1. 方案类型

方案类型是指一组备选方案之间所具有的相互关系。这种关系一般可分为独立型、互斥型、相关型等类型。

（1）独立方案是指各个方案的现金流量是独立的不具有相关性，选择其中的一个方案并不排斥接受其他方案，即一个方案的采用与否与其自身的可行性有关，而与其他方案是否采用没有关系。

按照是否受到资源约束可分为无资源约束的独立方案（即完全不相关的独立方案）和有资源约束的独立方案。单一方案的决策可以看成是独立方案的特例。

（2）互斥方案是指各个方案之间存在着互不相容、互相排斥的关系，各个方案可以互相代替，方案具有排他性。进行方案比选时，在多个备选方案中只能选择一个，其余的均必须放弃，不能同时存在。

互斥方案按照计算期的不同可分为计算期相同的互斥方案、计算期不同的互斥方案和无限计算期的互斥方案；按照规模的不同可分为相同规模的方案和不同规模的方案。互斥方案是在项目决策中最常见到的，互斥方案的经济比选是项目经济评价的重要内容。

（3）相关方案是指在各个方案之间，某一方案的采用与否会对其他方案的选择、经济效益或价值产生影响，进而影响其他方案采用与否，这一类方案统称为相关方案。具体有以下几种类型：

1）互补方案。互补方案是指在一组方案中，某一方案的接受有助于其他方案的接受，方案之间存在着相互依存的关系。如建造一座建筑物 A 和增加一套空调系统 B，增加空调系统后，使建筑物的功能更完善，故接受 B 方案，有助于 A 方案的接受，但采用 A 方案并不一定要采用 B 方案。

2）现金流量相关型方案。现金流量相关型方案是指在一组方案中，方案之间不完全互斥，也不完全相互依存，但任一方案的取舍会导致其他方案现金流量的变化。例如，某跨江项目考虑两个建设方案，一个是建桥方案 A，另一个是轮渡方案 B，两个方案都是收费的，此时，任一方案的实施或放弃都会影响另一方案的现金流量。

3）混合相关型方案。混合相关型方案是指一组独立或互斥方案中，每一独立或互斥方案下又有若干方案，这些方案之间是相关的。这种相关可以是依存关系，如方案 B 依存于方案 A，即若方案 A 不选取则方案 B 肯定不取；紧密互补关系，如两个方案 C 和 D，这两个方案都取或都不取，在这种情况下可以把这两个方案合并成一个方案；非紧密互补关系，如现金流量相关。

2. 方案经济比选的要求

在进行方案比选的过程中，由于不同方案产出的质量和数量、产出的时间、费用的大小及发生的时间、方案的计算期限都不尽相同，在进行经济评价比较时，需要有一定的比选要求，即参与比选的各方案在经济上要具有可比性。

（1）满足需要的可比性。对于不同的投资方案，能够满足投资者的不同需要，为了使得方案之间具有可比性，要考虑方案产出的规模、质量、数量的一致性，只有当参与比选的不同方案的产出在规模、质量、数量上基本一致时，才能直接进行经济比选。

（2）时间的可比性。在进行方案经济比选时，往往会遇到计算期不同的方案，这时要求参与比选的备选方案具有相同的计算期，只有这样才具有时间上的可比性，而且还要考虑不同时间发生的费用与效益对经济效益的影响。

（3）价格的可比性。方案的经济评价中会涉及各种要素的价格，包括设备、材料、工资单价等。在确定这些价格时，需要考虑价格的合理性及价格的变化，而且要按照相同的原则确定，或者采用基准价格——以基准年的价格确定各要素的价格，或者采用变动价格，但是要注意按照相同的价格变化率来预测各要素在各年的价格。

（4）消耗费用的可比性。在方案能够满足相同需要的前提下，不同的方案在计算消耗费用时应该采用相同的计算方法，计算的范围和比较的内容应该一致。

4.2.2 独立方案比选

1. 完全不相关的独立方案比选

在无资源约束条件下，独立方案之间完全不相关，只需要评价每个方案自身的经济性，决策者可以根据评价结果选择其中部分方案甚至全部方案。

在无资源约束条件下，独立方案评价选择的实质是对每个方案作出"作"与"不作"的选择。因此，独立方案在经济上是否可接受取决于方案自身的经济性，即方案的经济效果是否达到或超过了预定的评价标准或水平。因此，独立方案的评价与单一方案的评价方法相同。只要资金充裕，凡是能通过自身效果检验（绝对效果检验）的方案都可采纳。

一般可以选择净现值、净年值、内部收益率和总投资收益率、资本金净利润率、投资回收期、资产负债率等动、静态评价指标进行分析、评价与选择。

【例 4.11】 有三个独立方案 A、B、C，其现金流量见表 4.12，试判断其经济可行性（$i=15\%$）。

表 4.12 独立方案 A、B、C 的净现金流量表 　　　　　　　万元

方案	初始投资	年收入	年支出	寿命/年
A	5 000	2 400	1 000	10
B	8 000	3 100	1 200	10
C	10 000	4 000	1 500	10

解：由于是三个完全不相关的独立方案，只需对每个方案进行自身的经济性检验，即绝对效果检验，分别应用净现值、净年值和内部收益率三个指标来进行评价。

（1）净现值法。计算各方案的 NPV，结果如下：

$$NPV_A = -5\,000 + (2\,400 - 1\,000)(P/A, 15\%, 10) = 2\,027 \text{（万元）}$$

$$NPV_B = -8\,000 + (3\,100 - 1\,200)(P/A, 15\%, 10) = 1\,536 \text{（万元）}$$

$$NPV_C = -10\,000 + (4\,000 - 1\,500)(P/A, 15\%, 10) = 2\,547 \text{（万元）}$$

由于三个方案净现值均大于 0，故三个方案均可接受。

（2）净年值法。计算各方案的 NAV，结果如下：

$$NAV_A = (2\,400 - 1\,000) - 5\,000(A/P, 15\%, 10) = 404 \text{（万元）}$$

$$NAV_B = (3\,100 - 1\,200) - 8\,000(A/P, 15\%, 10) = 306 \text{（万元）}$$

$$NAV_C = (4\,000 - 1\,500) - 10\,000(A/P, 15\%, 10) = 507 \text{（万元）}$$

由于三个方案净年值均大于 0，故三个方案均可接受。

（3）内部收益率法。计算各方案的 IRR，结果如下：

$$NPV_A = -5\,000 + (2\,400 - 1\,000)(P/A, IRR, 10) = 0 \quad IRR_A = 25\%$$

$$NPV_B = -8\,000 + (3\,100 - 1\,200)(P/A, IRR, 10) = 0 \quad IRR_B = 20\%$$

$$NPV_C = -10\,000 + (4\,000 - 1\,500)(P/A, IRR, 10) = 0 \quad IRR_C = 22\%$$

由于三个方案的 IRR 均大于基准收益率 15%，故三个方案均可接受。

以上方法均可用，这些方法的评价结论完全一致。

可以看出，对于完全不相关的独立方案来说与单一方案的评价一样，只需选择任一经济评价指标，如净现值、净年值或内部收益率等指标，按照每一评价指标的评价标准进行评价即可，无论采用哪个评价指标，评价结果都是一样的。

2. 有资源约束的独立方案比选

在有资源约束条件下，独立方案之间因为资源有限而具有一定的相关性。最常见的是资金有限的情况，由于资金有限，决策者只能在备选方案中根据资金的多少选择一部分方案，

方案之间因为资金有限而具有相关性。如何使资金能得到充分的利用，使总投资效益最大，需要在若干个备选方案中进行选择，这就是需要解决的问题。有资源约束的独立方案的比选一般可以采用独立方案组合互斥化法和净现值率或内部收益率排序法。

（1）组合互斥化法。列出独立方案所有可能的组合，每个组合形成一个组合方案（其现金流量为被组合方案现金流量的叠加），由于是所有可能的组合，则最终的选择只可能是其中一种组合方案，因此所有可能的组合方案形成互斥关系，可按互斥方案的比较方法确定最优的组合方案，最优的组合方案即为独立方案的最佳选择。具体步骤如下：

1）列出独立方案的所有可能组合，形成若干个新的组合方案（其中包括0方案，即什么也不投资，其投资为0，收益也为0），则 m 个独立方案的所有可能组合方案共有 2^m 个。

2）将所有的组合方案按初始投资额从小到大的顺序排列，排除总投资额超过投资资金限额的组合方案。

3）对所剩的所有组合方案按互斥方案的比较方法确定最优的组合方案，最优组合方案所包含的独立方案即为该组独立方案的最佳选择。

【例4.12】 现有三个独立方案，方案的现金流量见表4.13，假如资金预算为500万元，试进行方案的选择（$i=10\%$）。

表4.13 独立方案的现金流量表　　　　　　　　　　　　　　　　万元

方案 \ 年份	0	1~7	8
A	-200	40	50
B	-300	60	70
C	-350	65	70

解： 将独立方案进行组合，A、B、C三个方案的组合数为8个，计算出每个组合方案的投资额，筛选投资额大于限额的方案组合。由于A、B、C三个方案是独立项目，因而组合方案的现金流量就是方案的现金流量之和，同理组合方案的净现值就是所组合方案的净现值之和。组合结果见表4.14。

表4.14 独立方案的组合结果　　　　　　　　　　　　　　　　万元

序号	方案组合	投资总额	年净收益	残值	组合方案净现值
1	0	0	0	0	0
2	A	200	40	10	18.06
3	B	300	60	10	24.76
4	C	350	65	5	-0.90
5	AB	500	100	20	42.82
6	AC	550	105	15	超出资金预算
7	BC	650	125	15	超出资金预算
8	ABC	850	165	25	超出资金预算

根据计算结果进行选择。可以看出，AB组合方案投资500万元，在资金预算以内，而且AB组合方案的净现值最大，所以，AB组合方案是最优的方案。

（2）净现值率排序法。首先计算每个独立方案的净现值率，淘汰净现值率小于 0 的方案，然后将剩余方案按照净现值率从大到小排序，依照排序选择方案，直到选择的方案的总投资达到预算或接近预算为止。

【例 4.13】有六个相互独立的投资方案，现金流量见表 4.15，计算期均为 6 年，若投资资金预算为 240 万元，试选择投资方案（$i=10\%$）。

表 4.15　独立方案的现金流量表

方案 \ 年份	0	1～6	NPV	NPVR	排序
A	-60	18	18.40	0.306 7	3
B	-55	12	-2.74	-0.049 8	淘汰
C	-45	15	20.33	0.451 8	2
D	-80	20	7.11	0.088 9	4
E	-75	28	46.95	0.626	1
F	-70	17	4.04	0.057 7	5

解：首先计算每个独立方案的净现值率，淘汰净现值率小于 0 的方案；然后按照净现值率排序依次选择方案。如图 4.9 所示为方案净现值率从大到小的排序及方案的累计投资，可以看出在资金限额内，可实施 E、C、A 方案。

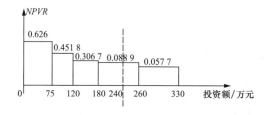

图 4.9　资金限制的独立方案净现值率排序及累计投资

净现值率排序法计算简单易行，但是由于投资方案的不可分性，一个方案只能作为一个整体被接受或放弃，在很多情况下，资金不能被充分利用，不能保证得到最优的组合方案。在实际工作中，如果遇到一组方案数目很多的独立方案，用方案组合法计算是相当烦琐的（组合方案数目成几何级数递增），这时，利用内部收益率或净现值率排序法是相当方便的。

4.2.3　互斥方案比选

互斥方案之间互不相容、互相排斥的特点决定了其经济比选与独立方案不同。互斥方案的经济分析与评价包括两部分内容：一是方案自身的经济分析与评价，称为绝对效果检验，即考察备选方案中各方案自身的经济效果是否满足评价准则的要求，也就是从备选方案中找出所有可行的方案；二是各方案之间的分析、评价与选优，称为相对效果检验，即对通过绝对效果检验的方案进行两两比较，直至找出最优方案。

1. 计算期相同的互斥方案比选

（1）静态比选方法不考虑资金的时间价值，在方案初评或作为辅助评价方法时可以采用静态比选方法。互斥方案的静态比选方法常用增量投资收益率、增量投资回收期、年折算费用、综合总费用等评价方法进行相对经济效果静态评价。

1）增量投资收益率法。

方案规模相同时：当两个互斥方案效益、规模相同或基本相同时，投资额和经营成本都最小的方案是最理想的方案。但在实践中经常会遇到这样的方案，一个方案的投资额小，但经营成本较高，而另一方案正相反，其投资额较大，经营成本却较小。投资额大的方案与投资额小的方案形成了增量的投资，而增量的投资又在经营成本上带来了节约。增量投资所带来的经营成本上的节约与增量投资之比称为增量投资收益率。

现设 I_1、I_2 分别为方案 1、2 的投资额，C_1、C_2 为方案 1、2 的经营成本。用 A_1、A_2 表示方案 1、2 的年净收益。而 $I_1 < I_2$，$C_1 > C_2$，则增量投资收益率 R_{2-1} 为

$$R_{2-1} = \frac{C_1 - C_2}{I_2 - I_1} = \frac{A_2 - A_1}{I_2 - I_1} \times 100\% \tag{4.21}$$

方案规模不同时：需要进行产量等同化处理，以及解决规模的可比性条件。有如下两种处理方法。

用单位生产能力投资和单位产品经营成本计算：

$$R_{2-1} = \frac{C_1/Q_1 - C_2/Q_2}{I_2/Q_2 - I_1/Q_1} = \frac{A_2/Q_2 - A_1/Q_1}{I_2/Q_2 - I_1/Q_1} \times 100\% \tag{4.22}$$

用扩大系数计算，以两个方案年产量的最小公倍数作为方案的年产量：

$$R_{2-1} = \frac{C_1 b_1 - C_2 b_2}{I_2 b_2 - I_1 b_1} = \frac{A_2 b_2 - A_1 b_1}{I_2 b_2 - I_1 b_1} \times 100\% \tag{4.23}$$

其中，b_1、b_2 满足 $Q_1 b_1 = Q_2 b_2$。

判断标准：若计算出来的增量投资收益率大于基准收益率，说明增加的投资是可行的；反之，应选择投资小的方案。

2）增量投资回收期法。就是用经营成本的节约或增量净收益来补偿增量投资所经历的年限。

当各年经营成本的节约 $C_1 - C_2$ 或增量净收益 $A_2 - A_1$ 基本相同时，增量投资回收期为

$$P_{1(2-1)} = \frac{I_2 - I_1}{C_1 - C_2} = \frac{I_2 - I_1}{A_2 - A_1} \tag{4.24}$$

当各年经营成本的节约 $C_1 - C_2$ 或增量净收益 $A_2 - A_1$ 差异较大时，增量投资回收期满足

$$(I_2 - I_1) = \sum_{t=1}^{P_{1(2-1)}} (C_1 - C_2) \tag{4.25}$$

或

$$(I_2 - I_1) = \sum_{t=1}^{P_{1(2-1)}} (A_2 - A_1) \tag{4.26}$$

若计算出来的增量投资回收期小于基准投资回收期，应选择投资额大的方案；反之，应选择投资额小的方案。

3）年折算费用法。当互斥方案的数量较多，而且它们所产生的效益基本相同时，可以采用年折算费用法进行方案比选。计算各个方案的年折算费用，即将投资额按基准投资回收期分摊到各年，再与各年的年经营成本相加。在进行方案比选时，把年折算费用的大小作为评价标准，年折算费用最小的方案是最优方案。年折算费用法经济含义明确，评价标准简单

直观，适用于多方案的评价比选。年折算费用计算公式为

$$Z_j = \frac{I_j}{P_c} + C_j \tag{4.27}$$

式中　Z_j——第 j 个方案的年折算费用；

　　　I_j——第 j 个方案的总投资；

　　　P_c——基准投资回收期；

　　　C_j——第 j 个方案的年经营费用。

4）综合总费用法。综合总费用是方案的投资与基准投资回收期内年经营成本之和，即基准投资回收期内年折算费用的总和。其计算公式为

$$S_j = I_j + P_c C_j \tag{4.28}$$

式中　S_j——第 j 个方案的综合费用。

同样，综合总费用也适用于多方案的比选，在进行多方案的比选时，综合总费用最小的方案即最优方案。

（2）动态比选方法考虑了资金的时间价值，考虑了资金流入、流出的不同的时间点，这样方案在时间上才具有可比性。计算期相同的互斥方案的动态比选方法一般有净现值法、净年值法、费用现值与费用年值法、差额内部收益率法等。

1）净现值法。净现值法就是通过计算各个备选方案的净现值并比较其大小来判断方案的优劣，是多方案比选中最常用的一种方法。净现值法的比选步骤如下：

①绝对效果检验。分别计算各个方案的净现值，淘汰 $NPV<0$ 的方案；

②相对效果检验。对保留的可行方案进行两两比较，计算增量方案的净现值 ΔNPV，若 $\Delta NPV>0$，则投资额大的方案较优；若 $\Delta NPV<0$，则投资额小的方案较优。相对效果检验最后保留的方案为最优方案。

【例4.14】有三个寿命相等的互斥方案 A、B、C，其现金流量见表4.16，用净现值法选择最佳方案（$i=15\%$）。

表4.16　互斥方案的现金流量

方案	初始投资/万元	年净收益/万元	寿命/年
A	10 000	2 800	10
B	16 000	3 800	10
C	20 000	5 000	10

解：使用 NPV 法。

（1）绝对效果检验，计算各方案的 NPV：

$$NPV_A = -10\ 000 + 2\ 800(P/A,15\%,10) = 4\ 053.2（万元）$$

$$NPV_B = -16\ 000 + 3\ 800(P/A,15\%,10) = 3\ 072.2（万元）$$

$$NPV_C = -20\ 000 + 5\ 000(P/A,15\%,10) = 5\ 095（万元）$$

由于三个方案净现值都大于0，故三个方案均过绝对效果检验。

(2) 相对效果检验,计算通过绝对效果检验的 ΔNPV:
$$\Delta NPV_{B-A} = -6\ 00 + 1\ 000(P/A,15\%,10) = -981(万元)$$
由于 $\Delta NPV_{B-A} < 0$,所以 A 方案优于 B 方案;
$$\Delta NPV_{C-A} = -10\ 000 + 2\ 200(P/A,15\%,10) = 1\ 041.8(万元)$$
由于 $\Delta NPV_{C-A} > 0$,所以 C 方案优于 A 方案;

综上所述,方案 C 最优。

通过相对效果的检验,可以看出,互斥方案 A、B、C 的优劣顺序为 C、A、B,C 为最优方案。这与根据各方案净现值的大小顺序来判断方案的优劣结果一致,因而,净现值法可以省略相对效果检验,直接根据各互斥方案的净现值大小来选择最优方案,$NPV \geq 0$ 且 $\max(NPV)$ 所对应的方案为最优方案。

2) 净年值法。净年值法是通过计算各个备选方案的净年值并比较其大小而判断方案的优劣,也是多方案比选中常用的一种方法。净年值评价与净现值评价是等价的,评价标准也是一样的。

【例 4.15】 对例 4.14 用年值法来选择最优方案。

解:
$$NAV_A = -10\ 000(A/P,15\%,10) + 2\ 800 = 807(万元)$$
$$NAV_B = -16\ 000(A/P,15\%,10) + 3\ 800 = 612.3(万元)$$
$$NAV_C = -20\ 000(A/P,15\%,10) + 5\ 000 = 1\ 014(万元)$$

因为 $NAV_C > NAV_A > NAV_B > 0$,所以方案 C 为最优方案。

3) 费用现值与费用年值法。在方案的比选中经常会遇到效益相同或效益基本相同但又未知的方案进行比较,只需对各个方案的费用进行比较,可采用最小费用法,费用最小的方案是最优方案。最小费用法包括费用现值和费用年值比较法,当方案计算期相同时,费用现值与费用年值法是等价的,故两者只需计算其中一个指标即可。

【例 4.16】 项目 A、B 有不同的工艺设计方案,均能满足同样的生产需要,其有关的支出数据见表 4.17,试选择方案($i = 10\%$)。

表 4.17　方案 A、B 的费用支出表　　　　　万元

年份 方案	0(投资)	1~10(经营成本)	10(残值回收)	计算期/年
A	400	300	40	10
B	600	240	50	10

解:采用费用现值法比选方案,计算各方案的费用现值。
$$PC_A = 400 + 300(P/A,10\%,10) - 40(P/F,10\%,10) = 2\ 227.96(万元)$$
$$PC_B = 600 + 240(P/A,10\%,10) - 50(P/F,10\%,10) = 2\ 055.429(万元)$$

比较各方案的费用现值,可以看出 B 方案的费用现值较小,所以 B 方案是最优方案。

4) 增量内部收益率法。内部收益率指标是项目经济评价中经常使用的指标之一,也是衡量项目综合经济能力的重要指标。内部收益率不是项目初始投资的收益率,受现金流量分布的影响很大,净现值相同但现金流量分布不同的两个项目,其内部收益率也不同。因此,

根据互斥方案的内部收益率大小来判断并不一定能得到最优方案。因而，互斥方案比选时应采用增量内部收益率指标。增量内部收益法分析步骤如下：

①将方案按投资额由小到大排序。

②进行绝对效果评价：计算各方案的 IRR，淘汰 $IRR<i_c$ 的方案，保留通过绝对效果检验的方案。

③进行相对效果评价：依次计算保留方案之间的 ΔIRR。若 $\Delta IRR>i_c$，则保留投资额大的方案；反之，则保留投资额小的方案。直到最后一个被保留的方案即最优方案。

增量内部收益率计算公式为

$$NPV_2 - NPV_1 = 0 \tag{4.29}$$

即

$$\sum_{t=1}^{n}(\Delta CI - \Delta CO)_t(1+\Delta IRR)^{-t} = 0 \tag{4.30}$$

式中，ΔCI 为互斥方案1、2的净现金流入之差；ΔCO 为互斥方案1、2的净现金流出之差；ΔIRR 为增量内部收益率。

评价标准：$\Delta IRR \geq i_c$ 时，选择投资多的方案；反之，选择投资少的方案。

【例4.17】现有两个互斥方案，基准收益率为10%，具体情况见表4.18。试用增量内部收益率法选择最优方案。

表4.18　A、B方案的增量内部收益率法

方案	年份				
	0	1	2	3	4
A	-7 000	1 000	2 000	6 000	4 000
B	-4 000	1 000	1 000	3 000	3 000

解：（1）绝对效果检验，计算各方案的 IRR。

$NPV_A = -7\,000 + 1\,000(P/F,IRR_A,1) + 2\,000(P/F,IRR_A,2) + 6\,000(P/F,IRR_A,3) +$
$\qquad 4\,000(P/F,IRR_A,4) = 0$ 得 $IRR_A = 23.67\%$

$NPV_B = -4\,000 + 1\,000(P/F,IRR_B,1) + 1\,000(P/F,IRR_B,2) + 3\,000(P/F,IRR_B,3) +$
$\qquad 3\,000(P/F,IRR_B,4) = 0$ 得 $IRR_B = 27.29\%$

两个方案内部收益率均大于基准收益率，均保留下来。

（2）相对效果检验，计算增量方案的 ΔIRR。

$\Delta NPV_{A-B} = -3\,000 + 3\,000(P/F,\Delta IRR_{A-B},3) + 1\,000(P/F,\Delta IRR_{A-B},4) = 0$

$\Delta IRR_{A-B} = 18.41\%$

因为 $\Delta IRR_{A-B} > 10\%$，所以方案A优于方案B。

注意：互斥方案采用内部收益率指标进行比选时，必须完成相对效果的检验，不能直接按照各方案内部收益率的大小来判断方案的优劣。

从图4.10可以看出，$IRR_B > IRR_A$，但得不出方案B一定优于方案A的结论，必须结合基准收益率才能得出正确的判断。因此，在寿命期相同互斥方案的评价过程中，不能直接按照各方案的 IRR 大小对方案进行优劣排序，必须进行相对效果检验。另外可知，$NPV_A = NPV_B$ 时对应的折现率即增量方案A-B的内部收益率 ΔIRR_{A-B}。

第4章 工程经济评价指标与方法

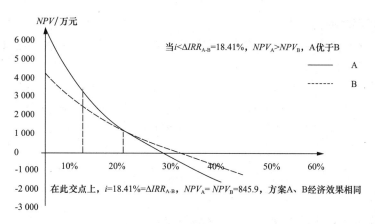

图 4.10　互斥方案净现值函数示意图

【例 4.18】某工程项目有四个可能的场外运输方案，现金流量见表 4.19。用内部收益率指标选择最佳方案（$i=10\%$）。

表 4.19　现金流量表　　　　　　　　　　　　　　　　　万元

方案＼年份	0	1~30	计算期/年
A	-300	33	30
B	-412.5	52.5	30
C	-285	29.25	30
D	-525	63	30

解：（1）计算各个方案的内部收益率，进行绝对效果的检验。

A、B、C、D 四个方案按投资额从小到大的顺序排列为 C、A、B、D。

$$NPV_C = -285 + 29.25(P/A, IRR_C, 30) = 0 \text{ 解得 } IRR_C = 9.63\%$$
$$NPV_A = -300 + 33(P/A, IRR_A, 30) = 0 \text{ 解得 } IRR_A = 10.49\%$$
$$NPV_B = -412.5 + 52.5(P/A, IRR_B, 30) = 0 \text{ 解得 } IRR_B = 12.40\%$$
$$NPV_D = -525 + 63(P/A, IRR_D, 30) = 0 \text{ 解得 } IRR_D = 11.59\%$$

由于 $IRR_C < 10\%$，所以方案 C 不可行；IRR_B、IRR_A、IRR_D 均大于 I_C。A、B、D 三方案可行，通过绝对效果检验。

（2）进行相对效果检验，计算差额内部收益率。

$$NPV_B - NPV_A = -(412.5 - 300) + (52.5 - 33)(P/A, \Delta IRR_{B-A}, 30) = 0$$

通过试算，得到 $\Delta IRR_{B-A} = 17.28\% > 10\%$，所以，应该选择投资额大的方案即方案 B，再来比较 B、D 两方案。

$$NPV_D - NPV_B = -(525 - 412.5) + (63 - 52.5)(P/A, \Delta IRR_{D-B}, 30) = 0$$

通过试算，得到 $\Delta IRR_{D-B} = 8.55\% < 10\%$，所以应该选择投资额小的方案，即方案 B。综上所述，方案 B 为最佳方案。

差额内部收益率法也可用于仅有费用现金流量的互斥方案的比选。增加的投资换来的是其他费用的节约，节约的费用可以看成是增量收益。这时的差额内部收益率为两方案费用现值或费用年值相等时的折现率。

【例4.19】有两个投资方案均能满足同样的生产需要,其有关的支出情况见表4.20,试选择方案($i_c = 10\%$)。

表4.20 支出情况表　　　　　　　　　　　　　　　　　　　　　　　　万元

方案 \ 年份	0（投资）	1~10（经营成本）	10（残值）	计算期/年
A	600	200	18	10
B	800	160	32	10

解：另两个方案费用现值相等,计算差额内部收益率。

$$PC_A = PC_B$$

即
$$-200 + 40(P/A, \Delta IRR_{B-A}, 10) - 16(P/F, \Delta IRR_{B-A}, 10) = 0$$
$$\Delta IRR_{B-A} = 15.55\%$$

因为 $\Delta IRR_{B-A} > 10\%$,所以应该选择投资额大的方案B。

2. 计算期不同的互斥方案比选

当互斥方案计算期不同时,比选不具有时间的可比性,不能直接采用净现值或差额内部收益率来比选方案。因此,就需要采取一定的方法使方案具有时间的可比性,使各个方案在相同的条件下进行比较。对于计算期不同的方案,一般采用净年值、费用年值、净现值、费用现值和增量内部收益率等评价指标进行比选。

（1）净现值法。当互斥方案计算期不同时,应用净现值法进行方案的比选,需要考虑时间的可比性。净现值是价值型指标,必须在相同的计算期下比较净现值的大小。常用的处理方法是最小公倍数法和研究期法。

1）最小公倍数法。最小公倍数法是以各备选方案计算期的最小公倍数作为比选方案的共同计算期,并假设各个方案均在这样一个共同的计算期内重复实施,所以又称为方案重复法。在共同的计算期下,对各方案各年的净现金流量进行计算,得出各个方案的净现值,以净现值较大的方案为最优方案。

对于只比较费用的互斥方案,在共同的计算期下,计算各个方案的费用现值,费用现值最小的是最优方案。

【例4.20】两个互斥方案A和B,相关数据见表4.21,试应用净现值选择方案（$i = 10\%$）。

表4.21　A、B两方案的现金流量表　　　　　　　　　　　　　　　　万元

方案	初始投资	年净收益	计算期/年
A	250	80	6
B	160	60	4

解：两个方案的计算期不同,运用最小公倍数法,方案A计算期为6年,方案B计算期为4年,它们计算期的最小公倍数为12年,以12年作为共同计算期计算两个方案的净现值。两个方案的原始现金流量图如图4.11所示。

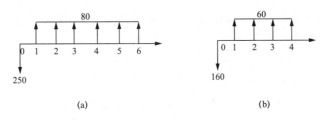

图 4.11 方案 A、B 原始现金流量图
（a）方案 A；（b）方案 B

在共同计算期 12 年内，两个方案的现金流量图变为图 4.12 所示的形式。

$$NPV_A = -250 - 250(P/F,10\%,6) + 80(P/A,10\%,12) = 153.97(万元)$$

$$NPV_B = -160 - 160(P/F,10\%,4) - 160(P/F,10\%,8) + 60(P/A,10\%,12) = 64.90(万元)$$

可以看出，方案 A 的净现值较大，所以应该选择方案 A。

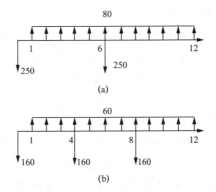

图 4.12 方案 A、B 计算期 12 年内现金流量图
（a）方案 A；（b）方案 B

最小公倍数法有效地解决了计算期不同的方案之间的净现值的可比性问题，但是这种方法是有一定的局限性的。该方法的适用前提是方案可以不断重复，且每次重复时所产生的现金流量和之前是相同的。当方案不适合反复重复时，就不应该采用最小公倍数法进行评价。同时，如果用最小公倍数法求得的计算期过长，会给评价结果的准确性带来一定的影响，此种情况下也不适合该方法进行评价。

2）研究期法。在用最小公倍数法对互斥方案进行比选时，如果诸方案的最小公倍数比较大，则就需对计算期较短的方案进行多次的重复计算，而这与实际显然不相符合，因为技术是在不断地进步，一个完全相同的方案在一个较长的时期内反复实施的可能性不大，所以用最小公倍数法得出的方案评价结论就不太令人信服。这时可以采用一种称为研究期法的评价方法。所谓研究期法，就是针对寿命期不相等的互斥方案，直接选取一个适当的分析期作为各个方案共同的计算期，在此共同的计算期内对方案进行比选。

为了得到正确合理的评价结论，应用研究期法需要以下三个前提：

①研究期的确定合理；

②对于在研究期内提前达到寿命期的方案，合理确定其更替方案及现金流量；

③对于在研究期末尚未达到寿命期的方案或更替方案，合理确定其未使用价值（残值）。

研究期的确定一般有三类情况：

以寿命最短方案的寿命为各方案共同的服务年限——研究期，令寿命长的方案在研究期末保留一定的残值；以寿命最长方案的寿命为共同的研究期，令寿命短的方案在寿命终止时，以更替方案更替，在研究期末令更替方案保留一定的残值；统一规定方案的计划服务年限，在此期限内有的方案可能需要更替，服务期满后，有的方案可能存在残值。

研究期的确定一般以互斥方案中年限最短或年限最长的方案的计算期作为互斥方案评价的共同研究期。

当方案的计算期比共同研究期长时，要对其在共同研究期以后的现金流量情况进行合理的估算，以免影响结论的正确性。对于在达到共同服务年限之前先达到其寿命期的方案，可以根据技术进步的快慢合理预测未来更替方案及其现金流量。一般有两种处理情况：一是采用同种固定资产进行更替——原型更新；二是采用可以预测到的其他新型固定资产进行更替——新型更新。对于在达到共同服务年限之时还未结束的项目，一般有三种处理方式：完全承认未使用价值，即将方案的未使用价值全部折算到研究期末；完全不承认未使用价值，研究期后的方案未使用价值均忽略不计；对研究期末的方案未使用价值进行客观地估计，以估计值计在研究期末。

【例 4.21】试对例 4.20 用研究期法进行方案的比选。

解：（1）选择方案中较短的计算期作为共同的研究期，即 $n=4$ 年，计算各个方案的净现值。此时，方案 A 现金流量图如图 4.13 所示。

$$NPV_A = -250 + 80(P/A,10\%,4) + L(P/F,10\%,4)$$

L 为复利状态下第 4 年年末回收的资产的价值，有

$$L = 250(A/P,10\%,6)(P/A,10\%,2)$$

故

$$NPV_A = -250 + 80(P/A,10\%,4) + 250(A/P,10\%,6)(P/A,10\%,2)$$
$$(P/F,10\%,4) = 71.63(万元)$$

方案 B 现金流量图不变，有

$$NPV_B = -160 + 60(P/A,10\%,4) = 30.19(万元)$$

$NPV_A > NPV_B$，所以方案 A 优于方案 B。

（2）选择方案中较长的计算期作为共同的研究期，即 $n=6$ 年，计算各个方案的净现值，方案 A 为原始现金流量，有

$$NPV_A = -250 + 80(P/A,10\%,6) = 98.42(万元)$$

此时方案 B 现金流量图如图 4.14 所示。

$$NPV_B = -160 - 160(P/F,10\%,4) + 60(P/A,10\%,6) + 160(A/P,10\%,4)$$
$$(P/A,10\%,2)(P/F,10\%,6) = 20.53(万元)$$

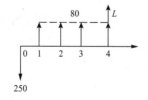

图 4.13　例 4.21 方案 A 现金流量图

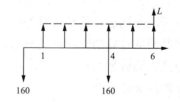

图 4.14　例 4.21 方案 B 现金流量图

比较净现值的大小，应选净现值较大的方案 A。

（2）净年值法。在对计算期不同的互斥方案进行比选时，净年值法是最为简便的方法。用净年值进行计算期不同的互斥方案比选，实际上隐含着这样一种假定，各备选方案在其计算期结束时均可按原方案重复实施或以与原方案经济效果水平相同的方案继续实施。因为无论方案重复实施多少次，其净年值都是不变的，从而使计算期不同的互斥方案间具有可比性。对于只比较费用的互斥方案，可以采用费用年值来比选方案。

【例 4.22】 试对例 4.20 用净年值法进行方案的比选。

解：直接计算各方案的净年值，净年值最大且大于 0 的方案为最佳方案。

$$NAV_A = -250(A/P,10\%,6) + 80 = 22.6(万元)$$
$$NAV_B = -160(A/P,10\%,4) + 60 = 9.52(万元)$$

$NAV_A > NAV_B$，所以，方案 A 优于方案 B，即方案 A 为最佳方案。

（3）增量内部收益率法。应用内部收益率对计算期不同的互斥方案进行比选，与计算期相同的互斥方案比选一样，要经过两个步骤：第一步，计算各方案的内部收益率，淘汰 $IRR < i$ 的方案，即绝对效果检验；第二步，计算增量内部收益率 ΔIRR，根据增量内部收益率的评价标准选择方案。

需要注意的是，由于方案计算期不同，建立计算差额内部收益率的方程时，要利用方案之间净现值相等的方式建立，其中隐含了方案可重复实施的假定。

设互斥方案 A、B 的计算期分别为 n_A 和 n_B，则

$$NAV_A = NAV_B$$

即

$$[\sum_{t=1}^{n_A}(CI-CO)_{A_t}(1+\Delta IRR)^{-t}](A/P,\Delta IRR,n_A)$$
$$= [\sum_{t=1}^{n_B}(CI-CO)_{B_t}(1+\Delta IRR)^{-t}](A/P,\Delta IRR,n_B) \quad (4.31)$$

当 $\Delta IRR \geq i_c$ 时，选择投资大的方案；反之，选择投资小的方案。

若只比较方案之间的费用，也可利用差额内部收益率进行比选，同样由于方案的计算期不同，可以令方案之间的费用年值相等来建立计算差额内部收益率的方程。

【例 4.23】 试对例 4.20 用内部收益率进行方案的比选。

解：（1）绝对效果检验，有

$$NAV_A = -250(A/P,IRR_A,6) + 80 = 0 \text{ 解得 } IRR_A = 22.56\%$$
$$NAV_B = -160(A/P,IRR_B,4) + 60 = 0 \text{ 解得 } IRR_B = 18.45\%$$

两个方内部收益率都大于 10%，都保留下来。

（2）相对效果检验，有

$$-250(A/P,\Delta IRR_{A-B},6) + 80 - [-160(A/P,\Delta IRR_{A-B},4) + 60] = 0 \quad \Delta IRR_{A-B} = 29.02\% > i_c$$

所以，方案 A 优于方案 B，即方案 A 为最佳方案。

3. 无限计算期的互斥方案比选

对于一些大型公共项目，如桥梁、大坝、铁路等项目，服务期限很长，可以看成是计算期无限的项目，这时，需要按照无限计算期来比选方案。在应用复利公式进行计算时，年金和现值之间的公式会有所变化，推导如下：

$$P = \frac{(1+i)^n - 1}{i(1+i)^n} \times A$$

当计算趋近于无穷时，即 $n \to \infty$，有

$$\lim_{x \to \infty} \frac{(1+i)^n - 1}{i(1+i)^n} = \frac{1}{i}$$

得

$$P = \frac{A}{i} \text{ 或 } A = Pi \qquad (4.32)$$

当进行计算期无限方案的比选时，年金和现值之间的公式要应用式（4.32）进行相关计算。

【例 4.24】建一个桥梁，有两个建设方案，寿命期均为无限长，方案 A 期初投资 1 200 万元，每年运行费为 2 万元，第十年年末时需花费 5 万元维护，方案 B 期初投资 1 100 万元，每年运行费为 8 万元，第十年年末时需花费 4 万元维护，试作出决策（$i_c = 10\%$）。

解：按照无限计算期来计算，应用费用年值法比选方案，计算各个方案的费用年值。

$$AC_A = 1\,200 \times 10\% + 2 + 5(A/F, 10\%, 10) = 122.31（万元）$$
$$AC_B = 1\,100 \times 10\% + 8 + 4(A/F, 10\%, 10) = 118.25（万元）$$

比较两个方案的费用年值，选择费用年值较小的方案 B。

4.2.4 现金流量相关型方案的选择

对于现金流量相关型方案的比选常用的方法是通过方案组合的方法使各组合方案互斥化，与有资源限制的独立方案的比选不同的是独立方案中组合方案的现金流量是各独立方案现金流量的叠加，而现金流量相关型方案的组合方案的现金流量不是独立方案现金流量的叠加，而是考虑组合方案中各独立方案的相互影响，并对相互影响之后的现金流量进行准确估计。与现金流量相关型方案相同，互补关系和条件关系方案的比选原则也是组合互斥化，把互为补充或互为条件的两个方案进行组合，使组合后的方案具有互斥关系特征，然后根据互斥方案的比选原则和方法进行比选。

习题

一、简答题

1. 项目经济评价的静态指标和动态指标各有哪些？分别在什么情况下选用？
2. 简述内部收益率的优点、缺点。
3. 方案的类型有哪几种？
4. 方案比选的要求是什么？
5. 独立方案的比选有哪些方法？
6. 简述增量分析法及其评价准则。
7. 研究期法中研究期的确定有哪几种方式？
8. 相关方案的比选过程中需要注意的事项是什么？

二、计算题

1. 某方案的现金流量见表 4.22,基准收益率为 10%,试计算:(1) 静态与动态的投资回收期;(2) 净现值 NPV;(3) 内部收益率。

表 4.22 某方案的现金流量表 万元

年份	0	1	2	3	4	5
现金流量	-2 000	450	550	650	800	900

2. 某公共事业拟定一个 15 年规划,分三期建成,开始投资 60 000 元,5 年后再投资 50 000 元,10 年后再投资 40 000 元。每年的保养费:前 5 年每年 1 500 元,次 5 年每年 2 500 元,最后 5 年每年 3 500 元,15 年年末残值为 8 000 元,试用 8% 的基准折现率计算该规划的费用现值和费用年值。

3. 某投资方案初始投资为 120 万元,年销售收入为 100 万元,寿命为 6 年,残值为 10 万元,年经营成本为 50 万元,试求方案内部收益率。

4. 建一个临时仓库需 8 000 元,一旦拆除即毫无价值,假定仓库每年净收益为 1 360 元,试计算:(1) 使用 8 年时,其内部收益率为多少?(2) 若希望得到 10% 的收益率,则该仓库至少使用多少年才值得投资?

5. 有甲、乙两个投资项目,甲项目投资 2 000 万元,年收入 1 000 万元,年经营成本 500 万元;乙项目投资 3 000 万元,年收入 1 500 万元,年经营成本 800 万元。基准投资回收期为 6 年,试选择最优投资方案。

6. 有三个独立的投资方案 A、B、C,它们各年的现金流量见表 4.23。当资金无限时,选择哪些项目有利?当资金限额为 5 000 元时,选择哪些项目有利?

表 4.23 三个方案的现金流量表 元

方案 \ 年份	0	1	2	3
A	-1 000	800	900	1 000
B	-3 000	900	1 500	2 500
C	-4 000	1 000	3 000	3 000

7. 有四种同样功能的设备,经济寿命均为 10 年,初始投资和年运行费见表 4.24。基准收益率为 10%,试选择最优设备投资方案。

表 4.24 设备运行费用表 万元

设备	A	B	C	D
初始投资	1 000	800	900	2 000
年运行费	300	350	320	150
设备残值	100	0	50	300

8. 两个互斥方案 A、B，它们的净现金流量见表 4.25，基准收益率为 12%，试选择方案。

表 4.25　方案的现金流量表　　　　　　　　　　　　　　　　　　　万元

方案＼年份	0	1	2	3~8	9	10~13	14
A	-700	-800	900	1 000	600		
B	-1 500	-1 900	-800	2 500	900	900	1 400

9. 某公司打算购买表 4.26 两种新设备的一种，具体数据见表 4.27。基准收益率为 12%，试应用费用现值和费用年值选择方案。

表 4.26　数据表　　　　　　　　　　　　　　　　　　　单万元

项目	A	B
初始投资	3 000	6 000
年运行费	2 000	1 800
设备残值	100	500
计算期/年	3	6

10. 某城市决定建立一套公共汽车运输系统。计划在十年后将该公共汽车公司卖给私人股份。有四种方案可供选择，包括每种方案的初始成本、转售价值和年净收益，见表 4.27。基准收益率为 15%，应该如何选择方案？

表 4.27　数据表　　　　　　　　　　　　　　　　　　　万元

设备	A	B	C	D
初始投资	140	160	190	200
年净收益	120	130	150	170
设备残值	40	60	70	80

11. 某厂实施技术改造工程，现有资金 8 000 万元，需要上的项目很多，经过调查急需投资的方向有 4 个（即 4 个独立方案），每个投资方向有互斥方案。各方案现金流量见表 4.28。要求单项投资收益率为 12%，寿命期均为 5 年，试选出最佳的方案组合。

表 4.28　方案现金流量表　　　　　　　　　　　　　　　　　　　万元

投资方向	互斥方案	投资额	净收益
A	A1	1 000	250
	A2	2 000	550
	A3	3 000	800
B	B1	2 000	600
	B2	4 000	1 200
C	C1	2 000	600
	C2	3 000	900

12. 某海岛拟建海滨收费浴场。备选场址有 A、B、C 三个。若只建一个浴场，其现金流见表 4.29。若建 A、B 两个浴场，则除投资不变外，A 的年净收入减少 2/3，B 减少 1/3；若建 B、C 两个浴场，A 的年净收入减少 1/3，C 减少 2/3；若同时建 A、B、C 三个浴场，则 A、B、C 的年净收入均减少 2/3。基准收益率为 10%，问应如何决策？

表 4.29 数据表　　　　　　　　　　　　　　万元

方案＼年份	0	1~15 年净收入
A	−100	20
B	−120	30
C	−130	40

第 5 章

价值工程

★学习目标

通过本章的学习,能够从价值工程的视角对项目进行管理、风险决策与管理等活动。

★主要内容

价值工程的内涵及提高价值的途径。

5.1 价值工程基本原理

5.1.1 价值工程的产生与发展

价值工程(Value Engineering,VE)又称价值分析(Value Analysis,VA),在20世纪40年代后期产生于美国。创始人是美国通用电气公司负责物资采购工作的电气工程师麦尔斯(L. D. Miles)。

第二次世界大战期间,美国成为世界上最大的军工产品生产国,军事工业迅速发展。但是由于战争的原因,各种资源都非常紧张。为保证军工产品的生产,急需解决短缺物资的供应问题。在物资采购工作中,麦尔斯不像其他采购人员那样为采购短缺物资四处奔波,而是对短缺物资的功能进行认真的分析研究,努力寻找与短缺物资具有相同或相近功能,且货源充足、价格较低的材料作为代用品,以取代短缺物资。这样在保证产品质量的前提下,既满足了生产需要,又使生产成本降低,使企业获得了较好的经济效益。

一个著名的事例就是"石棉板事件"。当时美国通用电气公司需要大量的石棉板,而石棉板却供应紧张,价格昂贵。对此,麦尔斯提出了两个问题:一是为什么需要石棉板;二是它的功能是什么。经过调查得知,根据美国《消防法》的规定,该类公司在给产品喷涂料的时候,把它铺在地板上,避免沾污地板,引起火灾。麦尔斯针对"防污"和"防火"功能进行思考:是否有与石棉板具有同样功能的其他材料呢。经过调查,终于找到了具有同样

"防污"和"防火"功能的一种不易燃烧的纸,不仅货源充足,而且价格只有石棉板价格的 1/4,经过消防部门的认可,成功地用这种不易燃烧的纸替代了石棉板,成功地解决了石棉板供不应求的问题。麦尔斯用替代品的方法获得了极大的成功,在公司很快推广起来。

美国通用电气公司对麦尔斯的工作给予了充分肯定和积极的支持,并拨专款进行进一步的研究工作。在实践的基础上,麦尔斯经过综合、整理和归纳,使其方法更加系统化、科学化,并于1947年以"价值分析"为题在《美国机械师》杂志上公开发表,这就标志着价值工程的产生。此后,经过麦尔斯等人的潜心研究,价值工程的方法体系不断得到完善,在世界各国也受到了一定的关注和普遍的应用。

1959年,在美国成立了全国性学术组织"美国价值工程协会"(SAVE)。1952—1956年美国海军、空军、陆军相继引进价值工程,并应用到新产品的开发和设计中,1959年美国国防部修订的军需采购条例专门作出了应用价值工程的规定,即武器承包商应用价值工程所节约的费用,可以按一定比例提成。1964年美国国防部制订了美国军用标准《价值工程规划要求》(MIL–V–38352),并命令美国陆军、海军、空军和后勤部门使用。1981年又重新制订了美国军用标准《价值工程规划要求》(MIL–STD1771),并要求国防部所有各部和局使用。从1971年开始,美国应用价值工程的基本原理,开始推行以成本为设计参数的定费用设计(Design To Cost,DTC法),并把成本从生产成本发展为寿命周期成本(Life Cycle Cost,LCC)。在美国国防部大力推行价值工程的同时,民用工业、卫生、教育、福利、退伍军人管理等部门也相继引进、应用了价值工程,并取得了良好的经济效益。

1996年2月10日,美国总统克林顿签署了美国国会通过的104~106号公共法令。该法令强调,不仅是国防机构,而且在联邦政府的其他部门都要应用价值工程,这是美国以法律形式确立了价值工程及其在经济发展中的作用和地位。据美国全国纳税人联盟测算:从1995年开始,由于价值工程的系统应用,每年节约金额为20.19亿美元。据美国核算总局分析,价值工程一般可以节约计划费用开支的3%~5%。

日本是应用价值工程较早且富有成效的国家之一,1955年开始引进价值工程,到了20世纪70年代,价值工程在日本的应用已经相当普及,并取得了巨大的经济效益。据1983年和1984年两次价值工程全国大会的调查,日本企业界应用价值工程在多数情况下都有降低成本的目标。1983年调查的结果为56%,1984年为60%,每个价值工程者一年中降低成本的目标:1983年最低为11万日元,最高为5亿日元;1984年最低为15万日元,最高为10亿日元。平均每人取得的实际成绩:1983年为0.38亿日元,1984年为1亿日元。1965年日本价值工程协会在东京成立,在日本价值工程协会的大力促进下,价值工程的应用渗透到电子、机械、化工、建筑、钢铁、食品、金融、服务等各行业、部门,应用的范围也从产品扩展到工程、组织、预算等领域。

欧洲各国推行价值工程的特点是把价值工程的原理和方法制订成整套的标准,或采取行政干预的办法,发指令、提号召、作决定等,应用非常普遍,且都取得了较好的经济效益。

价值工程是1978年引入我国的。1985年我国创刊了国内唯一的价值工程专业刊物《价值工程》,1985年,全国政协通过了第138号提案"迅速推广价值工程方法,提高产品质量和降低消耗",并建议国务院交国家经委研究办理。1987年10月,国家标准局发布了我国第一个价值工程方面的国家标准《价值工程基本术语和一般工作程序》(GB 8223—1987),

进一步促进了价值工程的应用和研究,标志着我国价值工程的普及、推广和应用已初步成熟与规范。1988年5月,中国企业管理协会价值工程研究会正式成立,1998年12月,在北京召开了全国首届价值工程代表大会,这一切都极大地促进了价值工程在我国的推广和应用。如上海市是我国率先应用价值工程的地区之一,从1979年到1989年推广应用价值工程10年来,据上海市373个企业的580个较大项目的统计,取得直接经济效益达2.5亿元。

5.1.2 价值工程的概念

根据国家标准《价值工程 第1部分:基本术语》(GB/T 8223.1—2009)中的定义:价值工程是指通过各相关领域的协作,对所研究对象的功能和费用进行系统分析,持续创新,旨在提高所研究对象价值的一种管理思想和管理技术。

价值工程的目的是以对象的最低寿命周期成本,可靠地实现使用者所需功能,来获取研究对象最佳的综合经济效益。

在价值工程的对象泛指一切为获取功能而发生费用的事物,如产品、工艺、工程、服务或它们的组成部分等。

在价值工程的定义中,涉及价值工程的三个基本概念,即价值、功能和寿命周期成本。

1. 价值(Value)

价值工程中"价值"的概念不同于政治经济学中"价值"的概念,是指研究对象所具有的功能与取得该项功能的寿命周期成本之比,即功能与费用的比值。它不是对象的使用价值,也不是对象的交换价值,而是对象的比较价值,是作为评价事物有效程度的一种尺度而提出的,这种对比关系可用公式表示为

$$V = F/C \tag{5.1}$$

式中 V——研究对象的价值;

F——研究对象的功能;

C——研究对象的成本。

式(5.1)表明,价值的大小取决于功能和费用,在成本不变的情况下,价值与功能成正比,即功能越大,价值就越大。在功能不变的情况下,价值与成本成反比,即成本越低,价值就越大;成本越高,价值就越低。

2. 功能(Function)

价值工程中的功能是指研究对象能够满足某种需求的一种属性,即某种特定效能、功能或效用。如建筑产品中住宅的功能是提供居住空间,基础的功能是承受荷载等。在实际生活中,具有同样功能的不同产品,给用户带来的满足程度通常是不同的。如50 m²的住宅和100 m²的住宅虽然都能提供居住空间,但由于户型、面积、结构、位置、质量等的不同,在功能上给人们的满足程度是不同的;即使是同样的户型、结构、面积,也会因为楼层、朝向、采光等因素使人们的满足程度不同。同样功能的不同产品的这种差别,是功能水平的差别。功能水平是功能的实现程度,它由一系列的技术经济指标和综合特性指标表示、如产品的类型、规格、各种性能指标、体积、质量、可靠性、安全性、维修和使用的方便性、能源消耗等。价值工程应努力的是以恰当的功能水平实现用户要求的功能。

3. 寿命周期成本（Life Cycle Cost）

价值工程的研究对象从被研究开发、设计建造、投入使用到报废的整个过程中所发生的全部费用称为寿命周期成本，即产品或作业在寿命周期内所需的全部费用。一般情况下，寿命周期可分为自然寿命和经济寿命，价值工程是以经济寿命来计算和确定研究对象的寿命周期。

一般来说，寿命周期成本包括生产成本和使用成本两部分。生产成本是指发生在生产企业内部的成本，包括研究、开发、设计及制造过程中的费用；使用成本是指用户在使用过程中支付的各种费用的总和，包括使用耗能、日常管理、维护维修等方面的费用。寿命周期与寿命周期成本之间的关系如图5.1所示。

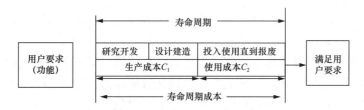

图 5.1 寿命周期与寿命周期成本之间的关系

$$寿命周期成本(C) = 生产成本(C_1) + 使用成本(C_2) \tag{5.2}$$

寿命周期成本、生产成本、使用成本与产品的功能有关，具体关系如图5.2所示。

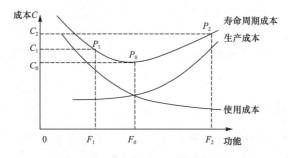

图 5.2 产品功能与各成本

从图5.2可以看出，随着产品功能的增加，生产成本越来越高，使用成本越来越低，它们的变化规律决定了寿命周期成本随着产品功能的增加，先下降，然后上升。当产品的功能成本处于 P_1 点时，产品功能较少，此时虽然生产成本较低，但由于不能满足用户的基本需要，使用成本较高，因而寿命周期成本较高；当产品的功能成本处于 P_2 点时，虽然使用成本较低，但由于存在过剩功能，因而导致生产成本较高，同样寿命周期成本也较高；只有当产品的功能成本处于 P_0 点时，产品功能既能满足用户的需求，又使得寿命周期成本比较低，体现了比较理想的功能与成本之间的关系，即产品的价值比较大。

值得注意的是，在寿命周期成本构成中，一般由于生产成本在短期内集中支出并且体现在价格中，容易被人们所认识，进而采取措施加以控制。而使用中的人工、能源、维修等耗费常常是生产成本的许多倍，但由于分散支出，容易被人们忽视。例如，一项建筑产品，如果单纯追求生产成本，即降低预算、设计粗心、偷工减料，则其建造质量就会非常低劣，使用过程中的维修费用就会很高，甚至有可能发生重大事故，给社会财产和人身安全带来严重的损害。因此，价值工程中对降低成本的考虑，是要综合考虑生产成本和使用成本的下降，兼顾生产者和用户的利益，以最低的寿命周期成本，可靠地实现所研究对象的功能，来获取最佳的综合经济效益。

5.1.3 提高价值的途径

运用价值工程的最终目的是提高研究对象的价值，那么如何来提高对象的价值呢？从价值工程中价值本身的含义来看，其价值的提高主要取决于功能与成本两个因素。因此，提高对象的价值有以下五种途径：

（1）运用高新技术，进行产品创新，在提高对象功能的同时，降低成本。这可使对象价值大幅度提高，是提高价值的最理想途径。即 $F\uparrow/C\downarrow = V\uparrow\uparrow$；

（2）提高功能，同时保持成本不变，以提高对象价值。即 $F\uparrow/C\rightarrow = V\uparrow$；

（3）在功能不变的情况下，降低成本，以提高对象价值。即 $F\rightarrow/C\downarrow = V\uparrow$；

（4）成本稍有增加，但功能大幅度提高，使对象价值提高。即 $F\uparrow\uparrow/C\uparrow = V\uparrow$；

（5）功能稍有下降，但成本大幅度降低，使对象价值提高。即 $F\downarrow/C\downarrow\downarrow = V\uparrow$。

需要指出的是，尽管在对象形成的各个阶段都可以应用价值工程提高对象的价值，但在不同的阶段进行价值工程活动，其经济效果的提高幅度却是大不相同的。如对于大型复杂的产品，应用价值工程的重点是在产品的研究设计阶段，一旦图纸已经设计完成并投产，产品的价值就基本决定了，这时再进行价值工程分析就变得更加复杂，不仅原来的许多工作成果要付之东流，而且改变生产工艺、设备工具等可能会造成很大的浪费，使价值工程活动的技术经济效果大大降低。因此，必须在产品的设计和研制阶段就开始价值工程活动，以取得最佳的综合经济效果。

5.1.4 价值工程的特点

价值工程作为一种现代化管理技术和思想方法，有它独到的特点，认识这些特点，对于更好地应用价值工程具有重要的促进作用。价值工程具有以下特点。

1. 价值工程的核心是对产品进行功能分析

功能是物品最本质的东西。用户购置和使用物品实质上是购置和使用物品所具有的功能。因此，应以用户的功能需求作为产品设计和生产的出发点，产品方案的设计、创造与选择应围绕功能分析展开。即分析研究对象的功能是什么，成本有多高，价值有多大，存在什么问题，是否有其他方案能更好地实现这一对象承担的功能，或者经功能定义、功能整理后，将功能从对象的形式外体中抽象出来，直接分析功能，这是什么功能，它的成本有多高，价值有多大，存在什么问题，实现这一功能的方案有哪些，最好的方案是哪一个。所有的价值工程活动都应该贯穿着功能分析的思想。离开了功能分析，就不会有价值工程，功能分析是价值工程的核心。

2. 价值工程的目的是提高对象的价值

提高对象的价值即要求以最低的寿命周期成本，使产品具备它所必须具备的功能。通过前面所分析的功能与寿命周期成本之间的辩证统一关系可知,价值工程中对降低成本的考虑,要将成本与功能结合起来考虑,致力于价值的提高。

3. 价值工程是一项创造性活动

价值工程强调不断地改革和创新,开拓新构思和新途径,获得新方案,创造新功能载体,从而简化产品结构、节约原材料、节约能源,提高产品的技术经济效果。

4. 价值工程是一项有组织、有计划的活动

价值工程研究的问题涉及对象的整个寿命周期,涉及面广,研究过程复杂。例如,一项产品从设计、开发到制作完成,要通过企业内部的许多部门;一个降低成本的改进方案,从提出、试验到最后付诸实施,需要许多部门的配合,才能得到良好的效果。因此,企业在开展价值工程活动时,一般需要由技术人员、经济管理人员、有经验的工作人员甚至用户,以适当的组织形式组织起来,共同研究,发挥集体智慧,灵活运用各方面的知识和经验,才能达到既定的目标。所以,必须有组织、有计划地按一定程序进行。

5.2 价值工程的工作程序与方法

5.2.1 价值工程的工作程序

价值工程的工作程序一般可分为准备、分析、创新、实施与评价四个阶段。其工作实质上是针对产品对象的功能和成本提出问题、分析问题和解决问题的过程。价值工程的一般工作程序见表5.1。

表 5.1 价值工程的一般工作程序

阶段	步骤	对应问题	说明
准备阶段	对象选择	①价值工程研究对象是什么 ②围绕价值工程对象需要完成哪些准备工作	应明确目标、限制条件和分析范围
	组成价值工程领导小组		一般由项目负责人、专业技术人员、熟悉价值工程的人员组成
	制订工作计划		包括具体执行人、执行日期、工作目标等
分析阶段	收集整理信息资料	①价值工程对象的功能是什么 ②价值工程对象的成本是多少 ③价值工程对象的价值是多少	此项工作应贯穿于价值工程的全过程
	功能分析		明确功能特性要求,并绘制功能系统图
	功能评价		确定功能目标成本,确定功能改进区域
创新阶段	方案创新	①有无其他方案可以实施同样的功能 ②新方案的成本是多少 ③新方案能否满足要求	提出各种不同的实现功能的方案
	方案评价		从技术、经济和社会等方面综合评价各种方案达到预定目标的可行性
	提案编写		将选出的方案及有关资料编写成册
实施与评价阶段	审批	①如何保证新方案的实施 ②价值工程活动的效果如何	由主管部门组织进行
	实施与检查		制订实施计划,组织实施,并跟踪检查
	成果鉴定		对实施后取得的技术经济效果进行成果鉴定

由于价值工程的应用范围广泛,其活动形式也不尽相同,因此,在实际应用中,可参照

这个工作程序，根据研究对象的具体情况，应用价值工程的基本原理和方法，考虑具体的实施步骤和方法。但对象选择、功能分析、功能评价和方案创新与评价是该工作程序中的关键内容，是绝对不能缺少的。

5.2.2 对象选择和信息资料收集

1. 对象选择

价值工程是就某个具体对象开展的有针对性的分析评价和改进，有了对象才有分析的具体内容和目标。对企业来讲，凡是为获取功能而发生费用的事物，都可以作为价值工程的研究对象，如产品、工艺、工程、服务或它们的组成部分等，但企业并不能对所有的产品、零件或工序、作业等都进行分析、研究，必须分清主次轻重，有重点、有顺序地选择每次价值工程活动的对象。

（1）选择对象的原则。价值工程的对象选择是逐步缩小研究范围、寻找目标、确定主攻方向的过程。对象选择的一般原则：在设计方面，应选择结构复杂、体积大、质量重，性能差，技术落后，能源消耗高，原材料消耗大或是稀有、贵重的奇缺产品；在生产制造方面，应选择产量大、工序烦琐、工艺复杂、工装落后、返修率高、废品率高、质量难以保证的产品；销售方面，应选择用户意见大、退货索赔多、竞争力差、销售量下降或市场占有率低的产品；在成本方面，应选择成本高、利润低的产品或在成本构成中比重大的产品。

根据以上原则，对于生产企业，有以下情况之一者，应优先选择为价值工程对象：结构复杂或落后的产品；制造工序多或制造方法落后及手工劳动较多的产品；原材料种类繁多和互换材料较多的产品；在总成本中所占比重大的产品。对于由各部分组成的产品，应优先选择以下部分作为价值工程对象：造价高的组成部分；占产品成本比重大的组成部分；数量多的组成部分；体积大或质量重的组成部分；加工工序多的组成部分；废品率高和关键性的组成部分。

（2）选择对象的方法。

1）经验分析法。经验分析法也称因素分析法，是一种定性分析方法，即凭借开展价值工程活动人员的经验和智慧，根据对象选择应考虑的因素，通过主观判断确定价值工程对象的一种方法。运用该方法进行对象选择时，要对各种影响因素进行综合分析，区分开主次轻重，既要考虑需要，也要考虑可能，以保证对象选择的合理性。

经验分析法的优点是简便易行，考虑问题综合全面；缺点是缺乏定量分析，在工作人员经验不足的时候会影响结果的准确性。因此，它的使用必须以工作人员具有丰富经验为前提。在目标单一、产品不多或问题简单的情况下，使用该方法进行对象选择在准确性和节约时间等方面具有较显著的优越性。同时，此法也可与定量分析法结合应用，相互补充、验证，这样才能取得较好的效果。

2）百分比法。百分比法是通过分析各拟选对象对两个或两个以上的技术经济指标影响程度的大小（百分比）来确定价值工程对象的方法。下面通过举例予以说明。

【例5.1】某企业有四种建筑产品，其成本和利润情况见表5.2，试用百分比法确定其价值工程的研究对象。

表5.2 产品成本和利润情况

产品名称	A	B	C	D	合计
成本/万元	100	200	120	150	570
成本占总成本的百分比/%	17.54	35.09	21.05	26.32	100
利润/万元	10	22	10	17	59
利润占总利润的百分比/%	16.95	37.29	16.95	28.81	100
利润百分比/（成本百分比）	0.97	1.06	0.81	1.09	
排序	3	2	4	1	

解：由表5.2可见，产品C的成本占总成本的21.05%，而其利润却只占总利润的16.95%，显然产品C应作为价值工程的重点分析对象。

百分比法的优点是当企业在一定时期要提高某些经济指标且拟选对象数目不多时，具有较强的针对性和有效性；缺点是不够系统和全面。

3）价值指数法。根据价值的表达式 $V = F/C$，在产品成本已知的基础上，将产品功能定量化，就可以计算出产品价值，然后根据价值指数的大小来确定价值工程的研究对象。在应用该方法选择价值工程的对象时，应综合考虑价值指数偏离1的程度和改善幅度，优先选择 $V < 1$ 且改进幅度大的产品或零部件。

【**例5.2**】某机械制造厂生产四种型号的挖土机，各种型号挖土机的主要技术参数及相应的成本费用见表5.3，试运用价值指数法选择价值工程研究对象。

表5.3 挖土机主要技术参数及相应成本

产品型号	A	B	C	D
技术参数/（$m^3 \cdot$ 台班$^{-1}$）	151	155	160	130
成本费用/（百元·台班$^{-1}$）	1.36	1.12	1.30	1.40
价值指数	1.11	1.38	1.23	0.93

解：价值指数计算结果见表5.3，可见挖土机D应作为价值工程对象。

价值指数法一般适用于产品功能单一、可计量、产品性能和生产特点可比的系列产品或零部件的价值工程对象选择。

4）ABC分析法。ABC分析法是一种寻找主要因素的方法。它起源于意大利经济学家巴雷特对资本主义社会财富分布情况的分析，巴雷特发现资本主义社会的大部分财富集中在少数人的手中，之后这种方法扩展到其他领域。价值工程运用这种方法进行对象选择时，是将产品成本构成进行逐项统计，将每种零部件占产品总成本的比重从高到低排列出来，分成A、B、C三类，找出少数成本比重大的零部件，作为价值工程的重点分析对象。

一般来说，零部件数占总数的10%~20%，成本占总成本的70%~80%者为A类；零部件数占总数的60%~80%，成本占总成本的5%~10%者为C类；其余为B类。在进行价值分析时，A类零部件是重点分析对象，B类只作一般分析，C类可以不加分析。

ABC分析法的具体做法如下：

①将被分析的零部件种类按成本大小依次排列填入表中，并按排列先后编出序号；

②根据零部件种类计算出累计数,并求出占全部零部件总种类数的百分比;
③根据零部件成本求出其占总成本的百分比,并求出累计成本的百分比;
④根据零部件种类划分为A、B、C三类。

【例5.3】 在某设备工程中,业主委托设备监理工程师对其中一个关键工艺设备的报价作评审,设备监理工程师发现该设备的各组成部件的功能与成本分布不合理,导致该设备造价偏高。设备监理工程师提出应用价值工程的方法可降低该设备的制造成本。表5.4是设备部件构成和现有的成本基本情况表。试应用ABC分析法确定可以作为价值工程分析对象的组成部件。

表5.4 设备部件构成和现有的成本基本情况

序号	部件名称	件数	部件单位成本/万元
1	A	3	6.00
2	B	1	60.00
3	C	2	59.00
4	D	1	20.00
5	E	1	100.00
6	F	3	4.00
7	G	2	4.50
8	H	8	0.75
9	I	2	1.00
10	J	10	0.20

解:该设备各组成部件的ABC分类见表5.5。结果说明:A类零部件的件数之和占总件数的12%,而成本之和却占总成本的80%,是影响该设备的关键部件,降低成本的潜力较大,故应将A类部件作为价值工程的研究对象。

表5.5 部件成本分析表

序号	部件名称	件数	累计件数	累计百分数/%	各类部件总成本/万元	累计件数	累计百分数/%	分类
1	C	2	2	6.06	118	118	34.01	A类
2	E	1	3	9.09	100	218	62.82	A类
3	B	1	4	12.12	60	278	80.12	A类
4	D	1	5	15.15	20	298	85.88	B类
5	A	3	8	24.24	18	316	91.07	B类
6	F	3	11	33.33	12	328	94.52	C类
7	G	2	13	39.39	9	337	97.12	C类
8	H	8	21	63.64	6	343	98.85	C类
9	I	2	23	69.70	2	345	99.42	C类
10	J	10	33	100	2	347	100	C类
合计		33			347			

ABC 分析法的优点是能抓住重点，突出主要矛盾，在对复杂产品的零部件作对象选择时常用它进行主次分类。据此，价值工程分析小组可结合一定的人力、财力、时间要求和分析条件，略去"次要的多数"，抓住"关键的少数"，卓有成效地开展工作。

5）强制确定法。强制确定法是以功能重要程度作为选择价值工程对象的一种分析方法。具体做法是先求出分析对象的成本系数、功能系数，然后得出价值系数，以揭示分析对象的功能与成本之间是否相符。如果不相符，价值低的则被选为价值工程的研究对象。这种方法在功能评价和方案评价中也有应用。

强制确定法从功能和成本两个方面综合考虑，比较适用、简便，不仅能明确揭示价值工程的研究对象，而且具有数量概念。但这种方法是人为打分，不能准确反映功能差距的大小，只适用于部件间功能差别不大且比较均匀的对象，而且一次分析的部件数目不能太多，以不超过 10 个为宜。在零部件很多时，可以先用 ABC 法、经验分析法选出重点部件，然后再用强制确定法细选；也可用逐层分析法，从部件选起，然后在重点部件中选出重点零件。

2. 信息资料收集

信息是一种重要的资源。信息资料的收集是价值工程实施过程中不可缺少的重要环节。一般在选择价值工程对象的同时，就应该收集有关的技术资料及经济信息，并为进行功能分析、创新方案和评价方案等步骤准备必要的资料。在一定意义上说，价值工程成果的大小很大程度上取决于能否按时、按质、按量收集到必要的信息情报。

（1）信息资料收集的内容。价值工程所研究的对象不同，收集信息的内容也不同。例如，对于一般工业企业的产品分析来说，应收集的资料包括以下几项：

1）使用中故障情况及使用是否合理等；

2）技术方面资料：企业内外、国内外同类产品的技术资料，如设计特点、加工工艺、设备、材料、技术及优缺点和存在的问题等；

3）经济方面资料：同类产品的价格、成本、成本构成情况、价格指数和有关定额等；

4）本企业的基本资料：企业的经营方针、经营目标、生产能力及限制条件、销售情况等。

收集到的信息资料一般需加以分析、归纳和整理，剔除无效资料，使用有效资料，以利于价值工程活动的分析研究。

信息资料整理工作的流程如图 5.3 所示。

图 5.3　信息资料整理工作的流程图

（2）信息资料收集的要求。收集信息资料是一项周密而系统的调查研究活动，有计划、有组织、有要求地收集整理，是这一活动成功的保证。在价值工程活动中，信息资料的收集应该快、准、精、广、适。

5.2.3 功能分析与评价

1. 功能分析

功能分析是对价值工程对象的总体及其组成部分的功能进行研究和分析，确认必要功能，补足不足功能，剔除不必要功能，建立并绘制功能系统图的过程。其目的是准确掌握用户要求的功能及其水平。

功能分析包括功能定义与功能整理两个具体步骤，即通过"功能定义"与"功能整理"两个步骤。从定性的角度，分别回答"它的功能是什么"和"它的地位如何"，从而准确掌握用户的功能要求。

（1）功能分类。价值工程的研究对象往往会有几种不同的功能，为了便于功能分析，需要对功能进行分类，一般可有以下四种不同的分类方法。

1）必要功能（Necessary Function）和不必要功能（Unnecessary Function）。必要功能是为满足使用者的要求而必须具备的功能；不必要功能是对象所具有的、与满足使用者的需求无关的功能。

2）不足功能（Insufficient Function）和过剩功能（Plethoric Function）。不足功能是指对象尚未满足使用者需求的必要功能；过剩功能是对象所具有的、超过使用者需求的功能。不足功能和过剩功能具有相对性，同样一件产品对甲消费者而言，可能功能不足，而对乙消费者而言，可能功能已过剩了。

3）基本功能（Basic Function）和辅助功能（Supporting Function）。基本功能是指与对象的主要目的直接有关的功能，是对象存在的主要理由；辅助功能是指为了更好实现基本功能而附加的功能。一般来说，基本功能是必要的功能，辅助功能有些是必要功能，有些可能是多余的功能。例如，手机的基本功能是满足使用者的通信要求，辅助功能有游戏等功能，通信是手机的必要功能，游戏功能对于没有游戏机的用户来说是必要功能，但对有专门游戏机的用户来说就是不必要功能。

4）使用功能（Use Function）和品位功能（Esteem Function）。使用功能是指对象所具有的、与技术经济用途直接有关的功能；品位功能是指与使用者的精神感觉、主观意识有关的功能，如贵重功能、美学功能、外观功能、欣赏功能等。产品的使用功能和品位功能往往是兼而有之，但根据用途和消费者的要求不同而有所侧重。例如，地下电缆、地下管道、设备基础等主要是使用功能；工艺美术品、装饰品等主要是品位功能。

价值工程通过对功能进行分门别类地分析，可以区分研究对象的必要功能和不必要功能、不足功能和过剩功能、基本功能和辅助功能、使用功能和品位功能，从而保证必要功能和基本功能，消除不必要功能和过剩功能，补充不足功能和辅助功能；并且改进研究对象的使用功能，严格按照用户的需求来设计产品。

（2）功能定义。功能定义是透过产品实物形象，将隐藏在产品结构背后的本质——功能揭示出来，从而从定性的角度解决"对象有哪些功能"这个问题。

价值工程的对象，一般可划分为许多构成要素，各构成要素相互作用完成一定的功能。为此，在给功能下定义时，首先要明确对象整体的功能定义；然后自上而下逐级地明确各构成要素的功能定义。

功能定义要求简明扼要,通常采用两词法进行功能定义,即用两个词组成的词组来定义功能。常采用动词加名词的方法进行。应注意以下几点:动词部分要使用力求扩大思路的词汇;名词部分要使用可测定的词汇;功能定义时要注意实现功能的制约条件,并以事实为基础,根据可靠信息下定义;功能定义时要站在物品的立场来下定义,一项功能下一个定义。例如,基础的功能是"承受荷载",手表的功能是"指示时间",机床的功能是"切削工件"等。

(3)功能整理。功能管理是功能分析的第二个重要步骤,它是用系统的观点将已经定义了的功能加以系统化,找出各局部功能相互之间的逻辑关系,并用图表形式表达,以明确产品的功能系统,从而为功能评价和方案构思提供依据。通过功能整理要能发现和消除不必要功能,审查功能定义的正确性,明确功能改善区域及变革的着手点。功能整理的过程就是建立功能系统图的过程。

1)功能系统图。功能系统图就是按照一定的原则方式,将定义的功能连接起来,从单个到局部,从局部到整体形成的一个完整的功能逻辑关系图。其一般形式如图 5.4 所示。

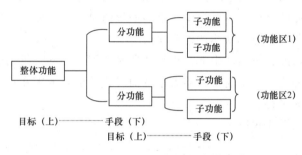

图 5.4 功能系统图的一般形式

在图 5.4 中,从整体功能开始,由左向右逐级展开,在相邻的两个功能之间,左边的功能(上级)称为右边功能(下级)的目标功能,而右边的功能(下级)称为左边功能(上级)的手段功能。图 5.4 中的分功能就整体功能来说,它们都是整体功能的手段功能,但就子功能来说,分功能又是它们的目标功能。目标功能相对手段功能而言,又称为上位功能,手段功能则称为下位功能。并列的分功能或子功能称为并列功能或同位功能。

2)功能整理的方法。功能整理的主要任务就是建立功能系统图。因此,功能整理的方法也就是绘制功能系统图的方法。其一般步骤如下:

①编制功能卡片。把功能定义写在卡片上,每条定义写一张卡片;

②把功能分为基本功能和辅助功能,从基本功能中选出最基本的功能,也就是最上位的功能(产品的目的),排列在左边。辨识其他功能之间的关系,以树状结构的形式向右排列,并分出上位功能和下位功能;

③对功能定义作必要的修改、补充和取消;

④按上下位关系,将经过调整、修改和补充的功能排列成功能系统图。

以建筑物的平屋顶为例,在对其功能进行定义的基础上,通过功能整理,得到的功能系统图如图 5.5 所示。

综上可知,功能分析,实质上就是通过对价值工程研究对象的逐级分析而达到认识其功

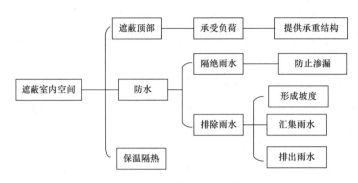

图 5.5 平屋顶功能系统

能的过程，这一过程是以功能定义为起点，以功能整理和功能系统图的绘制为终点。

2. 功能评价

经过功能系统分析明确了对象所具有的功能后，接下来的工作就是要定量地确定功能的目前成本是多少，功能的目标成本是多少，功能的价值是多少，改进目标是多少，改进的幅度有多大等。这些问题都要通过功能评价来解决。

功能评价是指在功能分析的基础上，根据功能系统图，在同一级的各功能之间，运用一定的科学方法，计算并比较各功能价值的大小从而寻找功能与成本在量上不匹配的具体改进目标及大致经济效果的过程。

功能评价的过程如图 5.6 所示。

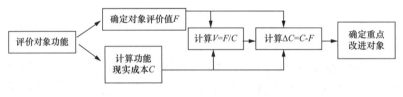

图 5.6 功能评价过程图

（1）功能现实成本的计算。

1）功能现实成本的计算。功能现实成本的计算与一般的传统的成本核算既有相同点，也有不同之处。两者相同点是指它们在成本费用的构成项目上是完全相同的，如建筑产品的成本费用都是由人工费、材料费、施工机械使用费、措施费、间接费等构成的；而两者的不同之处在于功能目前成本的计算是以对象的功能为单位，而传统的成本核算是以产品或零部件为单位。因此，在计算功能现实成本时，需根据传统的成本核算资料，将产品或零部件目前成本换算成功能的现实成本。

具体地讲，当一个零部件只具有一个功能时，该零部件的成本就是它本身的功能成本；当一项功能要由多个零部件共同实现时，该功能的成本就等于这些零部件的功能成本之和；当一个零部件具有多项功能或同时与多项功能有关时，就需要将零部件成本分摊至各项有关功能，至于分摊的方法和分摊的比例，可根据具体情况决定。

【例 5.4】 某产品具有 $F_1 \sim F_4$ 共 4 项功能，且由四种零部件来实现，每种零部件的成本资料及其对实现功能所起作用的比重经专家确定,见表5.6,试计算各功能的现实成本。

表 5.6 某产品功能与成本资料表

零部件		成本/元	功能			
序号	名称		F_1（成本比重）	F_2（成本比重）	F_3（成本比重）	F_4（成本比重）
1	A	400	100%			
2	B	160		40%		60%
3	C	280	20%	40%	40%	
4	D	450	10%	30%	40%	20%

解：根据以上计算功能现实成本的基本原理,得到计算结果见表5.7。

表 5.7 功能的目前成本计算表

零部件		成本/元	功能			
序号	名称		F_1（目前成本）	F_2（目前成本）	F_3（目前成本）	F_4（目前成本）
1	A	400	400			
2	B	160		64		96
3	C	280	56	112	112	
4	D	450	45	135	180	90
合计		1 290	501	311	292	186

2）成本指数的计算。成本指数是评价对象的现实成本在全部成本中所占的比率。其计算式为

$$\text{成本系数}(CI_i) = \text{第} i \text{个评价对象的现实成本}/\text{全部成本} \tag{5.3}$$

（2）功能评价值 F 的计算。对象的功能评价值 F（目标成本）是指可靠地实现用户要求功能的最低成本,它可以理解为企业有把握或说应该达到的实现用户要求功能的最低成本。从企业目标的角度来看功能评价值可以看成企业预期的、理想的成本目标值。

功能评价值的确定方法很多,主要有以下几种：

1）经验估算法。经验估算法是由一些有经验的专家,根据预先收集到的技术、经济情报,先初步构思出几个能实现预定功能的设想方案,并大致估算实现这些方案所需要的成本,经过分析、对比,以其中最低的成本作为功能评价值。

如图5.7所示的功能系统图,对实现 F_2 功能,设想有三个方案,其成本分别如图5.7所示。

显然, F_2 功能的功能评价值为600元,同理可计算出 F_1 与 F_3 的功能评价值。

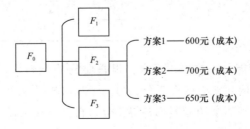

图 5.7 功能系统图

2)实际调查法。实际调查法是通过广泛的调查,收集具有同样功能产品的成本,从中选择功能水平相同而成本最低的产品,以这个产品的成本作为功能评价值。

3)反推法。反推法是根据对市场和用户的调查确定产品的价格。这种价格必须是用户承认与能够接受的并且具有较强的竞争能力,再考虑企业的目标利润和纳税额,制订功能评价值。其计算公式为

$$产品功能评价值 = 产品价格 - 单位产品利税额 \tag{5.4}$$

例如,某产品根据市场情况确定售价为800元,若税率为售价的3%,目标利润为售价的12%,则其功能评价值应为 8 000 × (1 - 3% - 12%) = 6 800(元)

4)理论计算法。理论计算法是利用工程上的一些计算公式和某些费用标准(如材料价格等),找出功能与成本之间的关系,从而确定功能评价值。具体计算步骤:第一步,分析该功能是否可以利用公式进行定量计算;第二步,选择有关公式进行计算。

利用理论计算法确定功能评价值,在功能评价时比较准确可靠,但并不是各种功能都可以利用此法,只有当功能可以利用工程上的公式定量计算时才可采用,对一些无法定量计算的功能则不便使用。

5)功能重要性系数评价法。功能重要性系数评价法是一种根据功能重要性系数确定功能评价值的方法,是把功能划分为几个功能区域,并根据各功能区的重要程度和复杂程度,确定各个功能区在总功能中所占的比率,即功能重要性系数。然后将产品的目标成本按照功能重要性系数分配给各功能区,即功能评价值。

6)确定功能重要性系数。功能重要性系数又称功能评级系数或功能指数,是指评价对象(如零部件)功能在整体功能中所占的比率。确定功能重要性系数的方法有强制评分法、多比例评分法、环比评分法、逻辑流程评分法等。

①强制评分法。强制评分法又称FD法,包括"01"法和"04"法两种方法。它是采用一定的评分规则,采用强制对比评分来评定评价对象功能系数的方法。

a. "01"法是将各功能一一对比,重要的得1分,不重要的得0分,然后为防止功能系数中出现零的情况,用各加1分的方法进行修正,最后用修正得分除以总得分即功能系数(F)。其计算过程见表5.8。

表5.8 "01"法功能系数计算表

功能	F_1	F_2	F_3	F_4	F_5	得分	修正得分	FL
F_1	×	0	0	1	1	2	3	0.20
F_2	1	×	1	1	1	4	5	0.33
F_3	1	0	×	1	1	3	4	0.27
F_4	0	0	0	×	0	0	1	0.07
F_5	0	0	0	1	×	1	2	0.13
合计						10	15	1.00

b. "04"法是将各功能一一对比,规定:很重要的功能因素得4分,相对最不重要的功能因素得0分;较重要的功能因素得3分,另一个相对较不重要的功能因素得1分;同样重要或基本同样重要时,则两个功能因素各得2分;自身对比不得分。最后用各功能得分除以功能总得分即功能系数。

【例5.5】 某技术方案经分析具有5项基本功能，现用 F_1、F_2、F_3、F_4、F_5 分别来表示，经有关专家讨论对其功能的重要性达成以下共识：F_2 和 F_3，同样重要，F_4 和 F_5 同样重要，F_1 相对于 F_2 较重要，F_1 相对于 F_4 很重要，F_2 相对于 F_3 较重要，试用"04"法确定各功能的功能系数。

解：依据题意及根据"04"法的基本原理，计算结果见表5.9。

表5.9 "04"法功能系数计算表

功能	F_1	F_2	F_3	F_4	F_5	得分	FL
F_1	×	3	3	4	4	14	0.350
F_2	1	×	2	3	3	9	0.225
F_3	1	2	×	3	3	9	0.225
F_4	0	1	1	×	2	4	0.100
F_5	0	1	1	2	×	4	0.100
			合计			40	1.000

强制评分法适用于被评价对象在功能重要程度上的差异不太大，并且评价对象子功能数目不太多的情况。

②多比例评分法。多比例评分法可以说是强制评分法的延伸，它是在对比评分时，按 (0，10)，(1，9)，(2，8)，(3，7)，(4，6)，(5，5) 这6种比例来评定功能系数，其计算过程参见表5.10。

表5.10 多比例评分法功能系数计算表

功能	F_1	F_2	F_3	F_4	F_5	得分	FL
F_1	×	4	2	6	7	19	0.19
F_2	6	×	4	8	7	25	0.25
F_3	8	6	×	9	9	32	0.32
F_4	4	2	1	×	4	11	0.11
F_5	3	3	1	6	×	13	0.13
			合计			100	1.00

③环比评分法。环比评分法是先从上至下依次比较相邻两个功能的重要程度，给出功能重要度比值，然后令最后一个被比较的功能的重要度值为1（作为基数），根据功能重要度比值依次计算各功能的重要度值，其计算的方法是用排列在下面的功能的重要度值乘以与其相邻的上一个功能的功能重要度比值，即得出上一个功能的重要度值。求出每个功能的重要度值后，分别用其除以所有功能的重要度值之和，得出各个功能的功能系数。其具体计算过程参见表5.11。

环比评分法适用于各个评价对象之间有明显的可比关系，能直接对比，并能准确地评定功能重要度比值的情况。

表 5.11　环比评分法功能系数计算表

功能	重要比值	重要度值	FL
F_1	1.50	2.25	0.29
F_2	0.50	1.50	0.19
F_3	3.00	3.00	0.39
F_4		1.00	0.13
合计		7.75	1.00

④逻辑流程评分法。逻辑流程评分法是按照逻辑思维，判断各评价对象在功能重要度方面的关系；评定分数，从而推算出评价对象的功能系数。其基本步骤：先将各评价对象按功能重要度上大下小的顺序排列在表中；然后选定基准评价对象，适当规定其评分值；最后根据逻辑判断，自下而上地找出各评价对象功能重要度之间的数量关系，根据这种数量关系，推算出评价对象的功能系数。其具体计算过程参见表 5.12。

表 5.12　逻辑流程评分法功能系数计算表

功能	逻辑关系	评分值	FL
F_1	$F_1 > 3F_2$	500	0.64
F_2	$F_2 > F_3 + F_4 + F_5 + F_6 + F_7$	150	0.19
F_3	$F_3 > F_5 + F_6 + F_7$	50	0.06
F_4	$F_4 > F_5 + F_6$	40	0.05
F_5	$F_5 > F_6$	20	0.03
F_6	$F_6 > F_7$	15	0.02
F_7	F_7	10	0.01
合计		785	1.00

逻辑流程评分法是一种相对评分法，适用于功能逻辑关系明显可比的情况。

7）确定功能评价值。功能评价值的确定分为以下两种情况：

①新产品设计。一般在产品设计之前，根据市场供需情况、价格、企业利润与成本水平，已初步确定了目标成本。因此，在功能评价系数确定之后，就可将新产品设定的目标成本（如 800 元）按已有的功能评价系数加以分配计算，求得各个功能区的功能评价值，并将此功能评价值作为功能的目标成本，见表 5.13。

表 5.13　新产品功能评价计算表

功能（1）	功能重要系数（2）	功能评价值（3）=（2）×800
F_1	0.47	376
F_2	0.32	256
F_3	0.16	128
F_4	0.05	40
合计	1.00	800

②既有产品改进设计。既有产品应该以现实成本为基础确定功能评价值,进而确定功能的目标成本。由于既有产品具有现实成本,就没有必要再假定目标成本。但是,既有产品的现实成本原已分配到功能区中的比例不一定合理,这就需要根据改进设计中新确定的功能重要性系数,重新分配既有产品的现实成本。从分配结果看,各功能区新分配成本与原成本之间有差异。正确处理这些差异就能合理确定各功能区的功能评价值,求出产品功能区的目标成本。

现设既有产品的现实成本为 500 元,即可计算出功能评价值或目标成本,见表 5.14。

表 5.14 既有产品功能评价计算表

功能区	功能现实成本 C/元	功能重要性系数	根据产品现实成本和功能重要性系数重新分配的功能区成本/元	功能评价值(或目标成本)F/元	成本降低幅度/元 $\Delta C = C - F$
	(1)	(2)	(3) = (2) × 500	(4)	(5)
F_1	130	0.47	235	130	—
F_2	200	0.32	160	160	40
F_3	80	0.16	80	80	—
F_4	90	0.05	25	35	55
合计	500	1.00	500	405	95

表 5.14 是把产品的现实成本 $C = 500$ 元,按改进设计方案的新功能重要性系数重新分配给各功能区的结果。此分配结果可能有下列三种情况。功能区新分配的成本等于现实成本,如 F_3 就属于这种情况,此时应以现实成本作为功能评价值;新分配成本小于现实成本,如 F_2 和 F_4 就属于这种情况,此时,应以新分配的成本作为功能评价值;新分配的成本大于现实成本,如 F_1 就属于这种情况,出现这种情况,如果是因为功能重要性系数定高了,经过分析后可以将其适当降低。因功能重要性系数确定过高可能会存在多余功能,如果是这样,先调整功能重要性系数,再确定功能评价值。如因成本确实投入太少而不能保证必要功能,可以允许适当提高一些。除此之外,即可用目前成本作为功能评价值。

(3)功能价值 V 的计算及分析。通过计算和分析对象的价值 V,可以分析成本功能的合理匹配程度。功能价值 V 的计算方法可分为两大类,即功能成本法和功能指数法。

1)功能成本法。功能成本法又称为绝对值法,是通过一定的测算方法,测定实现必要功能所必须消耗的最低成本,同时计算为实现必要功能所耗费的目前成本,经过分析、对比,求得对象的功能价值系数和成本降低期望值,从而确定价值工程的改进对象。其表达式为

$$V = F/C \tag{5.5}$$

式中 V——功能价值系数;

F——功能评价值;

C——功能现实成本。

一般可采用表 5.15 进行定量分析。

表 5.15 功能评价值系数计算表

项目 序号	子项目	功能重要性系数（1）	功能评价值（2）=目标成本×（1）	现实成本（3）	价值系数（4）=（2）/（3）	改善幅度（5）=（3）-（2）
1	A					
2	B					
3	C					
4	D					
……	……					
合计						

根据式（5.5）即可计算出功能价值系数。功能价值系数计算出来以后，就需要进行分析与评价，进而确定功能改进目标。一般来说，采用功能成本法所计算出来的功能价值系数有以下三种结果：

① $V = 1$。此时功能评价值等于功能现实成本。表明评价对象目前实现功能所需要的成本和功能所体现的价值是一样的。

② $V < 1$。此时功能现实成本大于功能评价值。表明评价对象的现实成本偏高，这时，一种可能是由于存在着过剩功能；另一种可能是功能虽无过剩，但实现功能的条件或方法不佳，以致实现该功能的成本大于功能的实际需要。这两种情况都应列功能改进的范围，并且以剔除过剩功能及降低现实成本为改进方向。

③ $V > 1$。此时功能现实成本低于功能评价值。表明评价对象的功能现实成本低于实现该功能所应投入的最低成本，从而评价对象功能不足，没有达到用户的功能要求，应适当增加成本，提高功能水平。

2）功能系数法。功能系数法又称相对值法，是通过评定各对象功能的重要程度，用功能系数来表示其功能程度的大小，然后将评价对象的功能系数与相对应的成本系数进行比较，得出该评价对象的价值系数，从而确定改进对象，并求出该对象的成本改进期望值。其表达式为

$$V = F_1 / C_1 \tag{5.6}$$

式中　V——价值系数；

　　　F_1——功能系数；

　　　C_1——成本系数。

功能系数法的特点是用分值来表达功能程度的大小，以便使系统内部功能与成本具有可比性，由于评价对象的功能水平和成本水平都用它们在总体中所占的比率来表示，这样就可以采用式（5.6）方便、定量地表达评价对象功能价值的大小。因此，在功能系数法中，采用价值系数作为评定对象功能价值的指标。

根据成本系数和功能系数计算价值系数，可通过表 5.16 进行计算。

表 5.16 价值系数计算表

零部件名称	功能系数（1）	现实成本（2）	技术系数（3）	价值系数（4）=（1）/（3）
A				
B				

续表

零部件名称	功能系数（1）	现实成本（2）	技术系数（3）	价值系数（4）=（1）/（3）
C				
D				
……				
合计	1.00		1.00	

一般来说，采用功能系数法所计算出的功能价值系数有以下三种结果：

① $V=1$。此时评价对象的功能比率与成本比率大致平衡，匹配合理，可以认为功能的目前成本是比较合理的，不需要改进。

② $V<1$。此时评价对象的成本比率大于其功能比率，表明相对于系统内的其他对象而言，目前成本偏高。应将其列为改进对象，改善方向主要是降低成本。

③ $V>1$。此时评价对象的成本比率小于其功能比率。出现这种结果的原因可能有三个：第一个原因是目前成本偏低，不能满足评价对象实现其应具有的功能的要求，致使对象功能偏低，这种情况应列为改进对象，改善方向是增加成本；第二个原因是对象目前具有的功能已经超过了其应该具有的水平，即存在过剩功能，这种情况也应列为改进对象，改善方向是降低功能水平；最后一个原因是对象在技术、经济等方面具有某些特殊性，在客观上存在着功能很重要而需要耗费的成本却很少的情况，这种情况一般不必列为改进对象。

（4）确定价值工程（VE）对象的改进范围。对产品部件进行价值分析，就是使每个部件的价值系数（或价值指数）尽可能趋近于1。根据此标准，可明确改进的方向、目标和具体范围。确定对象改进范围的原则如下。

1）F/C 值低的功能区域。算出的 $V<1$ 的功能区域，基本上都应进行改进，特别是 V 值比1小得较多的功能区域，应力求使 $V=1$。

2）$C-F$ 值大的功能区域。通过核算和确定对象的实际成本和功能评价值，分析、测算成本改善期望值，从而排列出改进对象的重点及优先次序。成本改善期望值的表达式为

$$\Delta C = C - F \tag{5.7}$$

式中　ΔC——成本改善期望值，即成本降低幅度。

当 n 个功能区域的价值系数同样低时，就要优先选择 ΔC 数值大的功能区域作为重点对象。一般情况下，当 $\Delta C>0$ 时，以 ΔC 大者为优先改进对象，见表5.14中 F_4，F 即价值工程优先选择的改进对象。

3）复杂的功能区域。说明其功能是通过采用很多零件来实现的，一般情况下，复杂的功能区域其价值系数（或价值指数）也较低。

5.2.4　方案创新与评价

通过功能分析和功能评价，对价值工程对象整体及其各功能的功能价值进行了分析计算和评价，选出了价值低且成本改善期望大的作为重点改进对象。它的实现就要通过方案创新与评价来进行。

1. 方案创新

方案创新是从提高对象的功能价值出发，针对应改进的具体目标，依据已建立的功能系

统图和功能目标成本,通过创造性的思维活动,提出各种不同的实现功能方案的过程。

方案创新是价值工程活动成败的关键,主要依赖于创造能力和创造性思维。在价值工程中常用的方案创新方法有以下几种:

(1) 头脑风暴法,又称 BS 法,是世界上最早的创造方法之一,由美国人奥斯本(Osburn)博士在 1939 年首先提出。具体方法:采用会议的形式,组织对改进对象有较深了解的人员进行讨论、座谈(人数一般为 5~10 人),最后提出新的方案。讨论时应遵守以下几条规则:

1) 不允许批评别人的设想;

2) 欢迎自由提出尽量多的方案;

3) 欢迎在别人意见的基础上补充和完善;

4) 会议的主持者应思想活跃,知识面广,善于引导,使会议气氛融洽,能使与会者广开思路,畅所欲言;

5) 会议应有记录,以便于整理研究。

头脑风暴法的核心是打破常规、积极思考、互相启发、集思广益。这种方法可以获得新颖、全面且富于创造性的方案,并可以防止片面和遗漏。

(2) 哥顿法,又称模糊目标法,由美国人哥顿(Gorden)在 1964 年提出。这种方法的指导思想是把要研究的问题适当抽象,以利于拓展思路,在研究新方案时,会议主持人开始并不全部摊开要解决的问题,而是只对大家作一番抽象笼统的介绍,要求大家提出各种设想,以激发出有价值的改进方案,待讨论到一定程度后才把中心议题提出来,以作进一步研究。这种方法要求会议主持人机智灵活、提问得当,提问太具体容易限制思路,提问太抽象则方案可能离题太远。

(3) 德尔菲法,又称专家调查法,是将要研究的方案分解为若干内容,分送各有关专家,使他们在互不商量的情况下提出各种建议和设想,经过整理分析后,归纳出若干较合理的方案,再分送给各位专家进行分析研究。如此经过几次反复后专家意见趋向一致,从而最后确定改进方案。这种方法的优点是专家互不见面,研究问题时间充裕,没有顾虑,可以不受约束地从各种角度提出意见;缺点是花费时间较长,缺乏面对面的交谈和商议。

方案创新的方法很多,总的原则是要充分发挥有关人员的聪明才智,集思广益,多提方案,从而为方案评价创造条件。

2. 方案评价

方案评价是指对已创造出的方案从技术、经济、社会等方面进行分析、比较、论证和评价等工作的总称,其目的在于找出相对令人满意的实施方案。方案评价的过程如图 5.8 所示,分为概略评价与详细评价两个阶段。

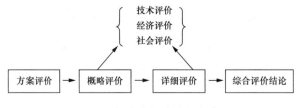

图 5.8　方案评价过程示意

（1）概略评价是对方案创新阶段提出的各个设想方案进行粗略评价，目的是淘汰那些明显不可行的方案，筛选出少数几个价值较高的方案，以供详细评价作进一步分析。

（2）详细评价是在掌握了大量数据资料的基础上，对概略评价获得的少数方案，从技术、经济、社会三个方面进行的分析评价，为提案的编写和审批提供科学的依据。

在对方案进行评价时，无论是概略评价还是详细评价，都应包括技术评价、经济评价和社会评价三个方面的内容。一般可先作技术评价，再分别作经济评价和社会评价，最后作综合评价。技术评价是对方案功能的必要性、必要程度（如性能、质量、寿命等）及实施的可能性进行分析评价；经济评价是对方案实施的经济效果（如成本、利润、节约额等）的大小进行分析评价；社会评价是对方案给国家和社会带来的影响（如环境污染、生态平衡、国民经济效益等）所进行的分析和评价。

3. 方案实施与检查

通过对方案的详细评价，可选出最优改进方案，经批准后，即可组织实施。一般来说，组织方案实施时，首先应由单位领导指定一名实施价值工程项目的负责人，然后由他与价值工程小组其他成员一起，制订出一个具体的实施计划并付诸实施。

在方案实施过程中，价值工程小组成员要深入实际，进行跟踪检查，及时发现问题，查明原因，并采取有效措施加以解决。

4. 成果评价（鉴定）与报告

价值工程成果评价，就是将改进方案的各项技术经济指标与原设计进行比较，以考察方案所取得的综合效益。

价值工程活动全部结束之后，要及时进行总结，并写出成果报告，成果报告主要应包括成果名称、完成单位及主要参加人员、成果简介、技术效果、经济效果或社会效果及附件。

5.3　价值工程应用案例

某建筑设计院近年来承担了许多建筑设计工作，鉴于当前建筑市场的激烈竞争和建筑设计越来越趋于人性化和考虑环保等方面的要求，对设计方案的取舍就变得越来越重要了，该建筑设计院决定应用价值工程的基本原理，来解决各种设计业务中的方案优选问题。以下是他们的分析过程。

1. 对象选择

对该设计院来说，承担的工程设计种类繁多，到底选择哪些项目作为价值工程的分析对象是个难题。该建筑设计院将近几年承担的设计项目的建筑面积构成形成统计数据，见表5.17。运用百分比法来选择价值工程的研究对象。

表5.17　某建筑设计项目构成情况

项目类别	百分比/%	项目类别	百分比/%
住宅	38	图书馆	1
综合楼	10	商业建筑	2

续表

项目类别	百分比/%	项目类别	百分比/%
办公楼	9	体育建筑	2
教学楼	5	影剧院	3
车间	5	医院	5
宾馆	3	其他	17

2. 资料收集

选择好研究分析对象之后，价值工程分析人员着重收集了以下几个方面的资料：通过工程回访，收集广大用户对住宅使用情况的意见，通过对不同地质情况和基础形式的住宅进行定期的沉降观测，获取地基方面的第一手资料；了解有关住宅施工方面的情况；收集大量有关住宅建设的新工艺和新材料的性能、价格和使用效果等方面信息；分地区按不同的地质情况基础形式和类型标准，统计分析近年来住宅建筑的各种技术经济指标。

3. 功能分析与评价

价值工程分析人员通过分组讨论和集体商议，对住宅的各种功能进行了系统的分析，绘制出了功能系统图，如图5.9所示。

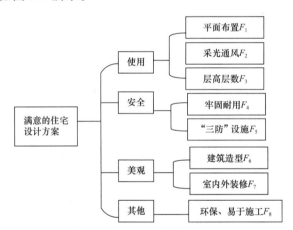

图 5.9 住宅设计功能系统图

根据功能系统图，价值工程分析人员组织用户、设计人员和施工人员共同对功能进行定量化分析，即确定各功能的权重。把用户、设计人员和施工人员评价的权重分别设定为50%、40%和10%，各方人员对功能权重的打分采用百分制，具体分析结果见表5.18。

表 5.18 住宅功能重要程度系数

功能	用户评分（50%）		设计人员评分（40%）		施工人员评分（10%）		功能权重（$0.5F_{用户}$ + $0.4F_{设计}$ + $0.1F_{施工}$）/100
	$F_{用户}$	$0.5F_{用户}$	$F_{设计}$	$0.4F_{设计}$	$F_{施工}$	$0.1F_{施工}$	
F_1	41	20.50	43	17.20	34	3.40	0.411
F_2	10	5.00	14	5.60	15	1.50	0.121

续表

功能	用户评分（50%）		设计人员评分（40%）		施工人员评分（10%）		功能权重（$0.5F_{用户}$ + $0.4F_{设计}$ + $0.1F_{施工}$）/100
	$F_{用户}$	$0.5F_{用户}$	$F_{设计}$	$0.4F_{设计}$	$F_{施工}$	$0.1F_{施工}$	
F_3	8	4.00	13	5.20	13	1.30	0.105
F_4	9	4.50	6	2.40	10	1.00	0.079
F_5	11	5.50	5	2.00	11	1.10	0.086
F_6	10	5.00	11	4.40	10	1.00	0.104
F_7	7	3.50	5	2.00	5	0.50	0.060
F_8	4	2.00	3	1.20	2	0.20	0.034
合计	100	50	100	40	100	10	1

4. 方案设计与评价

对住宅设计项目进行功能分析与评价之后，可运用到具体工程项目设计方案的评价与优选之中。以某企业拟建的职工住宅为例，该住宅拟建地址地质条件较差，上部覆盖层只有 1 m 左右，淤泥达十几米。根据收集到的情报和资料，价值工程分析人员针对设计院初步设计提出的十几个不同的方案进行严密分析研究，采用优缺点列举法等方法进行方案筛选，保留了三个较优的方案 A、B、C。三个方案的单方造价、工程总造价、年经营费用、成本系数等见表 5.19。基准折现率为 10%，住宅的使用寿命假设为 30 年。

表 5.19 各方案成本系数计算表

方案	A	B	C
单方造价/（元·m^{-3}）	780	760	800
工程总造价/万元	390	380	400
年经营费用/万元	42	45	40
折现系数	9.4269	9.4269	9.4269
经营费用现值/万元	396	424	377
总成本现值/万元	786	804	777
成本系数	0.332	0.340	0.328

同时，对此三个设计方案对照住宅设计功能系统图，采用十分制打分法进行功能评价并计算功能系数，计算过程及结果见表 5.20。

表 5.20 各方案功能系数表

功能	功能权重	A		B		C	
		分值	加权分值	分值	加权分值	分值	加权分值
F_1	0.411	8	3.288	9	3.699	5	2.055
F_2	0.121	7	0.847	9	1.089	8	0.968
F_3	0.105	5	0.525	9	0.945	6	0.630
F_4	0.079	8	0.632	6	0.474	4	0.316

续表

功能	功能权重	A		B		C	
		分值	加权分值	分值	加权分值	分值	加权分值
F_5	0.086	8	0.688	10	0.860	5	0.430
F_6	0.104	10	1.040	9	0.936	8	0.832
F_7	0.060	10	0.600	9	0.540	8	0.480
F_8	0.034	9	0.306	8	0.272	9	0.306
合计	1	65	7.926	69	8.815	53	6.017
功能系数		0.348		0.387		0.265	

最后,根据各方案功能系数和成本系数的数值,计算其价值系数。计算结果见表 5.21。

表 5.21 各方案价值系数计算表

方案	A	B	C
功能系数	0.348	0.387	0.265
成本系数	0.332	0.340	0.328
价值系数	1.048	1.138	0.805
最优方案		√	

由表 5.21 的计算结果可知,方案 B 的价值系数最高,故方案 B 最优。

习题

一、简答题

1. 价值工程的概念及特点是什么?
2. 提高价值的途径有哪些?
3. 价值工程中为什么要考虑寿命周期成本?
4. 价值工程的工作步骤有哪些?
5. 选择价值工程研究对象的方法有哪些?
6. 功能系统图的一般形式是怎样的?
7. 试述功能评价的含义与步骤。
8. 功能评价的方法有哪些?
9. 方案创造有哪些方法?各优缺点分别是什么?
10. 如何进行方案评价?

二、选择题

1. 寿命周期成本是指(   )。

   A. 试验和生产全过程发生的成本

   B. 产品存续期的总成本

   C. 从使用到退出使用过程中发生的费用总和

   D. 生产成本和使用成本之和

2. 从功能重要程度的角度分类，可分为（　　）。
   A. 必要功能和非必要功能　　　B. 基本功能和辅助功能
   C. 使用功能和美学功能　　　　D. 过剩功能和不足功能
3. 功能整理的主要任务是（　　）。
   A. 确定功能定义　　　　　　　B. 确定功能成本
   C. 建立功能系统图　　　　　　D. 确定功能系数
4. 在价值工程的创造改进方案的方法中，有一种是以会议的形式进行，由熟悉业务并有经验的人员参加，但会议只解决一个问题，由主持人提出一个抽象的功能概要，要解决的问题只有主持人知道，不告诉大家，以免思路受限制，该方法是（　　）。
   A. 头脑风暴法　　B. 专家检查法　　C. 专家意见法　　D. 哥顿法
5. 价值工程中的成本是指（　　）。
   A. 生产成本　　B. 产品寿命周期成本　　C. 使用成本　　D. 使用和维修费用成本
6. 价值工程的核心是（　　）。
   A. 成本计算　　B. 费用分析　　C. 功能分析　　D. 价值计算
7. 价值工程的目的是（　　）。
   A. 以最低的生产成本实现最好的经济效益
   B. 以最低的生产成本实现使用者所需的功能
   C. 以最低的寿命周期成本实现使用者所需的最高功能
   D. 以最低的寿命周期成本可靠地实现使用者所需的功能
8. 在进行产品功能价值分析时，若甲、乙、丙、丁四种零部件的价值系数分别为0.5、0.8、1、1.2，则应着重研究改进的对象是（　　）。
   A. 零部件甲　　B. 零部件乙　　C. 零部件丙　　D. 零部件丁
9. 运用价值工程优化设计方案所得结果：甲方案价值系数为1.28，单方造价为156元；乙方案价值系数为1.20，单方造价为140元；丙方案价值系数为1.05，单方造价为175元；丁方案价值系数为1.18，单方造价168元，最佳的方案是（　　）。
   A. 甲　　　　B. 乙　　　　C. 丙　　　　D. 丁
10. 某建设项目有4个设计方案，其评价指标值见表5.22，根据价值工程原理，最好的方案是（　　）。

表5.22　评价指标值

方案	甲	乙	丙	丁
功能评价总分	12.0	9.0	14.0	13.0
成本系数	0.27	0.18	0.35	0.25

   A. 甲　　　　B. 乙　　　　C. 丙　　　　D. 丁
11. 在下列价值工程一般工作程序的具体工作步骤中，不属于创新阶段工作步骤的是（　　）。
   A. 方案创新　　B. 方案评价　　C. 成果鉴定　　D. 提案编写

12. （　　）的依据是意大利经济学家帕累托的不均匀分布定律，是一种按照局部成本在总成本中所占比重的大小及根据"关键的少数，次要的多数"的思想来选择价值工程对象的方法。

    A. 寿命周期法　　　B. 强制确定法　　　C. 百分比分析法　　　D. ABC 分类法

13. 洗衣机的目的是洗净衣服，实现这一目的的手段是提供动力。则洗净衣服的功能属于（　　），提供动力的功能属于（　　）。

    A. 左位功能，右位功能　　　　　　B. 右位功能，左位功能

    C. 上位功能，下位功能　　　　　　D. 下位功能，上位功能

14. 功能分析包括（　　）几部分内容。

    A. 功能定义　　B. 功能分类　　C. 功能整理　　D. 功能评价　　E. 功能系数

15. 方案评价的内容包括（　　）。

    A. 技术性评价　　B. 经济性评价　　C. 概略评价　　D. 社会评价　　E. 综合评价

16. 在价值工程中，提高产品价值的途径有（　　）。

    A. 提高功能水平

    B. 降低成本

    C. 同时提高功能水平和成本，但功能提高幅度大

    D. 同时降低功能水平和成本，但功能降低幅度小

    E. 降低成本，同时提高功能水平

17. 确定改进对象的原则包括（　　）。

    A. F/C 值低的功能区域　　　　　B. F/C 值高的功能区域

    C. $C-F$ 值大的功能区域　　　　　D. $C-F$ 值小的功能区域

    E. 复杂的功能区域

18. 在下列价值工程的研究对象中，通过设计，进行改进和完善的功能有（　　）。

    A. 基本功能　　B. 辅助功能　　C. 使用功能　　D. 不足功能　　E. 过剩功能

19. 在运用价值工程方法对某一选定设计方案进行功能评价中，有关功能指数法中价值功能分析的表述，下列正确的有（　　）。

    A. 价值指数等于1，说明评价对象无须改进

    B. 价值指数大于1，可能是存在过剩功能，则评价对象无须改进

    C. 价值指数大于1，可能是成本偏低，使对象功能也偏低，则评价对象需要改进

    D. 价值指数大于1，可能是对象在技术、经济方面具有某些特殊性，则评价对象无须改进

    E. 价值指数小于1，说明评价对象需要改进

三、案例分析题

1. 某企业对某产品开展价值工程活动，经功能分析与功能评价得表 5.23 所示有关数据。若产品的目标成本为 60 元，试计算各功能的价值系数、目标成本及其可能降低的额度，并确定功能改进顺序。

表 5.23 功能分析与评价表

功能领域	目前成本/元	功能重要性得分	功能系数	成本系数	价值系数	目标成本	改进值	改进顺序
F_A	18	8						
F_B	2.5	2						
F_C	26	14						
F_D	7.5	4						
F_E	22	8						
Σ	76	36						

2. 某房地产公司对某开发项目征集到四个设计方案进行优选。有关专家从四个方面对不同方案的功能进行评价,并对各功能的重要性达成以下共识:F_2 和 F_3 同样重要,F_3 相对于 F_4 很重要,F_1 相对 F_2 较重要。此后各专家对该四个方案的功能满足程度分别打分,其结果见表 5.24。据造价工程师估算,A、B、C、D 四个方案的单方造价分别为 1 420 元/m²、1 230 元/m²、1 150 元/m²、1 360 元/m²。要求:

表 5.24 方案功能得分表

方案功能	方案功能得分			
	A	B	C	D
F_1	9	10	9	8
F_2	10	10	8	9
F_3	9	9	10	9
F_4	8	8	8	7

(1) 计算各功能的权重;
(2) 用价值系数法选择最佳方案。

第6章

设备更新的经济分析

★学习目标

本章对设备整个运行期间的技术经济状况进行分析和研究。通过本章的学习,根据相关原理判定设备是否更新、何时更新、如何更新等问题,为决策提供依据。

★主要内容

设备更新原因分析;设备更新分析的特点;设备经济寿命的计算;设备更新的理论和方法;设备大修理及其经济界限;设备更新方案的综合比较方法。

6.1 设备更新概述

6.1.1 设备更新的含义

更新是一个含义很广的概念,从广义上讲,补偿因综合磨损而消耗掉的机械设备,称为设备更新。它包括总体更新和局部更新,即包括设备大修理、设备更新和设备现代化改造。从狭义上讲,是以结构更加先进、技术更加完善、生产效率更高的新设备去代替物理上不能继续使用,或经济上不宜继续使用的设备,同时旧设备又必须退出原生产领域。

应该怎样更新和什么时候更新,选择合理的更新方案对企业来说是十分重要的。企业在进行设备更新时,应首先系统、全面地了解现有设备的性能、服务年限、磨损程度、技术进步等情况,然后有重点、有区别地对待。

6.1.2 设备磨损的含义及种类

设备在使用和闲置过程中都会逐渐发生磨损。磨损是设备陈旧落后的主要原因。通常,根据设备的磨损程度,确定设备是否需要更新。因此,研究设备更新问题首先要研究设备磨损的规律。

1. 设备磨损的含义

随着设备在生产中使用年限的延长,设备的磨损日益加剧,故障率升高,可靠性相对降低,导致使用费上升。其主要表现为设备大修理间隔期逐渐缩短,使用费用不断增加,设备性能和生产率降低。设备在使用过程中其技术经济性能相应地降低,设备逐渐陈旧,称为设备的磨损。闲置不用的设备也往往会因锈蚀、老化而发生磨损。

2. 设备磨损的种类

(1) 有形磨损。设备的有形磨损又称为物质磨损,表现为设备实体遭受的破坏与损失。主要表现为由于使用和自然力的影响而发生使用价值和价值的损耗。一方面,在生产过程中,由于外力的作用,设备的零部件会发生摩擦、冲击、振动和疲劳,致使机器设备实体发生磨损。这种磨损也称为第Ⅰ种有形磨损,它会使机器精度降低、发生故障,甚至难以正常工作,丧失使用价值。另一方面,在设备的闲置过程中,因自然力的作用使设备生锈、腐蚀,继而丧失精度和工作能力。这种磨损称为第Ⅱ种有形磨损,它与生产过程中的使用无关。

(2) 无形磨损。设备的无形磨损是指由于科学技术的进步、劳动生产率的提高等原因而造成设备经济价值的降低。有形磨损反映了设备技术性能的下降,而无形磨损则反映了设备经济价值的降低。设备的无形磨损按其原因可分为两种。

第Ⅰ类无形磨损是由于技术进步,使制造工艺不断改进、劳动生产率不断提高、成本不断降低,生产同种设备所需要的社会必要劳动减少,导致购置费用不断降低,因而使原来购买的设备相应贬值了。这种无形磨损虽然产生了设备的贬值,但设备本身的技术特性和功能并未改变,不会影响其继续使用。

第Ⅱ类无形磨损是由于技术进步,社会上出现了结构更先进、技术更完善、生产效率更高、耗费材料和能源更少的新型设备,而使原有设备在技术上显得陈旧落后造成的。它的后果不仅是使原有设备价值降低,而且会使原有设备局部或全部丧失其使用价值。这是因为,虽然原有设备的使用期还未达到其物理寿命,能够正常工作,但由于技术上更先进的新设备的发明和应用,使原有设备的生产效率大大低于社会平均生产效率。在这种情况下,由于使用新设备比使用旧设备在经济上更合理些,所以原有设备应该被淘汰。

有形和无形两种磨损都引起机器设备原始价值的贬值,这一点两者是相同的。不同的是,遭受有形磨损的设备,特别是有形磨损严重的设备,在修理之前,常常不能工作;而遭受无形磨损的设备,即使无形磨损很严重,其固定资产物质形态却可能没有磨损,仍然可以使用,只不过继续使用它在经济上是否合算,需要分析研究。

设备的综合磨损是指同时存在有形磨损和无形磨损的损坏与贬值的综合情况。对任何特定的设备来说这两种磨损必然同时发生和同时相互影响。某些方面的技术进步可能加快设备有形磨损的速度,例如,高强度、高速度、大负荷技术的发展,必然使设备的物理磨损加剧。同时,某些方面的技术进步又可提供耐热、耐磨、耐腐蚀、耐振动、耐冲击的新材料,使设备的有形磨损减缓,但是其无形磨损加快。

6.1.3 设备的寿命

设备寿命可以从不同角度划分为不同类型,具体来说有自然寿命、折旧寿命、技术寿命和经济寿命四种。

(1) 自然寿命又称物理寿命，是指设备从全新状态开始使用，直到不能再用而应报废为止所经历的全部时间。自然寿命主要取决于设备有形磨损的程度，与设备的维护和保养状况有关，并可通过维护和保养来延长设备的自然寿命。

(2) 折旧寿命，是按照财政部门的规定提取折旧费，从设备开始使用到设备的账面价值接近于残值时所延续的时间。在我国，设备折旧年限与折旧政策有关。折旧寿命的终止并不意味着自然寿命的结束，折旧寿命一般会介于自然寿命与技术寿命或经济寿命之间。

(3) 技术寿命又称有效寿命，是指从设备开始使用到因技术落后而被淘汰所延续的时间，即设备在市场上维持其价值的时期。技术寿命主要是由设备的无形磨损所决定的，它一般比自然寿命要短。科学技术进步越快，技术寿命越短。

(4) 经济寿命是从经济的角度来看设备最合理的使用期限，是指设备从投入使用开始，到因继续使用经济上不合理而被更新所经历的时间。具体来说是指能使投入使用的设备等额年总成本最低或等额年净收益最高的期限。它是由维护费用的提高和使用价值的降低决定的。

6.1.4 设备磨损的补偿

无论设备遭受的是哪一种磨损，都会引起设备相对贬值。但就其对使用价值的影响来说，却有很大不同。有的遭受磨损使用价值却不减，有的使用价值稍减，有的使用价值锐减，针对设备磨损对使用价值的不同影响，为维持设备的正常工作需要的特性和功能，必须对已遭受磨损的设备进行及时、合理的补偿，其补偿形式随磨损情况的不同而不同。

设备的磨损形式与补偿方式的关系如图 6.1 所示。

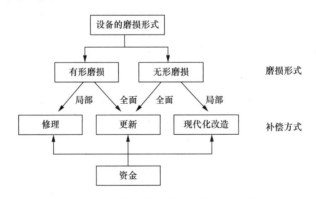

图 6.1 设备的磨损形式与补偿方式的关系

由图 6.1 可以看出，设备有形磨损的局部补偿是修理，设备无形磨损的局部补偿是现代化技术改造，有形与无形磨损的全面补偿是更新，即淘汰旧设备更换新设备。

(1) 设备的大修理。设备的大修理是通过调整、修复或更换磨损的零部件，恢复设备的精度和生产效率，使整机全部或接近全部恢复功能，基本上达到设备原有的使用功能，从而延长设备的自然寿命。

(2) 设备的现代化改造。设备虽然经过修理仍能维持运行，但很不经济。解决这个问题的途径是进行设备的更新和改造。

设备的现代化技术改造是指为了提高企业的经济效益，通过采用国内外先进的、适合我国情况的技术成果，改变现有设备的性能、结构、工作原理，以提高设备的技术性能或改善其安全、环保特性，使之达到或局部达到先进水平所采取的重大技术措施。对现有企业的技术改造，包括对工艺生产技术和装备改造两部分内容，而工艺生产技术改造的绝大部分内容还是设备，所以，设备工作者要重视技术改造。技术改造包括设备革新和设备改造的全部内容，但是范围更广泛，可以是一台设备的技术改造，也可以是一个工序、一个车间，甚至一个生产系统的技术改造。例如，某化工厂的心脏设备电解槽，经过6次改造，现在1台电解槽可抵原来的150~200台的生产能力。又如某化工厂将生产聚氯乙烯的聚合釜由原来的9 m³小釜改成30 m³大釜，这属于一种设备的技术改造。再如某化肥厂通过革新、改造，化肥产量逐年增加，年全员劳动生产率增长数十倍，上缴利税为总投资的十多倍，这应该归功于该企业的技术改造。

（3）设备的更新。设备更新是对在用设备的整体更换，也就是用原型新设备或结构更加合理、技术更加完善、性能和生产效率更高、比较经济的新设备，更换已经陈旧、在技术上不能继续使用或在经济上不宜继续使用的旧设备。就实物形态而言，设备更新是用新的设备替换陈旧落后的设备；就价值形态而言，设备更新是设备在运动中消耗掉的价值的重新补偿。设备更新是消除设备有形磨损和无形磨损的重要手段，目的是提高企业生产的现代化水平，尽快地形成新的生产能力。

根据目的不同，设备更新可分为两种类型：一种是原型更新，即简单更新，也就是用结构相同的新设备更换已有的严重性磨损而物理上不能继续使用的旧机器设备，主要解决设备损坏问题；另一种更新则是以结构更先进、技术更完善、效率更高、性能更好、耗费能源和原材料更少的新型设备，代替那些技术陈旧、不宜继续使用的设备。如沈阳水泵厂研制生产出一批节电水泵，供大庆油田更新陈旧的200台注水泵，运行一年可节电3.6亿度，而更新这些水泵的费用只需1 300万元。说明搞好设备更新，可以为国家增加更多的财政收入，促进经济的发展。由于设备更新关系到企业经济效益的高低，决定设备综合效能和综合管理水平的高低，因此设备更新时既要考虑设备的经济寿命，也要考虑技术寿命和物资寿命。这样就要求必须做好设备更新的规划和分析。

6.2 设备大修理的经济分析

6.2.1 设备大修理的经济实质

设备投入使用后，由于有形磨损和无形磨损的作用，会存在一个使用寿命期限。但设备是由不同材质的众多零部件组成的，这些零部件在设备中工作条件不同，遭受的有形磨损与无形磨损也是不同的，即各零部件有着不同的寿命期限。通常，在一个设备中总有一部分是相对耐久的，而其他部分则易损坏。例如，某建筑施工机械设备不同组成部分的使用寿命见表6.1。

表6.1 某机械设备不同部分使用寿命表

部位	第一部分	第二部分	第三部分	第四部分
使用寿命	20年	5年	2年	1年

由表6.1可知，对于这台机械设备最耐久使用的是第一部分，可以持续使用20年左右，其余部分在正常工作的条件下，在1~5年中丧失其使用价值。假定设备的寿命期为20年，则第二部分就需要每5年更换一次；第三部分需要每2年更换一次；而第四部分则需要每年就更换一次。这样才可以保证该机械设备在整个寿命期间持续完好地使用。

设备大修理能够利用原有设备中保留下来的零部件，从而在一定程度上节约资源。但大修理也是有一定限度的，无止境地大修理会使设备可利用的零部件越来越少，修理费用越来越高。因此，大修理作为设备再生产的方式之一需要有一定的限度，必须为大修理确定一个合理的经济界限。

6.2.2 设备大修理的经济界限

设备大修理可以延长设备的使用寿命，但这种延长无论是在技术上，还是在经济上，都是有一定限度的。

在实践中经过大修理的设备无论从生产率精确度、速度，还是故障频率、运行时间等方面，与新设备相比都会有所衰减，如图6.2所示。

图6.2中，A_0表示设备的初始标准性能，A_1表示设备的基本性能。事实上在设备的使用过程中其性能是沿着A_0B线下降的，如不及时修理，设备寿命会很短。如果在B点（即到第一个大修期限时）进行了大修，其性能可能恢复到B_1点。自B_1点起继续使用，其性能又继续沿B_1C劣化，当降到C点时，又进行第二次大修理，其性能又恢复至C_1点。但再次使用后又会下降，这样如此反复，直至F点，设备就不能再修理了。可见，设备的大修理也并非无止境的。

另外，在经济上，随着设备使用年限的增加，运行费用增加，生产成本提高，如图6.3所示。

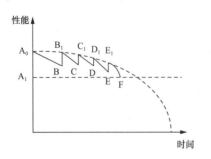

图6.2 设备综合质量劣化图

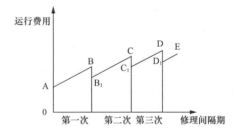

图6.3 设备运行费用与修理间隔期关系

图6.3中，A为运行费用的初始值。设备投入使用后，由于有形磨损，运行费用逐渐升高。当增加到B时，进行大修理，修理后，运行费用降至B_1。继续使用设备，随着使用时间的增加，运行费用又会逐渐增加，增加到C时，又一次进行大修理，运行费用修理后降至C_1，如此反复。尽管每次大修理都会使运行费用下降，但随着修理次数增多，设备运行费用越来越高，增加得越来越快，大修理的经济性越来越差。因此，从经济角度出发，为了提高设备使用的经济效益，降低设备使用费用，必须确定设备大修理的经济界限。是否对设备进行大修理可以从以下两个方面考虑：

（1）从修理费用角度考虑。如果某次大修理费用小于等于重新购置同种新设备所需费用，则可以进行大修理；否则，该次修理不具有经济性，应考虑其他补偿设备磨损的措施。具体表示为

$$I \leqslant P - L \tag{6.1}$$

式中　I——该次大修理费用；

　　　P——同种设备的重置价值（即同一种新设备在大修理时的市场价格）；

　　　L——旧设备被替换时的残值。

应注意，即使满足式（6.1）的条件，也并非所有的大修理都是合理的。如果大修理后的设备综合质量下降较多，有可能致使生产单位产品的成本比用同种用途的新设备生产成本高，因此，还应补充另一个条件，即从生产单位产品成本角度考虑。

（2）从生产单位产品成本角度考虑。从生产单位产品成本角度考虑，需要补充另外一个条件。具体表示为

$$C_i \leqslant C_0 \tag{6.2}$$

式中　C_i——第 i 次大修理后的设备加工单位产品的成本；

　　　C_0——同种新设备加工单位产品的成本。

有关 C_i、C_0 的计算公式为

$$C_i = \frac{(R_i + \Delta V_i)(A/P, i, T_i)}{Q_i} + C \tag{6.3}$$

$$C_0 = \frac{\Delta V_0(A/P, i, T_0)}{Q_0} + C \tag{6.4}$$

式中　R_i——设备第 i 次大修理费用；

　　　ΔV_i——设备在第 $i+1$ 个大修理周期内的价值损耗现值；

　　　T_i——第 i 次大修理至下次大修理的间隔年数；

　　　Q_i——设备在第 $i+1$ 个大修理周期的年均产量；

　　　C——设备第 i 次大修理后生产单位产品的经营成本；

　　　ΔV_0——新设备第 1 个大修理周期内的价值损耗现值；

　　　T_0——新设备投入使用至第 1 次大修理的间隔年数；

　　　Q_0——新设备第 1 个大修理周期的年均产量；

　　　C——新设备生产单位产品的经营成本。

6.3　设备更新的经济分析

6.3.1　设备更新的原则

设备更新决策是企业生产发展和技术进步的客观需要，对企业的经济效益有着重要的影响。过早的设备更新，将造成资金的浪费，失去其他的收益机会；过晚的设备更新，将造成生产成本的迅速上升，失去竞争的优势。因此，设备是否更新、何时更新、选用何种设备更新，既要考虑技术发展的需要，又要考虑经济方面的效益。这就需要不失时机地完成设备更新决策工作。

设备更新需要遵循以下原则:

(1) 从客观实际出发。在设备管理中,应该从客观实际出发,在系统、全面了解企业现有设备的性能、使用年限、磨损程度、技术进步的情况下,根据需要,有计划、有步骤、有重点地进行。根据企业不同的经营规模进行设备更新选型与配套,实现规模、技术、劳动力三个效益的最佳结合。

(2) 需要从咨询师的角度进行分析。设备更新分析需要从咨询师角度进行分析,而不是从设备所有者的角度进行分析。咨询师并不拥有设备,因此若要保留设备,首先要支付相当于设备当前市场价值的支出,才能获取设备。这是更新设备分析的重要特点之一。

(3) 只考虑未来发生的现金流量。设备经过一段的使用,物质资产的价值或多或少会有所降低。其账面价值不一定等于当前的市场价值。但在设备更新分析中只考虑今后所发生的现金流量,对以前发生的现金流量不再考虑,因为这些都属于不可恢复的费用,与更新决策无关,所以不予考虑。

(4) 以费用年值法为主的原则。通常,在比较设备更新方案时,假定设备产生的收益是相同的,因此只对它们的费用进行比较。又由于不同设备方案的服务寿命不同,因此通常都采用年值法进行比较。新设备往往具有较高的购置费用和较低的运营成本,而需要更新的旧设备往往具有较低的重置费用和较高的运营成本。

6.3.2 设备原型更新的经济分析

设备在使用过程中,由于有形磨损的存在,使维修费用,特别是大修理费用不断增加,如果这时还没有更先进的设备出现,从经济角度可以考虑进行原型设备替换。在这种情况下,可以通过分析设备的经济寿命进行更新决策。

设备的平均年费用由资金恢复费用和年度使用费组成。设备的资金恢复费就是分摊到各使用年份的年度设备成本费;年度使用费由运行费用和维修费用及因停机而造成的损失组成。

一般来说,设备的资金恢复费用是随使用年份的增大而减少的,设备的年度使用费用是随着使用年份的增长而不断增加的,这种逐年递增称为设备的劣化。为简单起见,假定每年的劣化增量是均等的,即年度使用费增加额为定值。在设备的不同使用年限中,可以找到一个设备的平均年费用最小的使用年限,这个年份就是设备的经济寿命,如图6.4所示。

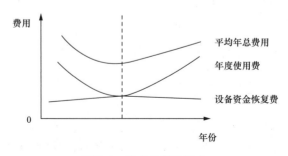

图6.4 设备的经济寿命

确定设备经济寿命的方法可分为静态模式和动态模式两种。

（1）静态模式下设备经济寿命的确定方法。静态模式下设备经济寿命的确定方法，就是在不考虑资金时间价值的基础上计算设备年平均成本。使设备年平均成本为最小就是设备的经济寿命，计算公式为

$$AC_n = \frac{P - L_n}{n} + \frac{1}{n}\sum C_i \tag{6.5}$$

式中　AC_n——n 年内设备的年平均使用成本；

　　　P——设备目前实际价值；

　　　C_t——第 t 年的设备经营成本；

　　　L_n——第 n 年年末的设备净残值。

式（6.5）中右边前一项为设备的平均年度资产消耗成本，后一项为设备的平均年度经营成本。

【例 6.1】某设备目前实际价值为 30 000 元，有关统计资料见表 6.2，求其经济寿命。

表 6.2　设备年经营成本及年末残值表　　　　　　　　　　　　　　元

继续使用年限 t	1	2	3	4	5	6	7
年经营成本	5 000	6 000	7 000	9 000	11 500	14 000	17 000
年末残值	15 000	7 500	3 750	1 875	1 000	1 000	1 000

解：由统计资料可知，该设备在不同使用年限时的年平均成本见表 6.3。

表 6.3　设备年平均使用成本计算表　　　　　　　　　　　　　　元

使用年限	资产消耗成本	平均年资产消耗成本	年度经营成本	经营成本累计	平均年度经营成本	年平均使用成本
1	15 000	15 000	5 000	5 000	5 000	20 000
2	22 500	11 250	6 000	11 000	5 500	16 750
3	26 250	8 750	7 000	18 000	6 000	14 750
4	28 125	7 031	9 000	27 000	6 750	13 781
5	29 000	5 800	11 500	38 500	7 700	13 500
6	29 000	4 833	14 000	52 500	8 750	13 583
7	29 000	4 143	17 000	69 500	9 929	14 072

由计算结果可以看出，该设备在使用 5 年时，其平均使用成本 13 500 元为最低。故该设备的经济寿命为 5 年。

由于设备使用时间越长，其有形磨损和无形磨损越厉害，设备的维护修理费用增加值越大，这种逐年递增的费用 ΔC 称为设备的低劣化。用低劣化数值表示设备损耗的方法，称为低劣化数值法。如果每年设备的劣化增量是均等的，即 ΔC_1 = 每年劣化呈线性增长。据此，可以简化经济寿命的计算。

假设用 Q 表示设备评价基准年（即评价第一年）的使用费，不计利息，则平均每年的设备费用 AC_n 可用下式表示：

$$AC_n = \frac{P - L_n}{n} + \frac{1}{n}\sum C_i$$

$$= \frac{P - L_n}{n} + Q + \frac{1}{n}[\lambda + 2\lambda + \cdots + (n-1)\lambda]$$

$$= \frac{P - L_n}{n} + Q + \frac{1}{2n}n(n-1)\lambda$$

$$= \frac{P - L_n}{n} + Q + \frac{1}{2}(n-1)\lambda$$

要使 AC_n 最小,对上式的 n 进行一阶求导,并令其导数零,可得

$$\frac{d(AC)}{dn} = -\frac{P - L_n}{n^2} + \frac{\lambda}{2} = 0$$

则经济寿命为

$$n_0 = \sqrt{\frac{2(P - L_n)}{\lambda}}$$

【例6.2】设有一台设备,目前实际价值 $P = 8\,000$ 元,预计残值 $L_n = 800$ 元,第一年的使用费 $Q = 800$ 元,每年设备的劣化增量是均等的,年劣化值 $\lambda = 300$ 元,求该设备的经济寿命。

解:设备的经济寿命为

$$n_0 = \sqrt{\frac{2 \times (8\,000 - 800)}{300}} \approx 7(\text{年})$$

如果每年设备的劣化增量是不规则的,且年末的估计残值也是变化的。一般可根据企业的记录或对设备实际情况进行观测,然后采用列表的方式,通过计算设备的年度费用来求解经济寿命。

【例6.3】某机械设备原始价值为10万元,自然寿命为8年,设备的年运行费用及各使用年限的年末残值见表6.4,求该设备何时更新为宜。

解:列表计算,见表6.4。

表6.4 某设备经济寿命的计算   元

使用年限	年度使用费	年末残值	年平均使用费	年平均资金恢复费用	年平均总费用
(1)	(2)	(3)	(4) = Σ(2)/(1)	(5) = [100 000 - (3)]/(1)	(6) = (4) + (5)
1	10 000	60 000	10 000	40 000	50 000
2	12 000	50 000	11 000	25 000	36 000
3	14 000	45 000	12 000	18 300	30 300
4	15 000	40 000	12 800	15 000	27 800
5	17 000	30 000	13 600	14 000	27 600
6	19 000	25 000	14 500	12 500	27 000
7	20 000	20 000	15 300	11 400	26 700
8	21 000	10 000	16 000	11 300	27 300

依表 6.4 可知，设备年平均总费用在第 7 年时最低，其值为 26 700 元，即该设备应在使用 7 年后更新。

（2）动态模式下设备经济寿命的确定。动态模式下设备经济寿命的确定，就是在考虑资金时间价值的情况下计算设备的净年值或年成本，通过比较年平均效益或年平均费用来确定设备的经济寿命，具体计算公式为

$$NAV(n_0) = \left[\sum_{t=0}^{n_0}(CI-CO)_i(1+i_c)^{-t}\right](A/P,i_c,n_0) \tag{6.6}$$

或

$$AC(n_0) = \left[\sum_{t=0}^{n_0}CO_i(P/F,i_c,t)\right](A/P,i_c,n_0) \tag{6.7}$$

在式（6.8）中，如果使用年限为变量，则当 n_0（$0<n_0\leqslant n$）为经济寿命时，应满足：当（$CI-CO$）>0 时，$NAV(n_0)$ 趋于最大；当（$CI-CO$）<0 时，$NAV(n_0)$ 趋于绝对值最小。

（3）如果设备目前的实际价值为 P，使用年限为 n 年，设备第 n 年的净残值为 L，第 t 年的运行成本为 C_1，基准折现率为 i，其经济寿命为 n。则计算公式为

$$AC = \left[P - L_n(P/F,i_c,n) + \sum_{i=1}^{n}C_i(P/F,i_c,t)\right](A/P,i_c,n) \tag{6.8}$$

或

$$AC = P(A/P,i_c,n) - L_n(P/F,i_c,n) + \sum_{i=1}^{n}C_i(P/F,i_c,t)(A/P,i_c,n) \tag{6.9}$$

式（6.9）中 $P(A/P,i_c,n) - L_n(P/F,i_c,n)$ 为资金恢复费用。由等额支付系列偿债基金公式和等额支付系列资金回收公式可得

$$(A/F,i,n) = \frac{i}{(1+i)^n - 1} = \frac{i(1+i)^n}{(1+i)^n - 1} - i = (A/P,i,n) - i \tag{6.10}$$

或

$$AC = (P - L_n)(A/P,i,n) + L_n i_c + \sum_{i=1}^{n}C_i(P/F,i_c,t)(A/P,i_c,n) \tag{6.11}$$

由式（6.10）和式（6.11）可以看出，用净年值或年成本估算设备的经济寿命的过程：在已知设备现金流量和利率的情况下，逐年计算出从寿命 1-n 年全部使用期的年等效值，从中找出平均年成本的最小值（项目考虑以支出为主时）或平均年盈利的最大值（项目考虑以收入为主时）所对应的年限，从而确定设备的经济寿命。这个过程通常是用表格计算来完成的。

【例 6.4】假设利率为 6%，计算例 6.3 设备的经济寿命。

解：计算设备不同使用年限的年成本 AC，见表 6.5。

表 6.5 设备不同使用年限下年平均使用成本计算表　　　　　元

n	$P-L_n$	$(A/P, 6\%, t)$	$L_n \times 6\%$	$(2)\times(3)+(4)$	C_t	$(P/F, 6\%, t)$	$[\Sigma(6)\times(7)\times3]$	$AC=(5)+(8)$
(1)	(2)	(3)	(4)	(5)	(6)	(7)	(8)	(9)
1	15 000	1.060 0	006	16 800	5 000	0.943 4	5 000	21 800
2	22 500	0.545 4	450	12 721.5	6 000	0.890 0	5 485.1	18 206.6
3	26 250	0.374 1	225	10 045.1	7 000	0.839 6	5 961.0	16 006.1
4	28 125	0.288 6	112.5	8 229.4	9 000	0.792 1	6 656.0	14 885.4

续表

n	$P-L_n$	$(A/P, 6\%, t)$	$L_n \times 6\%$	$(2)\times(3)+(4)$	C_t	$(P/F, 6\%, t)$	$[\Sigma(6)\times(7)\times 3]$	$AC-(5)+(8)$
5	29 000	0.237 4	60	6 944.6	11 500	0.747 3	7 515.4	14 460.0
6	29 000	0.203 4	60	5 958.6	14 000	0.705 0	8 446.6	14 405.2
7	29 000	0.179 1	60	5 253.9		0.665 1	9 462.5	14 716.4

从表6.5中可以看出，第6年的年成本最小，为14 405.2元，因此，该设备的经济寿命为6年。与忽略时间因素相比，经济寿命增加了1年。

6.3.3 出现新设备条件下的更新分析

随着技术的不断进步，很可能设备还未达到经济寿命就出现了性能更好、效率更高的新设备。这时就要考虑是继续使用旧设备，还是购置新设备。是否用新设备替代旧设备主要根据设备的技术寿命，即从技术角度确定设备的合理使用时间。技术寿命的长短取决于技术进步的速度，与无形磨损相关。

具体的决策方法是对旧设备再使用一年的总费用与新设备在其预计的经济寿命期内的年平均总费用进行比较，选择总费用最小的方案

旧设备再使用一年的总费用计算公式为

$$AC_0 = V_0 - V_1 + \frac{V_0 + V_1}{2}i_c + \Delta C \tag{6.12}$$

式中 AC_0——原设备下一年运行的总费用；

V_0——原设备在决策时可出售的价值；

V_1——原设备一年后可出售的价值；

I_c——基准收益率；

$\frac{V_0 + V_1}{2}i_c$——因继续使用原设备而占用资金的时间价值损失，资金占用额为原设备现在可售价值和一年后可售价值的平均值；

ΔC——原设备继续使用一年运行费用方面损失（包括使用新设备后运行成本的节约额和销售收入的增加额）。

除此公式外，原设备再使用一年的总费用也可以根据企业的统计数据列表得出。

新设备在经济寿命期内的年总费用AC_n的计算方法如前所述。

如果$AC_0 \geq AC_n$，根据费用最小原则，设备应该进行更新；否则，不应该进行更新。

6.3.4 设备更新方案的比选

设备更新方案的比选就是对新设备（包括原型设备和新型设备）方案与旧设备方案进行比较分析，也就是决定现在立刻购置新设备、淘汰旧设备，还是至少保留使用旧设备一段时间，再用新设备替换旧设备。新设备原始费用高，营运费和维修费低；旧设备原始费用（目前净残值）低，营运费和维修费高。必须进行权衡判断，才能作出正确的选择，一般情况是要进行逐年比较。

第6章 设备更新的经济分析

【例 6.5】某企业在 3 年前花费 20 000 元购置了一台设备,目前设备的实际价值为 10 000 元,估计还能继续使用 5 年,有关资料见表 6.6。

表 6.6 设备年使用费及年末残值表 　　　　　　　　　　　　　　　　元

继续使用年限	1	2	3	4	5
年使用费	3 000	4 000	5 000	6 000	7 000
年末残值	7 000	5 500	4 000	2 500	1 000

现在市场上出现同类新型设备,新设备的原始费用为 15 000 元,使用寿命估计为 10 年,有关资料见表 6.7。

表 6.7 新设备年使用费及年末残值表 　　　　　　　　　　　　　　　　元

使用年限	1	2	3	4	5	6	7	8	9	10
年使用费	1 000	1 500	2 000	2 500	3 000	3 500	4 000	5 000	6 000	7 000
年末残值	10 000	8 000	6 500	5 000	4 000	3 000	2 000	1 000	1 000	1 000

如果基准折现率 $i=8\%$,试分析该企业是否需要更新现有设备。若需更新,应何时更新?

解:原设备的原始费用 20 000 元是 3 年前发生的属于沉没成本,应不予考虑。

(1)计算原设备和新设备的经济寿命。

1)如果原设备再保留使用 n 年,则 n 年的等额年成本 $AC(原)$ 按式(6.12)计算并列入表 6.8 中。

表 6.8 等额年成本 $AC(原)$ 计算表 　　　　　　　　　　　　　　　　元

n	$P-L_n$	$(A/P, 8\%, t)$	$L_n \times 8\%$	(2)+(3)+(4)	C_i	$(P/F, 8\%, t)$	$[\Sigma(6) \times (7)] \times (3)$	$AC=(5)+(8)$
(1)	(2)	(3)	(4)	(5)	(6)	(7)	(8)	(9)
1	3 000	1.080 0	560	3 800.0	3 000	0.925 9	3 000	6 800.0
2	4 500	0.560 8	440	2 963.6	4 000	0.857 3	3 480.8	6 444.4
3	6 000	0.388 0	320	2 648.0	5 000	0.793 8	3 948.2	6 596.2
4	7 500	0.301 9	200	2 464.3	6 000	0.735 0	4 403.4	6 867.7
5	9 000	0.250 5	80	2 334.5	7 000	0.680 6	4 847.1	7 181.6

从表 6.8 可以看出,原设备保留使用 2 年,等额年成本最低,即原设备的经济寿命为 2 年。此时,等额年成本 $AC(原)$ 为 6 444 元。

2)新设备的经济寿命求解见表 6.9。

表 6.9 等额年成本 $AC(新)$ 计算表 　　　　　　　　　　　　　　　　元

月	$P-L_n$	$(A/P, 8\%, t)$	$L_n \times 8\%$	(2)×(3)+(4)	C_i	$(P/F, 8\%, t)$	$[\Sigma(6) \times (7)] \times (3)$	$AC=(5)+(8)$
(1)	(2)	(3)	(4)	(5)	(6)	(7)	(8)	(9)
1	5 000	1.080 0	800	6 200.0	1 000	0.925 9	1 000.0	7 200.0

续表

月	$P-L_n$	$(A/P, 8\%, t)$	$L_n \times 8\%$	(2)×(3)+(4)	C_i	$(P/F, 8\%, t)$	[Σ(6)×(7)]×(3)	AC=(5)+(8)
2	7 000	0.560 8	640	4 565.6	1 500	0.857 3	1 240.4	5 806.0
3	8 500	0.388 0	520	3 818.0	2 000	0.793 8	1 474.2	5 292.2
4	10 000	0.301 9	400	3 419.0	2 500	0.735 0	1 701.8	5 120.8
5	11 000	0.250 5	320	3 075.5	3 000	0.680 5	1 923.5	4 999.0
6	12 000	0.216 3	240	2 835.6	3 500	0.630 2	2 138.0	4 973.6
7	13 000	0.192 1	160	2 657.3	4 000	0.583 5	2 347.2	5 004.5
8	14 000	0.174 0	80	2 516.0	5 000	0.540 3	2 596.1	5 112.1
9	14 000	0.160 1	80	2 321.4	6 000	0.500 2	2 869.2	5 190.6
10	14 000	0.149 0	80	2 166.0	7 000	0.463 2	3 153.4	5 319.4

从表6.9可以看出，新设备的经济寿命为6年，其等年成本AC(新)为4 973.6元，AC(原)>AC(新)，因此应更新现有设备。

（2）确定设备更新时机。设备更新即便在经济上是有利的，也未必要立即更新。换而言之，设备更新分析还应包括更新时机的选择问题。

由表6.8和表6.9可知，保留原设备1年：

$$AC(原)=6 800(元)<AC(新)=7 200(元)$$

由于原设备继续使用1年的等额年成本低于新设备的等额年成本，故不需要更新原设备，继续使用原设备1年。

保留原设备2年：

$$AC(原)=6 444.4(元)>AC(新)=5 806(元)$$

由此可见，原设备应再继续保留使用1年之后立即更新。

设备需要更新的原因有很多，一般有能力不适应、使用费过多、效率低下等，无论是哪种原因造成设备的更新，基本上都可以用上述方法来计算。

总之，以经济寿命为依据的更新方案比选，是使设备都使用到最有利的年限来进行分析的。

6.4 设备现代化技术改造的经济分析

6.4.1 现代化技术改造的含义

由于技术的飞速发展，一些旧设备可能难以满足当前的需求而影响未来的发展，这就需要对旧设备进行现代化改装。现代化改装，是指应用现代的技术成就和先进经验，适应生产的具体需要，改变现有设备的结构（给旧设备换新部件、新装置、新附件），改善现有设备的技术性能，使之全部达到或局部达到新设备的水平。在多数情况下，现代化改装所需投资一般比更换新设备要少，因此，在许多情况下，设备现代化改装在经济上有很大的优越性，同时，设备现代化改装是克服现有设备的技术陈旧状态，促进技术进步的方法之一，也是扩大设备的生产能力，提高设备质量的重要途径。

6.4.2 现代化技术改造经济分析的方法

设备现代化改装的方案通常还可以与其他方案进行比较后决策。常用的方案有不加改变继续使用原设备，对原设备进行大修理，原型设备的替换，新设备的替换，设备的现代化改装。常用的比较方法有最低费用法和增量投资回收期法。

1. 最低费用法

最低费用法是指分别计算不同方案在各自服务年限内的费用，并加以比较。根据工作需要的服务年限，按照总费用最低的原则，进行方案选择的一种方法。各方案总费用的计算公式为

$$TC_1 = \frac{1}{\beta_1}\left[\sum_{j=1}^{n} C_{1j}(P/F, i_0, j) - V_{1n}(P/F, i_0, n)\right] \quad (6.13)$$

$$TC_2 = \frac{1}{\beta_2}\left[K_2 + \sum_{j=1}^{n} C_{2j}(P/F, i_0, j) - V_{2n}(P/F, i_0, n)\right] \quad (6.14)$$

$$TC_3 = \frac{1}{\beta_3}\left[K_3 + \sum_{j=1}^{n} C_{3j}(P/F, i_0, j) - V_0 - V_{3n}(P/F, i_0, n)\right] \quad (6.15)$$

$$TC_4 = \frac{1}{\beta_4}\left[K_4 + \sum_{j=1}^{n} C_{4j}(P/F, i_0, j) - V_0 - V_{4n}(P/F, i_0, n)\right] \times \frac{1}{2} \quad (6.16)$$

$$TC_5 = \frac{1}{\beta_5}\left[K_5 + \sum_{j=1}^{n} C_{5j}(P/F, i_0, j) - V_{5n}(P/F, i_0, n)\right] \quad (6.17)$$

【**例 6.6**】 各种更新方案各年分项费用的原始资料见表 6.10。设折现率为 10%，$V = 4\,000$ 元，试对各种方案进行综合分析。

表 6.10 各种更新方案原始数据

方案	投资/元	生产效率系数		各年运行费用 a 和各年末残值 b/元								
旧设备继续使用	0	0.70	a	1 400	1 800	2 200						
			b	1 200	600	300						
旧设备大修理	7 500	0.98	a	700	950	1 200	1 450	1 700	1 950	2 200	2 450	2 700
			b	6 400	5 800	5 200	4 700	3 800	3 000	2 200	1 400	700
原型设备替换	16 000	1.00	a	450	550	650	750	850	950	1 050	1 150	1 250
			b	9 360	8 320	7 280	6 240	5 200	4 160	3 120	2 080	1 300
新设备替换	20 000	1.40	a	350	420	490	560	630	700	770	840	910
			b	11 520	10 240	8 600	7 250	5 700	4 700	4 00a	3 000	2 000
旧设备现代化改装	11 000	1.20	a	550	680	810	940	1 070	1 200	1 330	1 460	1 590
			b	9 000	8 000	6 700	5 700	4 700	3 700	2 700	1 700	1 000

解：根据相关公式，计算出各方案的总费用见表 6.11。从计算结果可以看出，如果设备只考虑使用 3 年，则继续使用旧设备为好；若使用 4 年，则需要进行大修理；如果考虑设备使用 5～7 年，则进行现代化改装为最优方案；如果设备使用 8～9 年，新设备替换是最佳方案。无论设备使用期长短，原型设备替换方案都不可取。

表 6.11　各方案的总费用　　　　　　　　　　　　　　　　　　　元

方案	1	2	3	4	5	6	7	8	9
旧设备继续使用	259.74	3 234.94	5 982.61						
旧设备大修理	2 365.49	4 212.35	6 036.97	7 758.44	9 703.57	11 506.43	13 234.41	14 886.23	16 418.17
原型设备替换	3 900.00	5 300.00	7 882.42	9 602.25	11 163.24	12 580.07	13 866.05	15 033.25	15 982.38
新设备替换	4 175.32	5 858.91	7 551.51	8 902.91	10 191.32	11 106.58	11 817.67	12 564.08	13 233.55
旧设备现代化改装	2 765.15	4 542.01	6 363.95	7 849.50	9 215.53	10 471.49	11 626.09	12 687.40	13 556.80

2. 增量投资回收期法

最低费用法是按照各方案中最低费用进行比较和决策的,但这种方法很难看出新增投资产生的结果。为解决这个问题可采用增量投资回收期法,这是一种根据生产单位产品需要的投资进行比较决策的方法。

设备大修理的投资、单位产品生产成本和生产产量分别用 K、C、Q 表示,设备更新的投资、单位产品生产成本和生产产量分别用 K_n、C_n、Q 表示,设备现代化改装的投资、单位产品生产成本和生产产量分别用 K_m、C、Q 表示。由于设备更新采用的是新设备替换,而设备大修理和设备现代化改装都是对原设备的局部改进,所以一般来说,设备更新的投资最高、单位产品生产成本最低、生产产量最高。各方案的投资、生产成本和生产产量之间的关系如下:

$$K_i < K_m < K_n$$
$$C_i < C_m < C_n$$
$$Q_i < Q_m < Q_n$$

考虑设备更新方案时,可根据下列标准进行决策。

(1) $K_i/Q_i > K_m/Q_m, C_i > C_m$ 时,即设备大修理的单位产量的投资和成本都大于现代化改装,这时应选择现代化改装方案,因为该方案的经济效果比较好,不仅费用有节约,基本投资也有节约。

(2) $K_i/Q_i < K_m/Q_m, C_i > C_m$ 时,即设备大修理的单位产量的投资小于现代化改装但运行成本大于现代化改装。这时采用增量投资回收期进行决策。投资回收期公式为

$$T = \frac{K_m/Q_m - K_i/Q_i}{C_i - C_m} \tag{6.18}$$

(3) $K_m/Q_m < K_n/Q_n, C_m > C_n$ 时,即设备现代化改装的单位产量的投资和成本都大于设备更新。这时应选择设备更新,因为其经济效果优于现代化改装。

(4) $K_m/Q_m > K_n/Q_n, C_m > C_n$ 时,即设备大修理的单位产量的投资小于设备更新,但运行成本大于设备更新。这时应采用增量回收期指标进行,如果增量回收期小于或等于企业或行业的标准回收期时,应选择设备更新;反之,则选择现代化改装。

6.5 设备购买与租赁的经济分析

6.5.1 设备租赁的含义和方式

1. 设备租赁的含义

设备租赁是指设备使用者（承租人）按照合同规定，按期向设备所有者（出租人）支付一定费用而取得设备使用权的一种经济活动。

2. 设备租赁的方式

设备租赁一般有以下两种方式：

（1）融资租赁，即租赁双方承担确定时期的租让和付费义务，而不得任意中止和取消租约。贵重的设备（如车皮、重型机械设备等）宜采用这种方式。

（2）经营租赁，即租赁双方的任何一方可以随时以一定方式在通知对方后的规定期限内取消或中止租约。临时使用的设备（如车辆、仪器等）通常采用这种方式。

6.5.2 设备租赁的优缺点

1. 设备租赁的优越性

对于承租人来说，设备租赁与设备购买相比的优越性在于以下几个方面：

（1）在资金短缺的情况下，既可以用较少资金获得生产急需的设备，也可以引进先进设备，加快技术进步的步伐。

（2）可享受设备试用的优惠，加快设备更新，减少或避免设备陈旧、技术落后的风险。

（3）可以保持资金的流动状态，防止呆滞，也不会使企业资产负债状况恶化。

（4）保值，既不受通货膨胀的影响，也不受利率波动的影响。

（5）手续简便，设备进货速度快。

（6）设备租金可在所得税前扣除，能享受税收方面的利益。

2. 设备租赁的缺点

设备租赁与设备购买相比，其不足之处则在于以下几个方面：

（1）在租赁期间承租人对租用设备无所有权，只有使用权，故承租人无权随意对设备进行改造，不能处置设备，也不能用于担保、抵押贷款。

（2）承租人在租赁期间所交的租金总额一般比直接购置设备的费用要高，即资金成本较高。

（3）长年支付租金，形成长期负债。

（4）租赁合同规定严格，毁约要赔偿损失，罚款较多等。

6.5.3 影响设备租赁或购买的主要因素

企业在决定进行设备投资之前，必须详细地分析项目寿命期内各年的现金流量情况，确定以何种方式投资才能获得最佳的经济效益。为此，需要首先考虑以下因素：

（1）项目的寿命期或设备的经济寿命。

（2）租赁设备需要付出租金，租金的支付方式包括租赁期起算日、支付日期、支付币种和支付方法等内容，它对租金额会产生一定的影响；借款需要按期付息、到期还本；分期购买需要按期支付利息和部分本金。

（3）当企业需要融通资金取得设备时，究竟是向金融机构借款，还是通过融资租赁取得资金，或采取发行企业股票或债券来融资最简便省时。

（4）企业的经营费用减少与折旧费和利息减少的关系，租赁的节税优惠等。

（5）企业是需要长期占有设备，还是只短期需要这种设备。

6.5.4 设备租赁与购置的经济分析

1. 设备租赁与购置分析的步骤

（1）根据企业生产经营目标和技术状况，提出设备更新的投资建议。

（2）拟定若干设备投资、更新方案，包括购置（一次性付款和分期付款购买）和租赁。

（3）定性分析筛选方案，包括分析企业财务能力，分析设备技术风险、使用维修特点。对技术过时风险大、保养维护复杂、使用时间短的设备，应选择租赁方案；对技术过时风险小、使用时间长的大型专用设备，可选择购置或融资租赁方案。

（4）定量分析并优选方案。

2. 设备租赁与购置的经济比选方法

（1）设备租赁的净现金流量。采用设备租赁的方案，没有资金恢复费用，租赁费可以直接进入成本。其净现金流量为

$$净现金流量 = 销售收入 - 经营成本 - 租赁费用 - 税率 \times (销售收入 - 经营成本 - 租赁费用) \tag{6.19}$$

式中，租赁费用主要包括：租赁保证金，一般是合同金额的5%，或是某一基期数的金额（如一个月的租金额）；租金，对于租金的计算主要有附加率法和年金法；担保费。

（2）购买设备的净现金流量。与租赁相同条件下的购买设备方案的净现金流量为

$$净现金流量 = 销售收入 - 经营成本 - 设备购置费 - 税率 \times (销售收入 - 经营成本 - 折旧) \tag{6.20}$$

（3）设备租赁与购置的经济比选。对于承租人来说，关键的问题是决定租赁还是购买设备。而设备租赁与购置的经济比选也是一个互斥方案的选优问题。设备寿命相同时，一般可以采用净现值法；设备寿命不同时，可以采用年值法。无论采用净现值法还是年值法，均以收益效果较大或成本较少的方案为宜。

在假设所得到设备的收入相同的条件下，最简单的方法是将租赁成本和购买成本进行比较。根据互斥方案比选的原则，只需比较它们之间的差异部分。从式（6.19）和式（6.20）可以看出，只需比较：设备租赁，即所得税税率×租赁费 - 租赁费；设备购置，即所得税税率×（折旧费 + 贷款利息） - 设备购置费 - 贷款利息。

由于每个企业都要将利润收入上交所得税，按财务制度规定，租赁设备的租金允许计入成本；购买设备每年计提的折旧费也允许计入成本；若用借款购买设备，其每年支付的利息

也可以计入成本。在其他费用保持不变的情况下，计入成本越多，则利润总额越少，企业缴纳的所得税也越少。因此，在充分考虑各种方式的税收优惠影响下，应该选择税后收益更大或税后成本更低的方案。

【例 6.7】 某企业需要某种设备，其购置费为 10 000 元，如果借款购买，则每年需按借款利率 8% 来等额支付本利，借款期和设备使用期均为 5 年，期末设备残值为 5 000 元。这种设备也可以租赁到，每年租赁费为 8 000 元。企业所得税税率为 25%，采用直线法折旧，基准贴现率为 10%。试分析企业应采用购置方案还是租赁方案。

解：（1）计算折旧费。

$$年折旧费 = (100\,000 - 5\,000)/5 = 19\,000(元)$$

（2）计算年借款利息。各年支付的本利和按下式计算，则各年的还本付息见表 6.12。

$$A = 100\,000(A/P,8\%,5) = 100\,000 \times 0.250\,46 = 25\,046(元)$$

表 6.12 各年的还本付息 元

年份	年初剩余本金	还款金额	支付利息	还本金额
1	100 000	25 046	8 000	17 046
2	82 954	25 046	6 636	18 410
3	64 544	25 045	5 164	19 882
4	44 652	25 046	3 573	21 473
5	23 190	25 046	1 855	23 191

（3）计算设备购置方案的现值 $PW(购)$。当借款购买时，企业可以将所支付的利息及折旧从成本中扣除而免税，并且可以回收残值。因此，借款购买设备的成本现值，需扣除折旧和支付利息的免税金额。

$$\begin{aligned}PW(购) =\ & 100\,000 - 19\,000 \times 0.25 \times (P/A,10\%,5) - 8\,000 \times 0.25 \times (P/F,10\%,1) - \\ & 6\,636 \times 0.25 \times (P/F,10\%,2) - 5\,164 \times 0.25 \times (P/F,10\%,3) - 3\,573 \times 0.25 \\ & \times (P/F,10\%,4) - 1\,855 \times 0.25 \times (P/F,10\%,5) - 5\,000 \times 0.25 \times (P/F,10\%,5) \\ =\ & 100\,000 - 19\,000 \times 0.25 \times 3.791 - 8\,000 \times 0.25 \times 0.909\,1 - 6\,636 \times 0.25 \times \\ & 0.826\,4 - 5\,164 \times 0.25 \times 0.751\,3 - 3\,573 \times 0.25 \times 0.683\,0 - 1\,855 \times 0.25 \times \\ & 0.620\,9 - 5\,000 \times 0.620\,9 \\ =\ & 73\,831.09(元)\end{aligned}$$

（4）计算设备租赁方案的费用现值 $PW(租)$。租赁设备时，承租人可以将租金计入成本，并将其在所得税中扣除。

$$\begin{aligned}PW(租) &= 28\,000 \times (P/A,10\%,5) - 28\,000 \times 0.25 \times (P/A,10\%,5) \\ &= 28\,000 \times 3.791 - 7\,000 \times 3.791 \\ &= 79\,611.00(元)\end{aligned}$$

$PW(租) > PW(购)$，因此，该企业会选择租赁的方案。

习题

一、简答题

1. 设备磨损的形式有哪几种？如何度量？
2. 设备寿命分为哪几类？
3. 如何理解设备的寿命与经济寿命的区别？

二、计算题

1. 某厂压缩机的购置费为6 000元，第一年的运营成本为1 000元，以后每年以300元定额递增。压缩机使用一年后的余值为3 600元，以后每年以40元定额递减，压缩机的最大使用年限为8年。若基准收益率为15%，试用动态方法计算压缩机的经济寿命。

2. 某企业4年前花费2 200元购置了设备A，目前设备A的剩余寿命为6年，寿命终了时的残值为200元，每年的运营费用为700元。目前，有一个设备制造厂出售与设备A具有相同功效的设备B，设备B售价2 400元，寿命为10年，残值为300元，每年运营费用为400元。如果企业购买设备B，设备制造厂出价600元购买旧设备A。设基准收益率为15%，研究期为6年，试判断现在公司应保留设备A，还是用设备B更新设备A。

3. 某企业有一台设备，购置成本为10 000元，第一年的使用费用为1 000元，以后逐年递增300元。期末设备的净残值为4 200元，以后逐年递减400元。该设备的最长使用年限为10年。设贴现率为10%，问该设备的经济寿命是多少？

4. 某设备原始价值为15 000元，初始运行费用为1 200元，年劣化值为600元。试计算该设备的经济寿命。

5. 某企业因生产需要四年前购买一台生产设备，价值18 000元，年使用费为2 000元，估计还可以使用5年，不计残值。现在，该企业又可以花费2 700元购买一台新设备，预计新设备寿命为5年，不计残值，年使用费为400元。如果购买新设备，则旧设备可以2 000元出售，贴现率为7%。问企业应如何决策？

6. 某企业正在进行设备更新。旧设备是5年前花费100 000元安装的，目前残值为35 000元，以后每年贬值4 000元。保留使用一年的年使用费为6 000元，以后每年增加3 000元。新设备的安装成本为130 000元，经济寿命为8年，8年年末的残值为1 000元，年度使用费固定为49 000元，基准贴现率为14%。问何时更换旧设备最经济？

第 7 章

建设项目财务评价与经济评价

★学习目标

本章主要介绍了工程项目财务评价和项目后评价的目的、基本步骤和内容，工程项目投资估算方法，以及国民经济评价和财务评价的区别。通过本章学习，掌握项目评价的全过程原理和主要步骤的作用。

★主要内容

财务评价和国民经济评价的区别；工程项目财务评价和项目后评价的目的、基本步骤和内容；工程项目投资估算方法；影子价格的确定方法。

7.1 财务评价概述

7.1.1 建设工程项目与经济评价

1. 建设工程项目概述

（1）建设工程项目的概念。建设工程项目是指建设领域中的项目，即完成依法立项的新建、扩建、改建等各类工程而进行的、有起止日期的、达到规定要求的、一组相互关联的、受控活动组成的特定过程，包括策划、勘察、设计、采购、施工、试运行、竣工验收和考核评价等，简称建设项目。

（2）建设工程项目的基本特征。

1）建设目标的明确性。任何建设工程项目都有明确的目标，即以形成固定资产为特定目标。实现这个目标的约束条件主要是时间、资源和质量，即建设工程项目必须要有合理的建设工期目标，在一定资源投入量的目标下要达到预定的生产能力、技术水平和使用效果等质量目标。

2）建设项目的综合性。一方面建设工程项目是在一个总体设计或初步设计范围内，由一个或若干个互相有内在联系的单项工程所组成；另一方面建设工程项目的建设环节多，涉及的单位部门多且关系复杂，在建设过程中，每个项目所涉及的情况各不相同，这些都需要进行综合分析、统筹安排。

3）建设过程的程序性。建设工程项目的实施需要遵循必要的建设程序和经过特定的建设过程。建设工程项目从提出建设设想、建议、方案选择、评估、决策、勘察、设计、施工一直到竣工验收投入使用，是一个有序的全过程，这就是基本建设程序。建设工程项目的实施必须遵照其内在的时序性，周密计划、科学组织，使各阶段、各环节紧密衔接，协调进行，力求缩短周期，提高项目实施的有效性。

4）建设项目的一次性。建设工程项目是一项特定的任务，表现为投资的一次性投入、建设地点的固定性、设计和施工的单件性等特征。因此，必须要按照建设项目特定的任务和固定的建设地点，需要专门的单一设计，并应根据实际条件的特点建立一次性组织进行施工生产活动。

5）建设项目的风险性。建设工程项目投资数额巨大、工作工序复杂、涉及影响因素众多、实施周期长，在建设工程项目的实施过程中存在很多不确定因素，因而具有较大的风险。

（3）建设项目的分类。建设项目可以从不同分析角度进行分类。

1）按项目的目标，可分为经营性项目和非经营性项目。

①经营性项目通过投资以实现所有者权益的市场价值最大化为目标，以投资牟利为行为趋向。绝大多数生产或流通领域的投资项目都属于这类项目。

②非经营性项目不以追求盈利为目标，其中包括本身没有经营活动、没有收益的项目，如城市道路、植树造林等项目；另外，也包括直接为公众提供基本生活服务，本身有经营活动，有营业收入，但产品价格不由市场机制形成的项目。这类项目，国家有相应的配套政策。

2）按项目的产品（或服务）属性，可分为公共项目和非公共项目。

①公共项目是指为满足社会公众需要，生产或提供公共物品（包括服务）的项目，如上述第一类非经营性项目。公共物品的特征是具有非排他性或排他无效率，有很大一类物品无法或不应该收费。

②非公共项目是指除公共项目外的其他项目。相对于"政府部门提供公共物品"的是"私人部门提供的商品"，其重要特征是供应商能够向那些想消费这种商品的人收费并因此得到利润。

3）按项目的投资管理形式，可分为政府投资项目和企业投资项目。

①政府投资项目是指使用政府性资金的建设项目及有关的投资活动。政府性资金包括：财政预算投资资金（含国债资金），利用国际金融组织和外国政府贷款的主权外债资金，纳入预算管理的专项建设资金，法律、法规规定的其他政府性资金。政府按照资金来源、项目性质和宏观调控需要，分别采用直接投资、资本金注入、投资补助、转贷、贴息等方式进行投资。

②不使用政府性资金的投资项目统称企业投资项目。

4）按项目与企业原有资产的关系，可分为新建项目和改扩建项目。改扩建项目与新建项目的区别在于，改扩建项目是在原有企业基础上进行建设的，在不同程度上利用了原有企业的资源，以增量带动存量，以较小的新增投入取得较大的新增效益。建设期内项目建设与原有企业的生产同步进行。

5) 按项目的融资主体，可分为新设法人项目和既有法人项目。

①新设法人项目由新组建的项目法人为项目进行融资，其特点是项目投资由新设法人筹集的资本金和债务资金构成，由新设项目法人承担融资责任和风险，从项目投产后的财务效益情况考察偿债能力。

②既有法人项目要依托现有法人为项目进行融资，其特点是拟建项目不组建新的项目法人，由既有法人统一组织融资活动并承担融资责任和风险，拟建项目一般是在既有法人资产和信用的基础上进行的，并形成增量资产，从既有法人的财务整体状况考察融资后的偿债能力。

除上述几种分类外，项目还可以从其他角度进行分类。没有一种分类方法可以涵盖各种属性的项目，以上列举了几种分类。这些分类对经济评价内容、评价方法、效益与费用估算、报表设置等都有重要的影响。实际工作中可以根据需要从不同的角度另行分类。

2. 建设项目经济评价

建设项目经济评价是根据国民经济与社会发展及行业、地区发展规划的要求，在项目初步方案的基础上，采用科学的分析方法，对拟建项目的财务可行性和经济合理性进行分析论证，从而为项目的科学决策提供经济面的依据。它包括财务评价（也称财务分析）和国民经济评价（也称经济分析）。

项目经济评价的内容，一般是根据项目性质、项目目标、项目投资者、项目财务主体及项目对经济与社会的影响程度等具体情况来选择确定。国家发展和改革委员会及原建设部2006年联合发布的《建设项目经济评价方法与参数》（第三版）中对建设项目经济评价的内容作了详细的介绍，具体见表7.1。

表7.1 建设项目经济评价内容选择参考表

分析内容/项目类型			财务分析			经济费用效果分析	费用效果分析	不确定性分析	风险分析	区域经济与宏观经济影响分析
			生存能力分析	偿债能力分析	盈利能力分析					
政府投资	直接投资	经营	☆	☆	☆	☆	△	☆	△	△
		非经营	☆	△		☆	☆	△	△	△
	资本金	经营	☆	☆	☆	☆	△	☆	△	△
		非经营	☆	△		☆	☆	△	△	△
	转贷	经营	☆	☆	☆	☆	△	☆	△	△
		非经营	☆	☆		☆	☆	△	△	△
	补助	经营	☆	☆	☆	☆	△	☆	△	△
		非经营	☆	☆		☆	☆	△	△	△
	贴息	经营	☆	☆	☆	☆	△	☆	△	△
		非经营								
企业投资（核准制）		经营	☆	☆	☆	△	△	☆	△	△
企业投资（备案制）		经营	△	☆	☆	△	△	☆	△	

注：1. 表中☆代表要分析；△代表根据项目的特点，有要求时分析，无要求时可以不分析；空白代表可以不分析；
2. 企业投资项目的经济评价内容可根据规定要求进行，一般按经营性项目选用，非经营项目可参照政府投资项目选取评价内容。

7.1.2 建设工程项目财务评价

1. 财务评价的概念

财务评价又称财务分析,是在国家现行财税制度和价格体系的前提下,从项目的角度出发,计算项目范围内的财务效益与费用,分析项目的盈利能力、清偿能力和财务生存能力,评价项目在财务上的可行性。

2. 财务评价的作用

(1) 考察经营性项目的财务盈利能力。由于企业法人要对建设项目的筹划、筹资、建设直至生产经营、归还贷款或债券本息及资产的保值、增值实行全过程负责,承担投资风险。因此,企业所有者和经营者对项目盈利水平、清偿能力将十分关心;另外,国家和地方各级决策部门、财务部门和贷款部门对此也非常关心。为此有必要进行项目财务评价。

(2) 考察非经营性项目的财务生存能力。对于非经营性项目,在经过有关部门批准的情况下,可以实行还本付息价格或微利价格。在这类项目决策中,为了权衡项目在多大程度上要由国家或地方财政给予必要的支持,同样需要进行财务计算和评价。

(3) 合营项目谈判签约的重要依据。合同条款是中外合资项目和合作项目双方合作的首要前提,而合同的正式签订离不开经济效益分析,实际上合同条款的谈判过程就是财务评价的测算过程。

(4) 项目资金规划的重要依据。建设项目的投资规模、资金的可能来源、用款计划的安排和筹资方案的选择都是财务评价要解决的问题。

7.1.3 财务评价的内容与步骤

(1) 财务评价的内容。从上述内容可以看出,财务评价的内容随项目类型和目标有所不同。对于投资盈利的经营性项目,财务评价应按照本章内容进行全面的财务分析。对于为社会公众提供产品和服务的非经营性项目,财务评价主要分析项目的财务生存能力和偿债能力。

(2) 财务评价的步骤。

1) 选取财务评价基础数据与参数。根据项目类型和融资方式,通过实地调研,熟悉拟建项目的基本情况,收集整理相关信息;选取必要的财务基础数据与参数,包括主要投入品和产出品财务价格、税率、利率、汇率、计算期、固定资产折旧率、无形资产和递延资产摊销年限,生产负荷及基准收益率等基础数据与参数。

2) 识别财务效益与费用。包括建设投资估算、流动资金估算、营业收入、成本费用估算和相关税金估算等。

3) 编制财务评价报表。主要包括财务现金流量表、利润与利润分配表、财务计划现金流量表、资产负债表和借款还本付息估算表等财务评价基本报表,以及建设投资估算表,总成本费用估算表,流动资金估算表,营业收入、营业税金及附加估算表等财务评价辅助报表。

4) 计算财务评价指标。主要包括净现值、净年值、总投资收益率、资本金净利润率、利息备付率、偿债备付率、资产负债率、投资回收期等动、静态评价指标。

5）进行财务分析。根据评价指标的计算结果进行财务盈利能力、偿债能力和财务生存能力分析。一般包括融资前财务分析和融资后财务分析两种情况。

①融资前财务分析。项目决策可分为投资决策和融资决策两个层次。投资决策重在考察项目净现金流量的价值是否大于其投资成本；融资决策重在考察资金筹措方案是否满足要求。严格意义上讲，投资决策在前，融资决策在后。财务分析一般宜先进行融资前分析，融资前分析是指在考虑融资方案前就可以开始进行的财务分析，即不考虑债务融资条件下进行的财务分析。在融资前分析结论满足要求的情况下，初步设定融资方案，再进行融资后分析。

融资前分析只进行盈利能力分析，并以投资现金流量分析为主要手段，以动态分析为主、静态分析为辅的分析方法进行分析。由于融资前财务分析不考虑融资方案，故融资前投资现金流量分析的现金流量主要包括建设投资、流动资金、经营成本、营业税金及附加和所得税。

为了体现与融资方案无关的要求，各项现金流量的估算中都需要剔除利息的影响，例如，采用不含利息的经营成本作为现金流出；在流动资金估算、经营成本中的修理费和其他费用估算中也应注意避免利息的影响等。

②融资后财务分析。在融资前分析结果可以接受的前提下，可以考虑融资方案，进行融资后分析。融资后分析属于项目决策中的融资决策，是以设定的融资方案为基础进行的财务分析，重在考察项目资金筹措方案能否满足要求。融资后分析包括项目的盈利能力分析、偿债能力分析和财务生存能力分析。

6）进行不确定性分析。

7）编写财务评价报告。财务评价的步骤及各部分的关系，包括财务分析与投资估算和融资方案的关系，如图7.1所示。

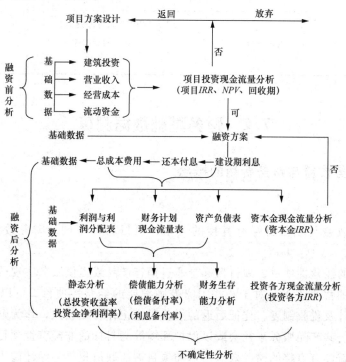

图7.1 财务评价的内容与步骤

（3）财务评价的内容、基本财务报表与评价指标的对应关系。财务评价的内容、基本财务报表与评价指标的对应关系见表7.2。

表7.2　财务评价的内容、基本财务报表与评价指标的对应关系

评价内容		基本报表	静态指标	动态指标
盈利能力分析	融资前分析	项目投资财务现金流量表	静态投资回收期	项目财务内部收益率 财务净现值 动态投资回收期
	融资后分析	资本金财务现金流量表	—	资本金财务内部收益率
		投资各方财务现金流量表	—	投资各方财务内部收益率
		利润与利润分配表	总投资收益率 投资利税率 资本金利润率	—
清偿能力分析		借款还本付息计划表	偿债备付率 利息备付率	—
		资产负债表	资产负债率 流动比率 速动比率	
财务生存能力		财务计划现金流量表	累计盈余资金	—
不确定性分析		盈亏平衡分析	盈亏平衡点	—
		敏感性分析	灵敏度 临界值	
风险分析		概率分析	FNPV（财务净现值） ≥0 的累计概率 定性分析	—

7.2　财务基础数据测算

7.2.1　财务效益与财务费用的概念

1. 财务效益

项目的财务效益与项目目标有直接的关系，项目目标不同，财务效益包含的内容也不同。

市场化运作的经营性项目，项目目标是通过销售产品或提供服务实现盈利，其财务效益主要是指所获取的营业收入。对于某些国家鼓励发展的经营性项目，可以获得增值税的优惠。按照有关会计及税收制度，先征后返的增值税应记作补贴收入，作为财务效益核算。

对于以提供公共产品服务于社会或以保护环境等为目标的非经营性项目，通常没有直接的营业收入，也就没有直接的财务效益。这类项目需要政府提供补贴才能维持正常运转，应将补贴作为项目的财务收益，通过预算平衡计算所需要补贴的数额。

对于为社会提供准公共产品或服务,且运营维护采用经营方式的项目,如市政公用设施项目、交通、电力项目等,其产出价格往往受到政府管制,营业收入可能基本满足或不能满足补偿成本的要求,有些需要在政府提供补贴的情况下才具有财务生存能力。因此,这类项目的财务效益包括营业收入和补贴收入。

2. 财务费用

财务费用是指项目在计算期内所支出的费用。其主要包括项目的建设投资、流动资金、成本费用和税金。

7.2.2 财务效益与费用估算的原则

1. 财务效益与费用估算的原则

(1) 遵守现行财务、会计及税收制度的原则。财务效益与费用的估算应注意遵守现行财务、会计及税收制度的规定。由于财务效益与费用的识别和估算是对将来情况的预测,经济评价中允许作有别于财会制度的处理,但是要求财务效益与费用的识别和估算在总体上与会计准则和会计及税收制度相适应。

(2) 遵守"有无对比"的原则。财务效益与费用的估算应遵守"有无对比"的原则。"有无对比"是国际上项目评价中通用的效益与费用识别的基本原则。"有项目"是指实施项目后的将来状况;"无项目"是指不实施项目时的将来状况。在识别项目的效益和费用时,须注意只有"有无对比"的差额部分才是由于项目的建设增加的效益和费用。

(3) 体现效益与费用对应一致的原则。财务效益与费用的估算范围应体现效益与费用对应一致的原则。即在合理确定的项目范围内,对等地估算财务主体的直接效益及相应的直接费用,避免高估或低估项目的净效益。

(4) 选取适宜方法的原则。财务效益与费用的估算应根据项目性质、类别和行业特点,明确相关的政策和其他依据、选取适宜的方法,进行文字说明,并编制相关表格。

2. 财务效益与费用估算采用的价格

(1) 选取财务效益与费用价格时应正确处理价格总水平变动因素,原则上盈利能力分析应考虑相对价格变化,而偿债能力分析应同时考虑相对价格变化和价格总水平变动的影响。为简化起见,可作如下处理:

1) 在建设期间既要考虑价格总水平变动,又要考虑相对价格变化。在建设投资估算中价格总水平变动是通过涨价预备费来体现的。

2) 项目运营期内,一般情况下,盈利能力分析和偿债能力分析可以采用同一套价格,即预测的运营期价格。

3) 项目运营期内,可根据项目的具体情况,选用固定价格(项目经营期内各年价格不变)或考虑相对价格变化的变动价格(项目运营期内各年价格不同或某些年份价格不同)。

4) 当有要求或价格总水平变动较大时,项目偿债能力分析采用的价格应考虑价格总水平变动因素。

(2) 项目投资估算应采用含增值税价格,包括建设投资、流动资金和运营期内的维持运营投资。

(3) 项目运营期内投入与产出采用的价格可以是含增值税的价格，也可以是不含增值税的价格。若采用含增值税价格时，需要调整部分表格（主要是利润与利润分配表、财务计划现金流量表、项目投资现金流量表和项目资本金现金流量表）的相关项目，以不影响项目净效益的估算。但无论采用哪种价格，项目效益估算与费用估算所采用的价格体系应协调一致。

(4) 在计算期内同一年份，无论是有项目还是无项目的情况，原则上同种（质量、功能无差异）产出或投入的价格应一致。

7.2.3 财务效益与费用估算的内容

1. 营业收入

营业收入的含义及计算详见本书第 3 章的内容，其财务辅助报表的编制格式见表 7.3。

表 7.3 营业收入、营业税金及附加和增值税估算表　　　　万元

序号	项目	合计	计算期					
			1	2	3	4	…	n
1	营业收入							
1.1	产品 A 营业收入							
1.1.1	单价							
1.1.2	数量							
1.1.3	销项税额							
1.2	产品 B 营业收入							
1.2.1	单价							
1.2.2	数量							
1.2.3	销项税额							
	……							
2	营业税金与附加							
2.1	消费税							
2.2	城市维护建设税							
2.3	教育费附加							
3	增值税							
3.1	销项税额							
3.2	进项税额							

要计算该报表中的营业收入，首先要正确估计各年运营负荷（或称生产能力利用率）。运营负荷是指在运营过程中负荷达到设计能力的百分数，它的高低与项目复杂程度、产品生命周期、技术成熟程度、市场开发程度、原材料供应、配套条件、管理因素等都有关系。常见的做法是设定一段低负荷的投产期，以后各年均按达到设计能力。

运营负荷的确定一般有两种方式：一是经验设定法，即根据以往项目的经验，结合该项目的实际情况，粗估各年的运营负荷，以设计能力的百分数表示；二是营销计划法，通过制

订详细的分年营销计划,确定各种产出物各年的生产量和商品量。提倡采用第二种方式。

2. 补贴收入

某些项目还应按有关规定估算企业可能得到的补贴收入(仅包括与收益相关的政府补助,与资产相关的政府补助不在此处核算,与资产相关的政府补助是指企业取得的、用于购建或以其他方式形成长期资产的政府补助),包括先征后返的增值税、按销量或工作量等依据国家规定的补助定额计算并按期给予的定额补贴,以及属于财政扶持而给予的其他形式的补贴等。补贴收入与营业收入相同,应列入利润与利润分配表、财务计划现金流量表、项目投资现金流量表与资本金现金流量表。以上几类补贴收入,应根据财政、税务部门的规定,分别计入或不计入应税收入。

3. 建设投资

建设投资是项目费用的重要组成,是项目财务分析的基础数据,可根据项目前期研究不同阶段、对投资估算精度的要求及相关规定选用估算方法。建设投资的构成可按概算法分类和按形成资产法分类,故建设投资估算可按两种建设投资的构成分别形成两种建设投资估算表,见表7.4和表7.5。

表7.4 建设投资估算表(概算法)　　　　　　　　　　　　万元

序号	工程或费用名称	建筑工程费	设备购置费	安装工程费	其他费用	合计	其中的外币/万美元	比例/%
1	工程费用							
1.1	主体工程							
1.1.1	×××							
	……							
1.2	辅助工程							
1.2.1	×××							
	……							
1.3	公用工程							
1.3.1	×××							
	……							
1.4	服务性工程							
1.4.1	×××							
	……							
1.5	厂外工程							
1.5.1	×××							
	……							
1.6	×××							
2	工程建设其他费用							
2.1	×××							
	……							

续表

序号	工程或费用名称	建筑工程费	设备购置费	安装工程费	其他费用	合计	其中的外币/万美元	比例/%
3	预备费							
3.1	基本预备费							
3.2	涨价预备费							
4	建设投资合计							
	比例/%							

注：1. "比例"分别指主要科目的费用（包括横向和纵向占建设投资的比例）；
　　2. 本表适用于新设法人项目与既有法人项目的新增建设投资的估算；
　　3. "工程或费用名称"可依不同行业的要求调整。

表7.5　建设投资估算表（形成资产法）　　　　　　　　　　　万元

序号	工程或费用名称	建筑工程费	设备购置费	安装工程费	其他费用	合计	其中的外币/万美元	比例/%
1	工程费用							
1.1	主体工程							
1.1.1	×××							
1.1.2	×××							
1.1.3	×××							
	……							
1.2	固定资产其他费用							
1.2.1	×××							
	……							
2	无形资产费用							
2.1	×××							
	……							
3	其他资产费用							
3.1	×××							
	……							
4	预备费							
4.1	基本预备费							
4.2	涨价预备费							
5	建设投资合计							
	比例/%							

注：1. "比例"分别指主要科目的费用（包括横向和纵向）占建设投资的比例；
　　2. 本表适用于新设法人项目与既有法人项目的新增建设投资的估算；
　　3. "工程或费用名称"可依不同行业的要求调整。

4. 经营成本

经营成本估算见表7.6。

表7.6 总成本费用估算表（生产要素法）　　　　　　万元

序号	项目	合计	计算期					
			1	2	3	4	…	n
1	外购原材料费							
2	外购燃料及动力费							
3	工资及福利费							
4	修理费							
5	其他费用							
6	经营成本（1+2+3+4）							
7	折旧费							
8	摊销费							
9	利息支出							
10	总成本费用合计（6+7+8+9）							
	可变成本							
	固定成本							

5. 流动资金

项目运营需要流动资产投资，但项目评价中需要估算并预先筹措的是从流动资产中扣除流动负债，即企业短期信用融资（应付账款）后的流动资金。项目评价中流动资金的估算应考虑应付账款对需要预先筹措的流动资金的抵减作用。对有预收账款的某些项目，还可以同时考虑预收账款对流动资金的抵减作用。

流动资金估算方法一般采用分项详细估算法，个别情况或小型项目可采用扩大指标估算法。具体估算方法的介绍见本书第3章相关内容。根据流动资金的估算结果编制流动资金估算表，见表7.7。

6. 营业税金及附加

营业税金及附加的含义及计算详见本书第3章的有关内容，在会计处理上，消费税、土地增值税、资源税和城市维护建设税、教育费附加均可包含在营业税金及附加中。营业税金及附加应作为利润和利润分配表中的项目。

7. 维持运营投资

某些项目在运营期需要投入一定的固定资产投资才能维持正常运营，如设备更新费用、油田的开发费用等。不同类型和不同行业的项目投资的内容可能不同，如发生维持运营投资时应将其列现金流量表作为现金流出，参与内部收益率等指标的计算。同时，也应反映在财务计划现金流量表中，参与财务生存能力分析。

按照《企业会计准则—固定资产》，该投资是否能予以资本化，取决于其是否能为企业带来经济效益且该固定资产的成本是否能够可靠地计量。在项目评价中，如果该投资投入后延长了固定资产的使用寿命，或使产品质量实质性提高，或使成本实质性降低等，使可能流入企业的经济利益增加，则该固定资产投资应予以资本化，即应计入固定资产原值，并计提折旧。否则该投资只能费用化，不形成新的固定资产原值。

表 7.7 流动资金估算表　　　　　　　　　　　　　　万元

序号	项目	最低周转次数	周转次数	计算期					
				1	2	3	4	…	n
1	流动资产								
1.1	应收账款								
1.2	存货								
1.2.1	原材料								
1.2.2	×××								
	……								
1.2.3	燃料								
1.2.4	×××								
	……								
1.2.5	在产品								
1.2.6	产成品								
1.3	现金								
1.4	预付账款								
2	流动负债								
2.1	应付账款								
2.2	预收账款								
3	流动资金（1-2）								
4	流动资金当期增加额								

注：1. 本表适用于新设法人项目与既有法人项目的"有项目""无项目"和增量流动资金的估算；
　　2. 表中科目可视行业变动；
　　3. 如发生外币流动资金，应另行估算后予以说明，其数量应包括在本表数内；
　　4. 不发生预付账款和预收账款的项目可不列这两列。

7.2.4　财务基础数据测算表的相互关系

财务基础数据估算的内容是连贯的，其中心是将投资成本（包括建设投资和流动资金）、总成本费用与营业收入的预测数据进行对比，求得项目的营业利润，并在此基础上测算贷款的还本付息情况。因此，编制上述估算表应按一定程序使其相互衔接起来。各类财务基础数据估算表之间的关系如图 7.2 所示。

7.2.5　财务评价参数的选取

1. 计算参数

计算参数是指在项目费用与效益计算，包括在计算过程中需要选择使用的各种基础数

第7章 建设项目财务评价与经济评价

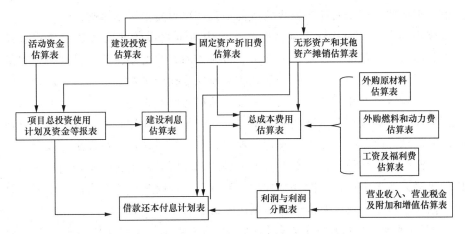

图 7.2 各类财务基础数据估算表之间的关系

据,以及有关方面规定的用于建设项目经济评价的各种数值。具体包括价格上涨指数、各种取费系数或比率、税率、利率等。多数计算参数具有鲜明的行业特点,可在有关行业实施细则中查阅。

特别需要说明的是,项目计算期的选取对项目的经济评价将会产生重要的影响,因此,在此将项目计算期作一详细介绍。项目计算期是指经济评价中为进行动态分析所设定的期限,包括建设期和运营期。建设期是指项目资金正式投入开始到项目建成投产为止所需要的时间,建设期可按合理工期或预计的建设进度确定;运营期可分为投产期和达产期两个阶段。投产期是指项目投入生产,但生产能力尚未完全达到设计能力时的过渡阶段;达产期是指生产运营达到设计预期水平后的时间。运营期一般应以项目主要设备的经济寿命期确定。

项目计算期应根据多种因素综合确定,包括行业特点、主要装置(或设备)的经济寿命等。行业有规定时,应从其规定。项目计算期的长短主要取决于项目本身的特性,因此,无法对项目的计算期作出统一规定。计算期不宜定得太长,一方面是因为按照现金流量折现的方法,把后期的净收益折为现值的数值相对较小,很难对财务分析结论产生有决定性的影响;另一方面由于时间越长,预测的数据会越不准确。财务评价的计算期一般不超过 20 年。

计算期较长的项目多以年为时间单位。对于计算期较短的行业项目,在较短的时间间隔内(如月、季、半年或其他非日历时间间隔)现金流量水平有较大变化,如油田钻井开发项目、高科技产业项目等,这类项目不宜用"年"作计算现金流量的时间单位,可根据项目的具体情况选择合适的计算现金流量的时间单位。

由于折现评价指标受计算时间的影响,对需要比较的项目或方案应取相同的计算期。

2. 判据参数

财务评价中的判据参数是指用于判断项目财务效益高低,比较和筛选项目,判断项目的财务可行性,具体包括国家有关部门(行业)发布的供项目财务分析使用的行业财务基准收益率、总投资收益率、资本金净利润率、利息备付率、偿债备付率、资产负债率、项目计算器、折旧年限、有关费率等指标的基准值或参考值。有些判据参数表现为单一数值,有些表现为一段合理区间，使用时应根据投资者的期望和项目特点灵活掌握。

（1）财务基准收益率是指建设项目财务评价中对可货币化的项目费用与效益采用折现方法计算财务净现值的基准折现率，是衡量项目财务内部收益率指标的基准值，也是项目财务可行性和方案比选的主要判据。财务基准收益率反映投资者对相应项目占用资金的时间价值的判断，应是投资者在相应项目上最低可接受的财务收益率。

项目财务评价中对于财务基准收益率的选取，如果有行业发布的本行业基准收益率，即以其作为项目的基准收益率；如果没有行业规定，则由项目评价人员设定。设定方法：一是参考本行业一定时期的平均收益水平并考虑项目的风险因素确定；二是按项目占用的资金成本加一定的风险系数确定。设定财务基准收益率时，应与财务评价采用的价格相一致，如果财务评价采用变动价格，设定基准收益率则应考虑通货膨胀因素。

（2）项目盈利能力判据参数主要包括财务内部收益率、总投资收益率、项目资本金净利润率等指标的基准值或参考值。

（3）项目偿债能力判据参数主要包括利息备付率、偿债备付率、资产负债率、流动比率、速动比率等指标的基准值或参考值。

项目偿债能力判据参数中，因为各类项目的情况不同，项目实施的法人情况、各金融机构对贷款人的要求不同，各行业的行业特点不同，所以参数的取值在一般情况下是不一致的。因此，参数的选取应依据行业同类项目历史数据进行统计分析测定。项目财务评价时应结合行业特点和项目实际情况选用。根据我国企业历史数据统计分析，一般情况下，利息备付率不宜低于2，偿债备付率不宜低于1。

7.3 新设项目法人项目财务评价

7.3.1 财务评价报表的编制

财务评价的基本报表主要有财务现金流量表、利润与利润分配表、借款还本付息估算表、财务计划现金流量表、资产负债表五类。

1. 财务现金流量表

财务现金流量表反映项目计算期内各年的现金收支（现金流入、现金流出和净现金流量），用以计算各项动态和静态评价指标如财务内部收益率、财务净现值等，进行项目财务盈利能力分析。依据财务分析的需要，现金流量表又可分为项目投资现金流量表、项目资本金现金流量表和投资各方现金流量表。

（1）全部投资现金流量表是项目融资前的财务分析报表。项目投资现金流量分析是针对项目基本方案进行的现金流量分析，原称为"全部投资现金流量分析"。它是在不考虑债务融资条件下进行的融资前分析，是从项目投资总获利能力的角度，考察项目方案设计的合理性。即无论实际可能支付的利息是多少，分析结果都不发生变化，因此，可以排除融资方案的影响。

融资前项目投资现金流量分析见表7.8。为了体现与融资方案无关的要求，项目投资现金流量表中的基础数据都需要剔除利息的影响。根据需要，融资前分析可从所得税前和（或）所得税后两个角度进行考察，选择计算所得税前和（或）所得税后分析指标。

表 7.8　项目投资现金流量表　　　　　　　　　　　　　　　　　　　　　万元

序号	项目	合计	计算期					
			1	2	3	4	…	n
1	现金流入							
1.1	营业收入							
1.2	补贴收入							
1.3	回收固定资产余值							
1.4	回收流动资金							
2	现金流出							
2.1	建设投资							
2.2	流动资金							
2.3	经营成本							
2.4	营业税金及附加							
2.5	维持运营投资							
3	所得税前净现金流量							
4	累计所得税前净现金流量							
5	调整所得税							
6	所得税后净现金流量							
7	累计所得税后净现金流量							
计算指标：								
项目投资财务内部收益率（所得税前）/%								
项目投资财务内部收益率（所得税后）/%								
项目投资财务净现值（所得税前）（$i=$ %）								
项目投资财务净现值（所得税后）（$i=$ %）								
项目投资回收期（所得税前）/年								
项目投资回收期（所得税后）/年								

1）现金流入主要包括营业收入、补贴收入、回收固定资产余值及回收流动资金。营业收入的各年数据取自营业收入及附加估算表。固定资产余值回收额（不受利息因素的影响，它区别于项目资本金现金流量表中的回收固定资产余值）为固定资产折旧费估算表中最后一年的固定资产期末净值。流动资金回收额为项目投入的全部流动资金。固定资产余值和流动资金均在项目计算期最后一年回收。

2）现金流出主要包括建设投资、流动资金、经营成本、营业税金及附加。如果运营期内需要投入维持运营投资，也应将其作为现金流出。所得税后分析还要将所得税作为现金流出。建设投资、流动资金的数额分别取自建设投资估算表和流动资金估算表。经营成本取自总成本费用估算表。营业税金及附加取自营业收入、营业税金及附加估算表。在这里需要特别说明的是表 7.8 中的所得税因为与融资方案无关，其数值区别于"利润与利润分配表""项目资本金现金流量表"和"财务计划现金流量表"中的所得税。该所得税应根据不受利息因素影响的息税前利润（$EBIT$）乘以所得税税率计算，称为调整所得税，也可称为融资前所得税。其中，息税前利润的计算应完全不受融资方案的影响，即不受利息多少的影响，包括建设期利息对折旧的影响（因为折旧的变化会对总成本产生影响，进而影响息税前利润）。但如此将会出现两个折旧和两个息税前利润（用于计算融资前所得税的息税前利润和利润表中的息税前利润）。为简单起见，当建设期利息占总投资比例不是很大时，也可按利润表中的息税前利润计算调整所得税。

3）项目计算期各年的净现金流量为各年现金流入量与对应年份的现金流出量之差，各年累计净现金流量为本年及以前各年净现金流量之和。

（2）项目资本金现金流量表见表7.9。该表从项目权益投资者整体的角度，考察项目给项目权益投资者带来的收益水平。它是在拟定的融资方案基础上进行的息税后分析，该表将各年投项目的项目资本金作为现金流出，各年缴付的所得税和还本付息也作为现金的流出，因此，其净现金流量可以表示为缴税和还本付息之后的剩余，即项目（或企业）增加的净收益，也是投资者的权益性收益。

1）现金流入各项基础数据来源与项目投资现金流量表相同。

2）现金流出项中的资本金数额取自项目总投资使用计划与资金筹措表中资金筹措项下的项目资本金分项。借款本金偿还由两部分组成：一部分为借款还本付息计算表中本年还本额，另一部分为发生在计算期最后一年的流动资金借款本金偿还。借款利息支付数额来自总成本费用估算表中的利息支出项。表7.9中的所得税取自利润与利润分配表中的所得税，而区别于项目投资现金流量表中的调整所得税，如果计算期内需要投入维持运营投资，也应将其作为现金流出（通常设定维持运营投资由企业自有资金支付）。其他现金流出项与项目投资现金流量表中的数额相同。

表7.9 项目资本金现金流量表 万元

序号	项目	合计	计算期					
			1	2	3	4	…	n
1	现金流入							
1.1	营业收入							
1.2	补贴收入							
1.3	回收固定资产余值							
1.4	回收流动资金							
2	现金流出							
2.1	项目资本金							
2.2	借款本金偿还							
2.3	借款利息支付							
2.4	经营成本							
2.5	营业税金及附加							
2.6	所得税							
2.7	维持运营投资							
3	净现金流量							
计算指标： 资本金财务内部收益率/%								

3）项目计算期各年的净现金流量为各年现金流入量与对应年份的现金流出量之差。

（3）投资各方财务现金流量表。对于某些项目，为了考察投资各方的具体收益，还应从投资各方实际收入和支出的角度，确定其现金流入和现金流出，并编制投资各方财务现金流量表，见表 7.10。该表分别以投资各方的出资额作为计算基础，用于计算投资各方的财务内部收益率等。

表 7.10 投资各方财务现金流量表   万元

序号	项目	合计	计算期					
			1	2	3	4	…	n
1	现金流入							
1.1	实际利润							
1.2	资产处置收益分配							
1.3	租赁费收入							
1.4	技术转让或使用收入							
1.5	其他现金收入							
2	现金流出							
2.1	实缴资本							
2.2	租赁资产支出							
2.3	其他现金流出							
3	净现金流量							
计算指标： 投资各方财务内部收益率/%								

投资各方现金流量表中现金流入是指出资方因该项目的实施将实际获得的各种收入；现金流出是指出资方因该项目的实施将实际投入的各种支出。投资各方现金流量表中的现金流入和现金流出项目需根据项目具体情况和投资各方因项目发生的收入与支出情况列出。

投资各方现金流量表中的实际利润是指投资者由项目获取的利润；资产处置收益分配是指对有明确的合营期限或合资期限的项目，在期满时对资产余值按入股比例或约定比例分配；租赁费收入是指出资方将自己的资产租赁给项目使用所获得的收入，此时应将资产价值作为现金流出，列为租赁资产支出项目；技术转让或使用收入是指出资方将专利或专有技术转让或允许该项目使用所获得的收入。

2. 利润与利润分配表

利润与利润分配表见表 7.11。

表 7.11 利润与利润分配表   万元

序号	项目	合计	计算额					
			1	2	3	4	…	n
1	营业收入							
2	营业税金及附加							

续表

序号	项目	合计	计算额					
			1	2	3	4	…	n
3	总成本费用							
4	补贴收入							
5	利润总额（1-2-3+4）							
6	弥补以前年度亏损							
7	应纳税所得额（5-6）							
8	所得税							
9	净利润（5-8）							
10	期初未分配利润							
11	可供分配利润（9+10）							
12	提取法定盈余公积金							
13	可供投资者分配的利润							
14	应付优先股股利							
15	提取任意盈余公积金							
16	应付普通股股利							
17	各投资方利润分配							
	其中：××方							
	××方							
18	未分配利润（13-14-15-17）							
19	息税前利润							
20	息税折旧摊销前利润							

（1）营业收入、营业税金及附加、总成本费用的各年度数据分别取自相应的辅助报表。

（2）利润总额=产品销售（营业）收入-销售税金及附加-总成本费用。

（3）所得税=应纳税所得额×所得税税率，应纳税所得额为利润总额根据国家有关规定进行调整后的数额。在建设项目财务评价中，应纳税所得额=该年利润总额-上年度亏损，前年度亏损不缴纳所得税。按现行相关规定，企业发生的年度亏损，可以用下一年度的税前利润等弥补，下一年度利润不足弥补的，可以在5年内延续弥补，5年内不足弥补的，用税后利润等弥补。

（4）税后利润=利润总额-所得税。

（5）可供分配利润=净利润-上年度亏损+期初未分配利润（上年度剩余的未分配利润）。

（6）法定盈余公积金按照净利润的10%提取，盈余公积金已达注册资金50%时可以不再提取。

（7）可供投资者分配利润=可供分配利润-法定盈余公积金可供投资者分配利润，按下列顺序分配：

1）应付优先股股利（若有优先股），是指按照利润分配方案分配给优先股股东的现金股利。

2）提取任意盈余公积金，是指按规定提取的任意盈余公积金。

3）应付普通股股利，是指企业按照利润分配方案分配给普通股股东的现金股利。企业分配给投资者的利润也在此核算。

4）经过上述分配后的剩余部分为未分配利润。

3. 借款还本付息计划表

借款还本付息计划表（表7.12）是反映项目计算期内各年借款本金偿还和利息支付情况，用于计算偿债备付率和利息备付率指标，考察项目偿债能力的报表。

表7.12　借款还本付息计划表　　　　　　　　　　万元

序号	项目	合计	计算额					
			1	2	3	4	…	n
1	借款1							
1.1	期初借款余额							
1.2	当期还本付息							
	其中：还本							
	付息							
1.3	期末借款余额							
2	借款2							
2.1	期初借款余额							
2.2	当期还本付息							
	其中：还本							
	付息							
2.3	期末借款余额							
3	债券							
3.1	期初债务余额							
3.2	当期还本付息							
	其中：还本							
	付息							
3.3	期末债务余额							
4	借款和债券合计							
4.1	期初余额							
4.2	当期还本付息							
	其中：还本							
	付息							
4.3	期末余额							
计算指标	利息备付率							
	偿债备付率							

利息支出的估算包括长期借款利息、流动资金借款利息和短期借款利息三部分。

（1）长期借款利息。长期借款利息是指对建设期间借款余额（含未支付的建设期利息）应在生产期支付的利息，项目评价中可以选择等额还本付息方式或等额还本利息照付方式来计算长期借款利息（详见本书第 3 章的有关内容）。

（2）流动资金借款利息。项目评价中估算的流动资金借款从本质上说应归类为长期借款，但目前企业往往有可能与银行达成共识，按期末偿还、期初再借的方式处理，并按一年期利率计息。流动资金借款利息可以按下式计算：

年流动资金借款利息 = 年初流动资金借款余额 × 流动资金借款年利率

财务分析中对流动资金的借款可以在计算期最后一年偿还，也可以在还完长期借款后安排。

（3）短期借款利息。项目评价中的短期借款是指运营期间由于资金的临时需要而发生的短期借款，短期借款的数额应在财务计划现金流量表中得到反映，其利息应计入总成本费用表的利息支出。短期借款利息的计算同流动资金借款利息，短期借款的偿还按照随借随还的原则处理，即当年借款尽可能于下年偿还。

4. 财务计划现金流量表

财务计划现金流量表是反映项目计算期各年的投资、融资及经营活动的现金流入和流出，用于计算累计盈余资金，分析项目财务生存能力的报表，见表 7.13。财务生存能力分析是分析项目是否具有足够的净现金流量维持正常运营，为此，财务生存能力分析也可称为资金平衡分析。

表 7.13 财务计划现金流量表　　　　　　　　　万元

序号	项目	合计	计算额					
			1	2	3	4	…	n
1	经营活动净现金流量							
1.1	现金收入							
1.1.1	营业收入							
1.1.2	增值税销项税额							
1.1.3	补贴收入							
1.1.4	其他流入							
1.2	现金流出							
1.2.1	经营成本							
1.2.2	增值税进项税额							
1.2.3	营业税金及附加							
1.2.4	增值税							
1.2.5	所得税							
1.2.6	其他流出							
2	投资活动净现金流量							
2.1	现金流入							
2.2	现金流出							
2.2.1	建设投资							

续表

序号	项目	合计	计算额					
			1	2	3	4	...	n
2.2.2	维持运营投资							
2.2.3	流动资金							
2.2.4	其他流出							
3	筹资活动净现金流量							
3.1	现金流入							
3.1.1	项目资本金投入							
3.1.2	建设投资借款							
3.1.3	流动资金借款							
3.1.4	债券							
3.1.5	短期借款							
3.1.6	其他流入							
3.2	现金流出							
3.2.1	各种利息支出							
3.2.2	偿还债务本金							
3.2.3	应付利息（股利分配）							
3.2.4	其他流出							
4	净现金流量（1＋2＋3）							
5	累计盈余资本							

财务现金流量表的净现金流量等于经营活动、投资活动和筹资活动三个方面的净现金流量之和。

（1）经营活动净现金流量＝经营活动期的现金流入－经营活动期的现金流出。其中，经营活动期的现金流量的财务数据取自项目资本金现金流量表。

（2）投资活动净现金流量＝投资活动期的现金流入－投资活动期的现金流出。对于新设法人项目，投资活动的现金流入为零；投资活动的现金流出项的财务数据取自项目投资现金流量表。

（3）筹资活动净现金流量＝筹资活动期的现金流入－筹资活动期的现金流出。其中，筹资活动期的现金流量的财务数据取自借款还本付息计划表、利润与利润分配表等。

5. 资产负债表

资产负债表（表7.14）是用于综合反映项目计算期内各年年末资产、负债和所有者权益的增减变化及对应关系，计算资产负债率，考察项目清偿能力的报表。

表7.14　资产负债表　　　　　　　　万元

序号	项目	合计	计算额					
			1	2	3	4	...	n
1	资产							

续表

序号	项目	合计	计算额					
			1	2	3	4	…	n
1.1	流动资产总额							
1.1.1	货币资金							
1.1.2	应收账款							
1.1.3	预付账款							
1.1.4	存货							
1.1.5	其他							
1.2	在建工程							
1.3	固定资产净值							
1.4	无形及其他资产净值							
2	负债及所有者权益							
2.1	流动负债总额							
2.1.1	短期借款							
2.1.2	应付账款							
2.1.3	预收账款							
2.1.4	其他							
2.2	建设投资借款							
2.3	流动资金借款							
2.4	负债小计（2.1+2.2+2.3）							
2.5	所有者权益							
2.5.1	资本金							
2.5.2	资本公积							
2.5.3	累计盈余公积金							
2.5.4	累计未分配利润							
计算指标： 资产负债率/%								

（1）资产＝流动资产总额＋在建工程＋固定资产净值无形及其他资产净值。

1）流动资产总额为应收账款、预付账款存货、货币资金和其他之和。前三项数据来自流动资金估算表；货币资金数额则取自财务计划现金流量表，但应扣除其中包含的回收固定资产余值及自有流动资金。

2）在建工程是指财务计划现金流量表中的建设投资和建设期利息的年累计额。

3）固定资产净值和无形及其他资产净值分别从固定资产折旧费估算表和无形及其他资产摊销估算表取得。

（2）负债包括流动负债和长期负债。流动负债中的应付账款数据可由流动资金估算表直接取得。流动资金借款和其他短期借款两项流动负债及长期借款均指借款余额，需根据财务计划现金流量表的对应项及相应的本金偿还项进行计算。

(3) 所有者权益包括资本金、资本公积金、累计盈余公积金及累计未分配利润。其中，累计未分配利润可直接取自利润与利润分配表，累计盈余公积金也可由利润与利润分配表中盈余公积金项计算各年份的累计值，但应根据有无用盈余公积金弥补亏损或转增资本金的情况进行相应调整。资本金为项目投资中累计自有资金（扣除资本溢价），当存在由资本公积金或盈余公积金转增资本金的情况时应进行相应调整。资本公积金为累计资本溢价及赠款，转增资本金时进行相应调整。资产负债表应满足等式：资产＝负债＋所有者权益的规定。

7.3.2 盈利能力分析

1. 融资前的盈利能力分析

融资前的盈利能力分析是以营业收入、建设投资、流动资金和经营成本的估算为基础，通过编制项目投资现金流量表，从项目投资总获利能力的角度，考察项目方案设计的合理性。即无论实际可能支付的利息是多少，分析结果都不发生变化，因此，可以排除融资方案的影响。融资前分析计算的相关指标，可作为初步投资决策的依据和融资方案研究的基础。

根据需要，融资前分析可从所得税前和（或）所得税后两个角度进行考察，选择计算所得税前和（或）所得税后分析指标。依据项目投资现金流量表可以计算项目投资财务内部收益率、项目投资财务净现值，这两项指标通常是主要指标。

（1）项目投资财务净现值是按设定的折现率计算的项目计算期内各年净现金流量的现值之和。项目投资财务净现值是考察项目盈利能力的绝对量指标，它反映项目在满足按设定折现率要求的盈利之外所能获得的超额盈利的现值。项目投资财务净现值等于或大于零，表明项目的盈利能力达到或超过了设定折现率所要求的盈利水平，该项目财务效益可以被接受。

（2）项目投资财务内部收益率是指能使项目在整个计算期内各年净现金流量折现值累计等于零时的折现率，它是考察项目盈利能力的相对量指标。项目投资财务内部收益率一般通过计算机 Excel 中配置的财务函数计算，若需要手算时，可根据现金流量表中的净现金流量采用手工试算法计算。将求得的项目投资财务内部收益率与设定的基准参数进行比较，当项目投资财务内部收益率等于或大于基准收益率时，该项目财务效益可以被接受。

2. 融资后的盈利能力分析

融资后的盈利能力分析是在通过融资前分析已对项目基本获利能力有所判断的基础上，通过编制项目资本金现金流量表，计算相应评价指标进而判断项目方案在融资条件下的合理性。因此，可以说项目资本金现金流量分析指标是融资决策的依据，有助于投资者在其可接受的融资方案下最终决策出资。

融资后的盈利能力分析包括动态分析（折现现金流量分析）和静态分析（非折现盈利能力分析）。

（1）动态分析是通过编制财务现金流量表，根据资金时间价值原理，计算财务内部收益率、财务净现值等指标，分析项目的获利能力。融资后的动态分析可分为以下两个层次：

1）项目资本金现金流量分析。该分析是从项目权益投资者整体的角度，考察项目给项目权益投资者带来的收益水平。它是在拟订的融资方案基础上进行的息税后分析，依据的报表是项目资本金现金流量表。该表将各年投入项目的项目资本金作为现金流出，各年交付的所得税和还本付息也作为现金流出，其净现金流量可以表示在缴税和还本付息之后的剩余，即项目（或企业）增加的净收益，也是投资者的权益性收益。因此，计算的项目资本金内部收益率指标反映从投资者整体权益角度考察盈利能力的要求，也就是从项目发起人（或企业）角度对盈利能力进行判断的要求。在依据融资前分析的指标对项目基本获利有所判断的基础上，项目资本金内部收益率指标体现了在一定的融资方案下，投资者整体所能获得的权益性收益水平。该指标可用来对融资方案进行比较和取舍，是投资者整体作出最终融资决策的依据，也可进一步帮助投资者最终决策出资。

项目资本金内部收益率的判别基准是项目投资者整体对投资获利的最低期望值，即最低可接受收益率。当计算的项目资本金内部收益率大于或等于该最低可接受收益率时，说明投资获利水平达到了要求，是可以接受的。最低可接受收益率的确定主要取决于当时的资本收益水平及投资者对权益资金收益的要求。它与资金机会成本和投资者对风险的态度有关。

2）投资各方现金流量分析。投资各方的内部收益率表示了投资各方的收益水平。一般情况下，投资各方按股本比例分配利润和分担亏损及风险，因此，投资各方的利益一般是均等的，没有必要计算投资各方的内部收益率。只有投资者中的各方有股权之外的不对等的利益分配时（契约式的合作企业常常会有这种情况），投资各方的收益才会有差异，此时常常需要计算投资各方的内部收益率。从计算投资各方的内部收益率可以看出各方收益是否均衡，或者其非均衡性是否在一个合理的水平上，有助于促成投资各方在合作谈判中达成平等互利的协议。

（2）静态分析是不采取折现方式处理数据，主要依据利润与利润分配表，并借助现金流量表计算相关盈利能力指标，包括项目投资回收期、项目资本金净利润率、总投资收益率等。对静态分析指标的判断，应按不同指标选定相应的参考值（企业或行业的对比值）。当静态分析指标分别符合其相应的参考值时，认为从该指标看盈利能力满足要求。如果不同指标得出的判断结论相反，应通过分析原因，得出合理的结论。

7.3.3　偿债能力分析

偿债能力分析是根据还本付息表、利润表及总成本费用表的有关数据，计算利息备付率、偿债备付率、资产负债率等比率指标，考察项目借款的偿还能力。对筹措了债务资金的项目，偿债能力考察项目能否按期偿还借款的能力。利息备付率、偿债备付率和资产负债率的计算及评价标准详见本书第4章的相关内容，在此不再赘述。

7.3.4　财务生存能力分析

在项目（企业）运营期间，确保从各项经济活动中得到足够的净现金流量是项目能够持续生存的条件。财务分析中应根据财务计划现金流量表，综合考察项目计算期内各年的投资活动、融资活动和经营活动所产生的各项现金流入与流出，计算净现金流量和累计盈余资金，分析项目是否有足够的净现金流量维持正常运营。为此，财务生存能力分析也可称为资金平衡分析。

财务生存能力分析应结合偿债能力分析进行。如果拟安排的还款期过短，致使还本付息负担过重,导致为维持资金平衡必须筹措的短期借款过多,可以调整还款期,减轻各年还款负担。

通常,因运营期前期的还本付息负担较重,故应特别注重运营期前期的财务生存能力分析。通过以下相辅相成的两个方面可具体判断项目的财务生存能力:

(1) 拥有足够的经营净现金流量是财务可持续的基本条件,特别是在运营初期。一个项目具有较大的经营净现金流量,说明项目方案比较合理,实现自身资金平衡的可能性大,不会过分依赖短期融资来维持运营;反之,一个项目不能产生足够的经营净现金流量或经营净现金流量为负值,说明维持项目正常运营会遇到财务上的困难,项目方案缺乏合理性,实现自身资金平衡的可能性小,有可能要靠短期融资来维持运营,或者是非经营项目本身无能力实现自身资金平衡,提示要靠政府补贴。

(2) 各年累计盈余资金不出现负值是财务生存的必要条件。在整个运营期间,允许个别年份的净现金流量出现负值,但不能容许任一年份的累计盈余资金出现负值。一旦出现负值时应适时进行短期融资,该短期融资应体现在财务计划现金流量表中,同时,短期融资的利息也应纳入成本费用和其后的计算。较大的或较频繁的短期融资,有可能导致以后的累计盈余资金无法实现正值,致使项目难以持续运营。

7.4 既有项目法人项目财务评价

7.4.1 评价范围与数据的确定

既有项目法人项目财务评价与新设项目法人项目财务评价的主要区别在于它的盈利能力评价指标,前者是按"有项目"和"无项目"对比,采取增量分析方法计算。偿债能力评价指标,一般是按"有项目"后项目的偿债能力计算,必要时也可按"有项目"后既有项目法人整体偿债能力计算。

1. 确定财务评价范围

范围界定合适与否与项目的经济效益和评价的繁简程度有直接关系。

(1) "整体改扩建"的项目,项目范围包括整个既有企业,除要使用既有企业的部分或全部原有资产、场地、设备,还要另外新投一部分资金进行扩建或技术改造。企业的投资主体、融资主体、还债主体、经营主体是统一的,项目的范围就是企业的范围。"整体改扩建项目"不仅要识别和估算与项目直接有关的费用和效益,而且要识别和估算既有企业其余部分的费用和效益。

(2) "局部改扩建"的项目,项目范围只包括既有企业的一部分,只使用既有企业的一部分原有资产、资源、场地、设备,加上新投入的资金,形成改扩建项目。企业投资主体、融资主体与还债主体仍然是一致的,但可能与经营主体分离。整个企业只有一部分包含在项目"范围内",还有相当一部分在"企业内",但属于项目"范围外"。

在保证项目的费用与效益口径一致及不影响分析结果的情况下,应尽可能缩小项目的范围,有可能的,只包括与项目直接关联的财务费用与效益。在界定了项目的范围后,就应当正确识别与估算项目范围内、外的费用与效益。

2. 选取财务评价数据

对既有项目法人项目的财务评价，采用"有无对比"进行增量分析，主要涉及下列五种数据：

（1）"有项目"数据，是指既有企业进行投资活动后，在项目的计算期内，在项目范围内可能发生的效益与费用流量。"有项目"的流量是时间序列的数据。

（2）"无项目"数据，是指既有企业利用拟建项目范围内的部分或全部原有生产设施（资产），在项目计算期内可能发生的效益与费用流量。"无项目"的流量是时间序列的数据。

（3）"增量"数据，是指"有项目"数据减"无项目"数据的差额，是时间序列的数据。"有项目"的投资减"无项目"的投资是增量投资；"有项目"的效益减"无项目"的效益是增量效益；"有项目"的费用减"无项目"的费用是增量费用。

（4）"现状"数据，是项目实施前的资产与资源、效益与费用数据，是一个时点数。"现状"数据对于比较"项目前"与"项目后"的效果有重要的作用。现状数据也是预测"有项目"和"无项目"的基础。现状数据一般可用实施前一年的数据，当该年数据不具有代表性，可选用有代表性年份的数据或近几年数据的平均值。其中特别是对生产能力的估计，应慎重取值。

（5）"新增"数据，是项目实施过程各时点"项目"的流量与"现状"数据之差，也是时间序列的数据。新增建设投资包括建设投资和流动资金，还包括原有资产的改良支出、拆除、运输和重新安装费用。新增投资是改扩建项目筹措资金的依据。"无项目"时的效益由"老产品"产生，费用是为"老产品"投入；"有项目"时的效益一般由"新产品"与"老产品"共同产生；"有项目"时的费用包含为"新产品"的投入与为"老产品"的投入。"老产品"的效益与费用在"有项目"与"无项目"时可能有较大差异。

7.4.2 既有项目法人项目财务评价的特点

改扩建项目财务评价采用一般建设项目财务评价的基本原理和指标。由于项目与既有企业既有联系又有区别，一般可进行下列两个层次的分析。

1. 项目层次

盈利能力分析，遵循"有无对比"的原则，利用"有项目"与"无项目"的效益与费用计算增量效益与增量费用，用于分析项目的增量盈利能力，并作为项目决策的主要依据之一；清偿能力分析，分析"有项目"的偿债能力，若"有项目"还款资金不足，应分析"有项目"还款资金的缺口，即既有企业应为项目额外提供的还款资金数额；财务生存能力分析，分析"有项目"的财务生存能力。符合简化条件时，项目层次分析可直接用"增量"数据和相关指标进行分析。

2. 企业层次

分析既有企业以往的财务状况与今后可能的财务状况，了解企业生产与经营情况、资产负债结构、发展战略、资源利用优化的必要性、企业信用等。特别关注企业为项目的融资能力、企业自身的资金成本或同项目有关的资金机会成本。有条件时要分析既有企业包括项目债务在内的还款能力。

7.4.3 盈利能力分析

1. 盈利能力分析的特点

（1）增量分析为主。既有项目法人项目盈利能力分析是在明确项目范围和项目基本财务数据的基础上进行，强调以"有项目"和"无项目"对比得到的增量数据进行增量现金流量分析，以增量现金流量分析的结果作为投资决策的主要依据。

（2）辅以总量分析。必要时，既有法人项目的盈利能力分析也可以按"有项目"效益和费用数据编制"有项目"的现金流量表进行总量盈利能力分析，依据该表数值计算相关指标。其目的是考察项目建成后的总体效果，可以作为辅助的决策依据。是否有必要进行总量盈利能力分析一般取决于企业现状与项目目标，如果企业现状亏损，而该改扩建项目的目标又是使企业扭亏为盈，则为了了解改造后的预期目标能否因该项目的实施而实现，就可以进行总量盈利能力分析；如果增量效益较好，而总量效益不能满足要求，则说明该项目方案的带动效果不足，需要改变方案才能实现扭亏为盈的目标。

2. 盈利能力分析的报表

既有项目法人项目盈利能力分析报表可以与新建项目的财务报表基本相同，只是输入数据不同，其中各项目可能略有增加，既有项目法人项目盈利能力分析的主要报表有项目投资现金流量表（增量）和利润表（有项目）。

3. 盈利能力增量分析的简化

简化的增量分析即按照"有无对比"原则直接判定增量数据用于报表编制，并进行增量分析。这种做法实际上是把项目模拟成一个法人，相当于按照新建（新设法人）项目的方式进行盈利能力分析。符合下列特定条件之一的改扩建项目，可按一般建设项目经济评价的方法简化处理。

（1）项目的投入和产出与既有企业的生产经营活动相对独立；

（2）以增加产出为目的的项目，增量产出占既有企业产出比例较小；

（3）利用既有企业的资产与资源量与新增量相对较；

（4）效益与费用的增量流量较容易确定；

（5）其他特定情况。

4. 盈利能力分析的指标

盈利能力分析指标、表达式和判别依据与新设项目法人项目基本相同。

7.4.4 偿债能力分析

对于既有项目法人项目，由于项目范围界定的不同，可能会分项目和企业两个层次。当项目范围与企业范围一致时，"有项目"数据与报表都与企业一致，可直接进行借款偿还计算；当项目范围与企业不一致时，偿债能力分析就有可能出现项目和企业两个层次。

1. 项目层次的偿债能力分析

首先进行项目层次的偿债能力分析，编制有项目时的借款还本付息计划表计算利息备付率和偿债备付率。

当项目范围内存在原有借款时，应纳入计算。虽然借款偿还是由企业法人承借并负责偿还的，但计算得到的项目偿债能力指标可以表示项目用自身的各项收益偿付债务的能力，显示项目对企业整体财务状况的影响。计算得到的项目层次偿债能力指标可以给企业法人两种提示：一是靠本项目自身收益可以偿还债务，不会给企业法人增加债务负担；二是本项目的自身收益不能偿还债务，需要企业法人另筹资金偿还债务。

2. 企业层次的偿债能力分析

银行等金融部门为了考察企业的整体经济实力，决定是否贷款，往往在考察现有企业财务状况的同时还要了解企业各笔借款（项目范围内、外的原有借款、其他拟建项目将要发生的借款和项目新增借款）的综合偿债能力。为了满足债权人的要求，不仅需要提供项目建设前3~5年的企业主要财务报表，还需要编制企业在拟建项目建设期和投产后3~5年内（或项目偿还期内）的综合借款还本付息计划表，并结合利润表、财务计划现金流量表和资产负债表，分析企业整体偿债能力。考察企业财务状况的指标主要有资产负债率、流动比率和速动比率等指标，根据企业资产负债表的相关数据计算。

（1）资产负债率是指各期末负债总额同资产总额的比率；

（2）流动比率是流动资产与流动负债之比，反映法人偿还流动负债的能力；

（3）速动比率是速动资产与流动负债之比，反映法人在短时间内偿还流动负债的能力。

7.4.5 财务生存能力分析

财务生存能力分析是分析"有项目"时，企业在整个计算期内的资金充裕程度，分析财务可持续性，判断在财务上的生存能力。改扩建项目的财务生存能力应根据"有项目"的财务计划现金流量表进行，分析的内容与一般新建项目相同。

7.5 非盈利性项目财务评价

7.5.1 非盈利性项目的类型

非盈利性项目是指为社会公众提供服务或产品，不以盈利为主要目的的投资项目。其包括公益事业项目、行政事业项目和某些基础设施项目。这些项目的显著特点是为社会提供的服务或使用功能，不收取费用或只收取少量费用。这类项目的财务评价方法与盈利性项目有所不同，由于建设这类项目的目的是服务于社会，进行财务分析的目的不一定是作为投资决策的依据，而是考察项目的财务状况，了解盈利还是亏损，以便采取措施使其能维持运营，发挥功能。另外，对很多非盈利性项目的财务分析，实质上是在进行方案比选，以使所选方案在满足项目目标的前提下，花费费用最少。

7.5.2 非盈利性项目财务评价方法

1. 单位功能（或单位使用效益）投资

这项指标是指建设每单位使用功能所需的投资，如医院每张病床的投资，学校每个就学学生的投资,办公用房项目每个工作人员占用面积的投资。

$$单位功能(或单位使用效益)投资 = 建设投资/设计服务能力或设施规模 \qquad (7.1)$$

2. 单位功能运营成本

这项指标是指项目的年运营费用与年服务总量之比,如污水处理厂项目处理每吨污水的运营费用,以此考察项目运营期间的财务状况。

$$单位功能运营成本 = 年运营费用/年服务总量 \qquad (7.2)$$

其中,年运营费用 = 运营直接费用 + 管理费用 + 财务费用 + 折旧费用;年服务总量是指拟建项目建设规模中设定的年服务量。

3. 运营和服务收费价格

这项指标是指向服务对象提供每单位服务收取的服务费用,以此评价收费的合理性。评价方法一般是将预测的服务价格与消费者承受能力和支付意愿,以及政府发布的指导价格进行对比。

4. 借款偿还期

一些负债建设且有经营收入的非盈利性项目,应计算借款偿还期,考察项目的偿债能力,按下式计算:

$$借款偿还期 = 借款偿还后开始出现盈余年份 - 开始借款年份 + \frac{当年借款额}{当年可用于还款的资金额} \qquad (7.3)$$

7.6 财务评价案例

7.6.1 背景资料

1. 项目概况

某新建电子配件厂,其可行性研究已完成市场需求预测、生产规模、工艺技术方案、建厂条件和厂址方案、环境保护、工厂组织和劳动定员及项目实施规划诸方面的研究论证和多方案的比较。

(1)生产规模:该项目建成后拟生产目前市场上所需的计算机配件,设计生产规模为年产100万件。

(2)实施进度:该项目建设期为1年,运营期为5年,投产第1年负荷为60%,其他年份均为100%。

(3)建设投资估算:经估算,该项目建设投资总额为850万元(不含建设期利息),全部形成固定资产。

(4)流动资金估算:该项目的流动资金估算总额为100万元。投产第1年流动资金估算为70万元,投产第2年流动资金估算为30万元。计算期末将全部流动资金回收。

(5)融资方案:该项目初步融资方案为用于建设投资的项目资本金为450万元,建设投资借款为400万元,年利率为6%,采用等额还本付息法5年还清。流动资金全部来源于项目资本金,无流动资金借款。

（6）营业收入和营业税金及附加估算根据市场分析，预计产品的市场售价（不含税）为 6.5 元/件，本产品采用价外计税，投入和产出的增值税税率为 17%，营业税金及附加按增值税的 10% 计算。

（7）产品总成本估算。

1）该项目正常年份的外购原材料、燃料动力费（不含税）为 200 万元。

2）据测算，该项目的年工资及福利费估算为 50 万元。

3）固定资产折旧费按平均年限法计算，折旧年限为 5 年，不计残值。

4）项目在生产经营期间的应计利息全部计入财务费用。

（8）利润测算。

1）所得税税率按 25% 计算。

2）盈余公积金按税后利润的 10% 计取。

3）股东会约定正常年份按可供投资者分配利润的 50%，提取应付投资者各方的股利。

（9）评价参数设基准收益率为 12%。

2. 项目财务分析的要求

（1）编制财务评价的辅助报表与基本报表。

（2）从盈利能力角度，分析项目的可行性。

（3）从偿债能力角度，分析项目的可行性。

7.6.2 财务分析

1. 融资前财务分析

（1）编制营业收入、营业税金及附加和增值税估算表，见表 7.15。

表 7.15 营业收入、营业税金及附加和增值税估算表　　　　　万元

序号	项目	2	3	4	5	6
1	营业收入	390.00	650.00	650.00	650.00	650.00
	单价	6.50	6.50	6.50	6.50	6.50
	数量	60	100	100	100	100
	销项税额	66.30	110.50	110.50	110.50	110.50
2	外购原材料及燃料动力费	120.00	200.00	200.00	200.00	200.00
	进项税额	20.40	34.00	34.00	34.00	34.00
3	增值税	45.90	76.50	76.50	76.50	76.50
4	营业税金与附加	4.59	7.65	7.65	7.65	7.65

(2) 编制总成本费用估算表,见表 7.16。

表 7.16 总成本费用估算表(融资前) 万元

序号	项目	2	3	4	5	6
1	外购原材料及燃料动力费	120.00	200.00	200.00	200.00	200.00
2	工资及福利费	50.00	50.00	50.00	50.00	50.00
3	修理费	0.00	0.00	0.00	0.00	0.00
4	其他费用	0.00	0.00	0.00	0.00	0.00
5	经营成本(1+2+3+4)	170.00	250.00	250.00	250.00	250.00
6	折旧费	170.00	170.00	170.00	170.00	170.00
7	摊销费	0.00	0.00	0.00	0.00	0.00
8	总成本费用(5+6+7)	340.00	420.00	420.00	420.00	420.00

(3) 编制利润与利润分配表,见表 7.17。

表 7.17 利润与利润分配表(融资前) 万元

序号	项目	2	3	4	5	6
1	营业收入	390.00	650.00	650.00	650.00	650.00
2	营业税金及附加	4.59	7.65	7.65	7.65	7.65
5	总成本费用	340.00	420.00	420.00	420.00	420.00
4	息税前利润总额(1-2-3)	45.40	222.35	222.35	222.35	222.35
5	调整所得税	11.35	55.59	55.59	55.59	55.59

(4) 编制项目投资现金流量表,见表 7.18。

表 7.18 项目投资现金流量表 万元

序号	项目	合计	计算期					
			1	2	3	4	5	6
1	现金收入		0.00	390.00	650.00	650.00	650.00	750.00
1.1	营业收入			390.00	650.00	650.00	650.00	650.00
1.2	回收固定资产余值							0.00
1.3	回收流动资金							100.00
2	现金流出		850.00	244.59	287.65	257.65	257.65	257.65
2.1	建设投资		850.00					
2.2	流动资金			70.00	30.00			
2.3	经营成本			170.00	250.00	250.00	250.00	250.00
2.4	营业税金及附加			4.59	7.65	7.65	7.65	7.65
3	所得税前净现金流量		-850.00	145.41	362.35	392.35	392.35	492.35
4	折现系数($i=12\%$)		0.892 9	0.797 2	0.711 8	0.635 5	0.567 4	0.506 6
5	所得税前折现净现金流量		-758.97	115.92	257.92	249.34	222.62	249.42

续表

序号	项目	合计	计算期					
			1	2	3	4	5	6
6	所得税前累计折现净现金流量		−758.97	−643.04	−385.12	−135.78	86.83	336.26
7	调整所得税			11.35	55.59	55.59	55.59	55.59
8	所得税后净现金流量		−850	134.06	306.76	336.76	336.76	436.76
9	所得税后折现净现金流量		−758.97	106.87	218.35	214.01	191.03	221.26
10	所得税后累计折现净现金流量		−758.97	−652.09	−433.74	−219.73	−28.65	192.61

（5）融资前财务分析结论，根据项目投资现金流量表计算结果，该项目所得税前净现值为336.26万元，大于零，所得税后净现值为192.61万元，大于零，项目财务效益是可以接受的。

2. 融资后的盈利能力分析

（1）编制项目借款还本付息计划表，见表7.19。

表7.19 项目借款还本付息计划表　　　　　　　　　　　　　万元

序号	项目	合计	计算期					
			1	2	3	4	5	6
1	期初借款余额			412.00	338.91	261.43	179.31	92.26
2	当期借款		400.00					
3	当期应付利息		12.00	24.72	20.33	15.69	10.76	5.54
4	当年应还本付息			97.81	97.81	97.81	97.81	97.81
4.1	其中：应还本金			73.09	77.48	82.12	87.05	92.26
4.2	应还利息			24.72	20.33	15.69	10.76	5.54
5	期末借款余额		412.00	338.91	261.43	179.31	92.26	0.00

（2）编制融资后的总成本费用估算表，见表7.20。

表7.20 总成本费用估算表（融资后）　　　　　　　　　　　　万元

序号	项目	2	3	4	5	6
1	外购原材料及燃料动力费	120.00	200.00	200.00	200.00	200.00
2	工资及福利费	50.00	50.00	50.00	50.00	50.00
3	修理费	0.00	0.00	0.00	0.00	0.00
4	其他费用	0.00	0.00	0.00	0.00	0.00
5	经营成本（1+2+3+4）	170.00	250.00	250.00	250.00	250.00
6	折旧费	172.40	172.40	172.40	172.40	172.40
7	摊销费	0.00	0.00	0.00	0.00	0.00
8	利息支出	24.72	20.33	15.69	10.76	5.54
9	总成本费用（5+6+7+8）	367.12	442.73	438.09	433.16	427.94

(3) 编制融资后的利润与利润分配表,见表7.21。

表 7.21 利润与利润分配表(融资后)　　　　　万元

序号	项目	2	3	4	5	6
1	营业收入	390.00	650.00	650.00	650.00	650.00
2	营业税金及附加	4.59	7.65	7.65	7.65	7.65
3	总成本费用	367.12	442.73	438.09	433.16	427.94
4	利润总额(1-2-3)	18.29	199.62	204.26	209.19	214.41
5	所得税	4.57	49.91	51.07	52.30	53.60
6	净利润(4-5)	13.72	149.71	153.20	156.89	160.81
7	期初未分配利润	0	6.17	70.46	103.86	122.53
8	可供分配利润(6+7)	13.72	155.89	223.66	260.75	283.34
9	法定盈余公积金(6×10%)	1.37	14.97	15.32	15.69	16.08
10	可供投资者分配的利润(8-9)	12.35	140.91	208.33	245.37	267.42
11	应付投资者各股利(10×50%)	6.17	70.46	104.17	122.69	133.71
12	未分配利润	6.17	70.46	104.17	122.69	133.71
13	累计未分配利润	6.17	76.63	180.80	303.48	437.19

(4) 编制项目资本金现金流量表,见表7.22。

表 7.22 项目资本金现金流量表　　　　　万元

序号	项目	合计	计算期					
			1	2	3	4	5	6
1	现金流入		0.00	390.00	650.00	650.00	650.00	750.00
1.1	营业收入			390.00	650.00	650.00	650.00	650.00
1.2	回收固定资产余值							0.00
1.3	回收流动资金							100.00
2	现金流出		450.00	346.97	435.37	406.53	407.76	409.05
2.1	项目资本金		450.00	70.00	30.00			
2.2	借款本金偿还			73.09	77.48	82.12	87.05	92.26
2.3	借款利息支付			24.72	20.33	15.69	10.76	5.54
2.4	经营成本			170.00	250.00	250.00	250.00	250.00
2.5	营业税金及附加			4.59	7.65	7.65	7.65	7.65
2.6	所得税			4.57	49.91	51.07	52.30	53.60
3	净现金流量		-450.00	43.03	214.63	243.47	242.24	340.95
4	折现系数($i_c=12\%$)		0.8929	0.7972	0.7118	0.6355	0.5674	0.5066
5	折现净现金流量		-401.81	34.30	152.77	154.73	137.45	172.73
6	累计折现净现金流量		-401.81	-367.51	-214.74	-60.01	77.44	250.17

根据项目资本金现金流量表计算结果,该项目净现值为250.17万元,大于零,从项目权益投资者整体角度看,该融资方案下财务效益是可以接受的。

3. 融资后的偿债能力分析

（1）编制项目财务计划现金流量表，见表7.23。

表7.23 项目财务计划现金流量表 万元

序号	项目	计算期					
		1	2	3	4	5	6
1	经营活动净现金流量		210.84	342.45	341.28	340.05	438.75
1.1	现金流入		456.30	760.50	760.50	760.50	860.50
1.1.1	营业收入		390.00	650.00	650.00	650.00	650.00
1.1.2	增值税销项税额		66.30	110.50	110.50	110.50	110.50
1.1.3	回收流动资金						100.00
1.2	现金流出		245.46	418.06	419.22	420.45	421.75
1.2.1	经营成本		170.00	250.00	250.00	250.00	250.00
1.2.2	增值税进项税额		20.40	34.00	34.00	34.00	34.00
1.2.3	营业税金及附加		4.59	7.65	7.65	7.65	7.65
1.2.4	增值税		45.90	76.50	76.50	76.50	76.50
1.2.5	所得税		4.57	49.91	51.07	52.30	53.60
2	投资活动净现金流量	-850.00	-70.00	-30.00			
2.1	现金流入						
2.2	现金流出						
2.2.1	建设投资	850.00					
2.2.2	流动资金		70.00	30.00			
3	筹资活动及净现金流量	850.00	-33.99	-138.27	-201.98	-220.50	-231.52
3.1	现金流入	850.00	70.00	30.00			
3.1.1	项目资本金投入	450.00	70.00	30.00			
3.1.2	建设投资借款	400.00					
3.1.3	流动资金借款		0.00	0.00			
3.2	现金流出		103.98	168.27	201.98	220.5	231.52
3.2.1	各种利息支出		24.72	20.33	15.69	10.76	5.54
3.2.2	偿还债务本金		73.09	77.48	82.12	87.05	92.26
3.2.3	应付利润（股利分配）		6.17	70.46	104.17	122.69	133.71
4	净现金流量（1+2+3）	0.00	106.85	174.18	139.31	119.56	207.23
5	累计盈余资金	0.00	106.85	281.03	420.34	539.90	747.13

（2）编制项目资产负债表，见表7.24。

（3）计算偿债能力指标。

1）计算资产负债率；

2）计算利息备付率和偿债备付率，见表7.25。

表 7.24 项目资产负债表 万元

序号	项目	计算期					
		1	2	3	4	5	6
1	资产	862.00	866.45	904.41	941.77	993.09	1 050.61
1.1	流动资产总额	0.00	176.85	387.21	596.97	829.69	1 050.61
1.1.1	流动资产		70.00	100.00	100.00	100.00	100.00
1.1.2	累计盈余资金		106.85	281.03	420.34	539.90	647.13
1.1.3	期初未分配利润	0.00	0.00	6.17	76.63	180.80	303.48
1.2	在建工程	862.00					
1.3	固定资产净值		689.6	517.2	344.8	172.4	0.00
2	负债及所有者权益	862.00	866.45	904.41	941.77	993.09	1 050.62
2.1	流动负债总额	0.00	0.00	0.00	0.00	0.00	0.00
2.2	建设投资借款	412	338.91	261.43	179.31	92.26	0.00
2.3	负债小计（2.1+2.2）	412	338.91	261.43	179.31	92.26	0.00
2.4	所有者权益	450.00	527.54	642.97	762.46	900.83	1 050.62
2.4.1	资本金	450.00	520.00	550.00	550.00	550.00	550.00
2.4.2	资本公积金	0.00	1.37	16.34	31.66	47.35	63.43
2.4.3	累计未分配利润	0.00	6.17	76.63	180.80	303.48	437.19
计算指标：资产负债率		47.80%	39.11%	28.91%	19.04%	9.29%	0.00

表 7.25 项目利息备付率和偿债备付率计算表 万元

项目	2	3	4	5	6
应还本付息额	91.81	97.81	97.81	97.81	97.81
应付利息额	24.72	20.33	15.69	10.76	5.54
息税前利润	45.40	222.35	222.35	222.35	222.35
折旧	172.40	172.40	172.40	172.40	172.40
所得税	4.57	49.91	51.07	52.30	53.60
利息备付率	1.84	10.94	14.17	20.66	40.14
偿债备付率	2.18	3.53	3.51	3.50	3.49

根据资产负债率、利息备付率和偿债备付率计算结果，可以看出该项目具有很好的偿债能力。

7.7 经济分析概述

7.7.1 经济分析的概念及作用

1. 经济分析的概念

项目经济分析（也称国民经济评价），是在合理配置社会资源的前提下，从国家经济整体利益的角度出发，计算项目对国民经济的贡献，分析项目的经济效益、效果和对社会的影响，评价项目在宏观经济上的合理性。

经济分析的理论基础是新古典经济学有关资源优化配置的理论。从经济学的角度看，经济活动的目的是通过配置稀缺经济资源用于生产产品和提供服务，尽可能地满足社会需要。当经济体系功能发挥正常，社会消费的价值达到最大时，就认为是取得了"经济效益"，达到了帕累托最优。

经济分析可以根据具体情况采用经济费用效益分析或经济费用效果分析的方法。

2. 经济分析的作用

（1）正确反映项目对社会经济的净贡献并评价项目的经济合理性。财务分析主要是从企业（财务主体）的角度考察项目的效益。由于企业的利益并不总是与国家和社会的利益完全一致，项目的财务盈利性至少在国家给予项目补贴、企业向国家缴税、某些货物市场价格可能扭曲和项目的外部效果等方面难以全面正确地反映项目的经济合理性。因而，需要从项目对社会资源增加所作贡献和项目引起社会资源耗费增加的角度，进行项目的经济分析，以便正确反映项目的经济效益和对社会福利的净贡献。

（2）为政府合理配置资源提供依据。合理配置有限的资源（包括劳动力、土地、各种自然资源、资金等）是人类经济社会发展所面临的共同问题。在完全的市场经济状态下，可通过市场机制调节资源的流向，实现资源的优化配置。在非完全的市场经济中，需要政府在资源配置中发挥调解作用。但是由于市场本身的原因，若政府干预不恰当，可能造成市场配置资源的失灵。项目的经济分析对项目的资源配置效率，即项目的经济效益（或效果）进行分析评价，可为政府的资源配置决策提供依据，提高资源配置的有效性。

（3）政府审批或核准项目的重要依据。在我国新的投资体制下，国家对项目的审批和核准重点放在项目的外部性、公共性方面，经济分析强调从资源配置效率的角度分析项目的外部效果，是政府审批或核准项目的重要依据。

（4）为市场化运作的基础设施等项目提供财务方案的制订依据。对部分或完全市场化运作的基础设施等项目，可通过经济分析论证项目的经济价值，为制订财务方案提供依据。

（5）有助于实现企业利益与全社会利益有机结合和平衡。国家实行审批和核准的项目，应特别强调要从社会经济的角度评价和考察，支持和发展对社会经济贡献大的产业项目，并特别注意限制对社会经济贡献小的项目，制止有负面影响的项目。正确运用经济分析方法，在项目决策中可以有效地察觉盲目建设、重复建设项目，有效地将企业利益与全社会利益有机结合。

（6）比选和优化项目（方案）的作用。为提高资源配置的有效性，方案比选应根据能反映资源真实价值的相关数据进行，这只能依赖经济分析，因此，经济分析在方案比选和优化中可发挥重要的作用。

7.7.2 经济分析与财务分析的联系

1. 经济分析的基本方法

（1）经济分析采用费用效益分析或费用效果分析方法，即效益（效果）与费用比较的理论方法，寻求以最小的投入（费用）获取最大的产出（效益、效果）。

（2）经济分析采取"有无对比"方法识别项目的效益和费用。

（3）经济分析采用影子价格估算各项效益和费用。

（4）经济分析遵循效益和费用的计算范围对应一致的基本原则。

（5）经济费用效益分析采用费用效益流量分析方法，采用经济内部收益率、经济净现值等经济盈利性指标进行定量的经济效益分析。经济费用效果分析对费用和效果采用不同的度量方法，计算效果费用比或费用效果比指标。

2. 经济分析与财务分析的联系

（1）经济分析与财务分析的共同之处。

1）分析方法相同。都是经济效果评价，都采用基本的经济评价理论，即效益与费用比较的理论方法。都要寻求以最小的投入获取最大的产出，都要考虑资金的时间价值，采用内部收益率、净现值等盈利性指标评价工程项目的经济效果。

2）分析的基础工作相同。两种分析都要在完成产品需求预测、工艺技术方案选择、投资估算、资金筹措方案等可行性研究内容的基础上进行。

3）分析的计算期相同。

（2）经济分析与财务分析的区别。

1）分析的基本出发点不同。财务分析是站在项目的层次上，从项目经营者、投资者、未来债权人的角度，分析项目在财务上能够生存的可能性，分析各方的实际收益或损失，分析投资或贷款的风险及收益。经济分析则是站在国民经济的层次上，从全社会的角度分析项目的国民经济费用和效益。

2）费用效益的含义和划分范围不同。财务分析只根据项目直接发生的财务收支，计算项目的费用和效益。经济分析则从全社会的角度考察项目的费用和效益，这时项目的有些收入和支出不能作为项目费用或效益，如税金和补贴、银行贷款利息。

3）价格体系不同。财务分析使用实际的市场预测价格，经济分析则使用一套专用的影子价格体系。

4）分析所用参数不同。如财务分析中使用的是财务基准收益率，经济分析中则用社会折现率。财务基准收益率依行业的不同而不同，而社会折现率对于全国各行业各地区都是一致的。

5）分析内容不同。财务分析主要包括财务盈利能力分析、清偿能力分析和财务生存能力分析，而经济分析只进行盈利能力分析。

7.7.3 经济分析的项目类型和内容

在现实经济中，有时市场配置资源可能失灵，市场价格难以反映建设项目的真实经济价值，客观上需要通过经济费用效益分析来反映建设项目的真实经济价值，判断投资的经济合理性，为投资决策提供依据。因此，当某类项目依靠市场无法进行资源合理配置时，就需要进行经济费用效益分析。

（1）需要进行经济分析的项目判别准则。

1）具有自然垄断的性质。对于电力、电信、交通运输等行业的项目，存在规模效益递增的产业特征，企业一般不会按照帕累托最优规则进行运作，从而导致市场配置资源失效。

2）具有提供公共服务的性质。即项目提供的产品或服务在同一时间内可以被共同消费，具有"消费的非排他性"（未花钱购买公共产品的人不能被排除在此产品或服务的消费之外）和"消费的非竞争性"（一人消费一种公共产品并不以牺牲其他人的消费为代价）特征。由于市场价格机制只有通过将那些不愿意付费的消费者派出在该物品的消费之外才能得以有效运作，因此，市场机制对公共产品项目的资源配置失灵。

3）具有明显的外部效果。外部效果是指一个个体或厂商的行为对另一个个体或厂商产生了影响，而该影响的行为主体又没有负相应的责任或没有获得应有报酬的现象。产生外部效果的行为主体由于不受预算约束，因此，常常不考虑外部效果承受者的损益情况。这样，这类行为主体在其行为过程中常常会低效率甚至无效率地使用资源，造成消费者剩余与生产者剩余的损失及市场失灵。

4）具有涉及国家控制的战略性资源开发及国家经济安全的性质。这类项目通常具有公共性、外部效果等综合特征，不能完全依靠市场配置资源。

(2) 现阶段需要进行经济分析的项目类型。从投资管理的角度，现阶段需要进行经济分析的项目类型主要有以下几种：

1）政府预算内投资（包括国债资金）的用于关系国家安全、国土开发和市场不能有效配置资源的公益性项目和公共基础设施建设项目、保护和改善生态环境项目、重大战略性资源开发项目。

2）政府各类专项建设基金投资的用于交通运输、农林水利等基础设施、基础产业建设项目。

3）利用国际金融组织和外国政府贷款，需要政府主权信用担保的建设项目。

4）法律、法规规定的其他政府性资金投资的建设项目。

5）企业投资建设的涉及国家经济安全、影响环境资源、公共利益，可能出现垄断、涉及整体布局等公共性问题，需要政府核准的建设项目。

(3) 经济分析的内容与步骤。经济分析的主要工作内容可以概括为国民经济费用和效益的识别、影子价格及参数的选取和测算、经济费用效益报表的编制和指标的计算、方案的比选。一般来说，可按下列步骤进行：

1）效益（效果）与费用的识别。建设项目经济分析应从整个国民经济的发展目标出发，考察项目对国民经济发展和资源合理利用的影响。在经济分析中的效益（效果）和费用，是指项目对国民经济所作的贡献及国民经济为项目所付出的代价，综合考察了项目的内部经济效果和外部经济效果。工程项目费用与效益的划分要因项目的类型及其评价目标的不同而有所区别。

2）影子价格和参数的确定。建设项目经济分析的关键是要确定项目产出物和投入物的合理的经济价格。必须选择既能反映资源本身的真实社会价值，又能反映供求关系、稀缺物资的合理利用和符合国家经济政策的经济价格（如影子价格）。按照国家规定和定价原则，合理选用和确定投入物与产出物的影子价格和参数，并对其进行鉴定和分析。然后，根据已确定的经济效益与费用的范围，采用影子价格、影子工资、影子汇率和社会折现率来替代财务评价中的财务价格、工资、汇率和折现率。因此，影子价格和有关参数的确定是经济分析的重要内容。

3）效益和费用数值的调整。把项目的效益和费用等各项经济基础数据按照已确定的经济价格（影子价格）进行调整，重新计算项目的销售收入、投资和生产成本的支出及项目固定资产残值的经济价值。

4）项目国民经济盈利能力分析。在对项目效益和费用等经济数值调整的基础上，编制项目的国民经济效益费用流量表（全部投资），并据此计算全部投资的经济内部收益率和经济净现值指标；对使用国外贷款的项目，还应编制国民经济效益费用流量表（国内投资）并据此计算国内投资的经济内部收益率和经济净现值等评价指标。

5）方案经济比选。建设项目投资方案的经济效果比选，是寻求合理的经济和技术决策的必要手段，也是国民经济评价的重要组成部分。方案的比选应遵循宏观和微观、技术和经济相结合的原则进行。方案比选一般可采用净现值或差额收益率法。而对于效益相同的方案或效益基本相同又难以具体估算的方案，可采用最小费用法（如总费用现值比较法和年费用比较法）比选。

6）综合评价与结论。首先按照国家政策，对项目有关的各种经济因素作出综合分析，以国民经济效益评价为主，结合财务评价和社会效益评价，对主要评价指标进行综合分析，形成评价结论。然后，对项目经济分析中反映的问题和对项目需要说明的问题及有关建议加以明确阐述。

7.7.4 经济分析的通用参数

经济参数是进行经济分析的重要工具。正确理解和使用这些参数，对正确估算经济效益和费用，计算评价指标并进行经济合理性的判断，以及方案的比选优化是十分重要的。经济分析参数可分为两类：一类是通用参数，包括社会折现率、影子汇率、影子工资等，由专门机构组织测算和发布；另一类是各种货物服务、土地、自然资源等影子价格，需要项目评价人员根据项目具体情况自行测算。

1. 社会折现率

社会折现率是指建设项目经济分析中衡量经济内部收益率的基准值，也是计算项目经济净现值的折现率，是项目经济可行性和方案比选的主要判据。社会折现率在项目经济分析中的这种使用，使得它具有双重职能，既作为项目费用效益的不同时间价值之间的折算率，同时，又作为项目经济效益要求的最低经济收益率。

作为项目效益不同时间价值之间的折算率社会折现率，反映了对于社会费用效益价值的时间偏好。社会费用或效益的时间偏好代表人们对于现在的社会价值与未来价值之间的权衡。

作为项目经济效益要求的最低经济收益率，社会折现率代表社会投资所要求的最低收益率水平。项目投资产生的社会收益率如果达不到这一最低水平，项目不应被接受。根据国家发展和改革委员会及原建设部联合发布的《建设项目经济评价方法与参数》（第三版）规定，目前的社会折现率为8%；对于受益期长的建设项目，如果远期效益较大，效益实现的风险较小，社会折现率可适当降低，但不应低于6%。

2. 影子汇率

影子汇率是指用于对外贸货物和服务进行经济费用效益分析的外币的经济价格，应能正确反映外汇的经济价值。在建设项目经济分析中，项目的进口投入物和出口产出物，应采用影子汇率换算系数调整计算进出口外汇收支的价值。

影子汇率可通过影子汇率换算系数得出。影子汇率换算系数是指影子汇率与外汇牌价之间的比值。影子汇率应按下式计算：

$$影子汇率 = 外汇牌价 \times 影子汇率换算系数 \tag{7.4}$$

根据我国外汇收支、外汇供求、进出口结构、进出口关税、进出口增值税及出口退税补贴等情况，影子汇率换算系数为1.08。

3. 影子工资

影子工资是指建设项目使用劳动力、耗费劳动力资源而使社会付出的代价。建设项目经济分析中以影子工资计算劳动力费用。影子工资应按下式计算：

$$影子工资 = 劳动力机会成本 + 新增资源消耗 \tag{7.5}$$

式中　劳动力机会成本——劳动力在本项目被使用，但不能在其他项目中使用而被迫放弃的劳动收益；

　　　新增资源消耗——劳动力在本项目新就业或由其他岗位转移到本项目而发生的社会资源消耗，这些资源的消耗并没有提高劳动力的生活水平。

在经济分析中，影子工资可通过影子工资换算系数得到，影子工资换算系数是指影子工资与项目财务分析中的劳动力工资之间的比值，有

$$影子工资 = 财务工资 \times 影子工资换算系数 \tag{7.6}$$

技术劳动力的工资报酬一般可由市场供求决定，即影子工资一般可以财务实际支付工资计算。对于非技术劳动力，根据我国非技术劳动力就业状况，其影子工资换算系数一般取为0.25~0.80。具体可根据当地的非技术劳动力供求状况确定，非技术劳动力较为富余的地区可取较低值，不太富余的地区可取较高值，中间状况可取0.5。

4. 土地影子价格

土地影子价格是指建设项目使用土地资源而使社会付出的代价。在建设项目经济分析中以土地影子价格计算土地费用。土地影子价格应按下式计算：

$$土地影子价格 = 土地机会成本 + 新增资源消耗 \tag{7.7}$$

式中　土地机会成本——按拟建项目占用土地而使国民经济为此放弃的该土地"最佳替代用途"的净效益计算；

　　　新增资源消耗——主要包括拆迁补偿费、农民安置补助费等。

在实践中，土地平整等开发成本通常计入工程建设费用，在土地影子价格中不再重复计算。

7.8　经济效益和费用的识别

7.8.1　经济效益和费用识别的基本要求

1. 对经济效益和费用全面识别的原则

在经济费用效益分析中，应尽可能全面地识别建设项目的经济效益和费用，对项目涉

的所有社会成员的有关费用和效益进行识别与计算，全面分析项目投资与运营活动耗用资源的真实价值，以及项目为社会成员福利的实际增加所作出的贡献，并需要注意以下几点：

（1）遵循"有无对比的"原则。项目经济费用效益分析应建立在增量效益和增量费用识别和计算的基础之上，不应考虑沉没成本和已实现的效益。应按照"有无对比"增量分析的原则，通过项目的实施效果与无项目情况下可能发生的情况进行对比分析，作为计算机会成本或增量效益的依据。

（2）考虑关联效果原则。在经济费用效益识别时，应考虑项目投资可能产生的其他关联效应，并对项目外部效果的识别是否适当进行评估，防止漏算或重复计算。对于项目的投入或产出可能产生的第二级乘数波及效应，在经济费用效益分析中不予考虑。

（3）合理确定效益和费用的空间范围和时间跨度。经济费用效益识别应以本国居民作为分析对象，对于跨越国界本国之外的其他社会成员产生影响的项目，应重点分析对本国公民新增的效益和费用项目对本国以外的社会群体所产生的效果，应进行单独陈述。经济费用效益识别的时间跨度应足以包含项目所产生的全部重要费用和效益，而不应仅依据有关财务核算规定确定。如财务分析的计算期可根据投资各方的合作期进行计算，而经济费用效益分析不受此限制。

（4）正确处理"转移支付"的原则。项目的有些财务收入和支出，从社会角度看并没有造成资源的实际增加或减少，从而称为经济费用效益分析中的"转移支付"。转移支付代表购买力的转移行为，接受转移支付的一方所获得的效益与付出方所产生的费用相等，转移支付行为本身没有导致新增资源的发生。在经济费用效益分析中，税赋、补贴借款和利息属于转移支付，但是，一些税收和补贴可能会影响市场价格水平，导致包括税收和补贴的财务价格可能并不反映真实的经济成本和效益。在进行经济费用效益分析中，转移支付的处理应区别对待。

2. 直接效益和直接费用的识别

（1）项目的直接效益是指由项目本身产生，由其产出物提供，并用影子价格计算的经济价值。项目直接效益的确定可分为以下两种情况：

1）项目的产出物用以增加国内市场的供应量，其效益就是其所满足的国内需求，也就等于消费者支付意愿。

2）国内市场的供应量不变。

（2）项目的直接费用。项目的直接费用主要是指国家为满足项目投入（包括固定资产投资、流动资金及经常性投入）的需要而付出的代价。这些投入物用影子价格计算的经济价值即项目的直接费用。

项目直接费用的确定也可分为以下两种情况：

1）拟建项目的投入物来自国内供应量的增加，即增加国内生产来满足拟建项目的需求，其费用就是增加国内生产所消耗的资源价值。

2）国内总供应量不变。

3. 间接效益和间接费用的识别

项目的费用和效益不仅体现在它的直接投入物和产出物上，还会在国民经济相邻部门及社会中反映出来，这就是项目的间接费用和间接效益，也可统称为外部效果。项目外部效果是指项目可能会对其他社会群体产生正面或负面影响，而项目本身却不会承担相应的货币费用或相应的货币效益。

以往经济费用效益分析对项目产生的有利影响（正面影响）的分析比较多，而对项目会带来不利影响（主要是对环境、生态和社会的负面影响）的分析较少考虑，这种做法既不利于充分认识项目外部效果以便采取成本最小措施，也不能在危害的预防与接受之间进行平衡。

外部效果计算的范围应考虑环境及生态影响效果、技术扩散效果和产业关联效果。一般计算一次性的外部影响效果。计算外部效果应明确项目"范围"的边界。根据具体项目情况，合理确定项目扩展的边界。有条件时可将具有相互关联的项目拴在一起作为"项目群"进行评价，使外部效果的处理内部化。对于无法量化的外部效果，应进行定性分析。

4. 转移支付

（1）税金，在财务分析中，税金是一种财务支出。企业纳税，就要减少它的净收益，但是企业纳税并未减少国民收入，并未发生社会资源的变动，只是将企业的这笔货币收入转移到政府手中而已，是收入的再分配。从整个社会角度看，税金与资源的变动不对应，所以，税金不能作为国民经济分析中的费用和收益。

（2）补贴，是一种货币流动方向与税金相反的转移支付。政府如果对某些产品实行价格补贴，可能会降低项目投入的支付费用，或者会增加项目的收入，从而增加项目的净收益。但是，从社会资源变动的角度看，补贴既未增加社会资源，也未减少社会资源，国民收入并未因补贴的存在而发生变化，仅是货币在项目和政府间的转移，因而，补贴不被视作经济分析中的费用和收益。

（3）国内贷款及其还本付息。从企业（项目）角度看，从银行得到贷款就是货币流入，因而，在自有资金的财务效益分析中，贷款被视为收入（现金流入）项；还本付息则是与贷款相反的货币流动过程，因而被视为财务支出（现金流出）项。从整个国民经济角度看，情况则不同。贷款并没有增加国民收入，还本付息也没有减少国民收入，这种货币流动过程仅仅代表资源支配权力的转移，社会实际资源并未增加或减少，因而，它们不是国民经济分析意义上的收益和费用，只是一种转移支付。

7.8.2 经济效益与费用的计算原则

项目投资所造成的经济费用或效益的计算，应在利益相关者分析的基础上，研究在特定的社会经济背景条件下相关利益主体获得的收益及付出的代价，计算项目相关的费用和效益。经济效益和费用的计算具体应遵循以下原则。

1. 支付意愿原则

项目产出物正面效果的计算应遵循支付意愿原则，用于分析社会成员为项目所产出的效益愿意支付的价值。

2. 受偿意愿原则

项目产出物的负面效果的计算遵循接受补偿意愿原则，用于分析社会成员为接受这种不利影响所得到补偿的价值。

3. 机会成本原则

项目投入的经济费用的计算应遵循机会成本原则，用于分析项目所占用的所有资源的机会成本。机会成本应按资源的其他最有效利用所产生的效益进行计算。

4. 实际价值计算原则

项目经济费用效益分析应对所有费用和效益采用反映资源真实价值的实际价格进行计算，不考虑通货膨胀因素的影响，但应考虑相对价格变动。

经济费用效益分析中投入物或产出物使用的计算价格称为"影子价格"。影子价格应是能够反映项目投入物和产出物真实经济价值的计算价格。

影子价格的测算在建设项目的经济费用效益分析中占有重要地位。考虑到我国是发展中国家，整个经济体系还没有完成工业化过程，国际市场和国内市场的完全融合仍然需要一定时间等具体情况，将投入物和产出物区分为可外贸货物与非外贸货物，并采用不同的思路确定其影子价格。

7.8.3 经济费用效益分析

1. 经济费用效益分析的概念

在识别项目经济费用和经济效益的基础上，对于效益和费用可以货币化的项目应采用经济费用效益分析方法；对于效益难以货币化的项目，应采用费用效果分析方法；对于效益和费用均难以量化的项目，应进行定性经济费用效益分析。

项目经济费用效益分析采用社会折现率对未来经济效益和经济费用流量进行折现。项目的所有效益和费用一般均应在共同的时点基础上予以折现。

经济费用效益分析可在直接识别估算经济费用和经济效益的基础上，利用表格计算相关指标；也可在财务分析的基础上将财务现金流量转换为经济效益与费用流量，利用表格计算相关指标。

如果项目的经济费用和效益能够进行货币化，应在费用效益识别和计算的基础上，编制经济费用效益流量表，计算经济费用效益分析指标，分析项目投资的经济效益。

2. 经济费用效益流量表的编制

编制经济费用效益流量表是进行经济分析的基础工作之一。经济费用效益流量分析的基本报表包括项目投资经济效益费用流量表和国内投资经济效益费用流量表。项目投资经济效益费用流量表是以全部投资（包括国内投资和国外投资）作为分析对象，考察项目全部投资的盈利能力；国内投资经济效益费用流量表是以国内投资作为分析对象，考察项目国内投资部分的盈利能力。

经济效益费用流量表一般在项目财务评价基础上进行调整编制，有些项目也可以直接编制。

7.8.4 经济费用效益分析指标的计算

经济费用效益分析的基本评价指标是经济净现值、经济内部收益率和效益费用比。在进行项目初选时，也可采用投资净收益率（即投资利税率）等静态指标；当进行多方案比选时,也可采用差额投资内部收益率进行排序。对涉及外贸及其他影响外汇流入、流出的项目,如出口创汇及替代进口节汇的项目,因其有直接和间接的外汇效果,除进行以上指标计算外,还应进行外汇效果分析,根据具体情况计算经济外汇净现值、经济换汇成本和经济节汇成本等指标。另外,对于间接费用和间接效益,应根据需要和可能尽可能地纳入费用效益流量中,对量化确有困难的间接费用和间接效益,应进行定性分析。

1. 经济净现值

经济净现值（ENPV）是项目按照社会折现率将计算期内各年的经济净效益流量折现到建设期初的现值之和,是经济费用效益分析的主要评价指标。其计算公式为

$$ENPV = \sum_{t=1}^{n}(B-C)_t(1+i_t)^{-t} \tag{7.8}$$

式中 $ENPV$——经济净现值;
B——经济效益流量;
C——经济费用流量;
i_t——社会折现率。

在经济费用效益分析中,如果经济净现值等于或大于零,说明项目可以达到社会折现率要求的效率水平,认为该项目从资源配置的角度可以被接受。

2. 经济内部收益率

经济内部收益率是项目在计算期内的经济净效益流量的折现值累计等于零时的折现率。其计算公式为

$$\sum_{t=1}^{n}(B-C)_t(1+EIRR)^{-t}=0 \tag{7.9}$$

式中 $EIRR$——经济内部收益率;
B——经济效益流量;
C——经济费用流量;
$(B-C)_t$——第 t 期的净效益流量;
n——计算期。

经济内部收益率可手工利用差值试算法求解,也可利用 Excel 的财务函数求解。

如果经济内部收益率等于或大于社会折现率,表明项目资源配置的经济效益达到了可以被接受的水平。

3. 效益费用比

效益费用比是项目在计算期内效益流量的现值与费用流量的现值的比率,是经济费用效益分析的辅助评价指标。其计算公式为

$$R_{BC} = \frac{\sum_{t=1}^{n} B_t(1+i_t)^{-t}}{\sum_{t=1}^{n} C_t(1+i_t)^{-t}} \tag{7.10}$$

式中 R_{BC}——经济效益费用比;

B_t——第 t 期的经济效应;

C_t——第 t 期的经济费用。

如果效益费用比大于 1,表明项目资源配置的经济效益达到了可以被接受的水平。

7.8.5 经济费用效益分析的对策建议

经济费用效益分析一方面应从资源优化配置的角度,分析项目投资的经济合理性;另一方面应通过财务分析和经济费用效益分析结果的对比,分析市场的扭曲情况,判断政府公共投资是否有必要介入该项目的投资建设,并为改善该项目的财务状况、进行政策调整提出分析意见。因此,在建设项目的经济费用效益分析中,必须重视对策建议的分析。

(1) 经济费用效益分析强调以受益者支付意愿原则测算项目产出效果的经济价值,对于基础设施项目,是分析建设投资的经济价值及市场化运作能力的重要依据。

(2) 通过财务现金流量与经济费用效益流量的对比分析,判断二者出现的差异及其原因,分析项目所在行业或部门存在的导致市场失灵的现行政策,提出纠正政策干预失当、改革现行政策法规制度、提高部门效率的政策建议。

(3) 通过项目费用及效益在不同利益相关者之间分布状况的分析,评价项目对不同利益相关群体的影响程度,分析项目利益相关群体受益及受损状况的经济合理性。

7.8.6 经济费用效果分析

1. 费用效果分析的基本原理

广义的费用效果分析泛指通过比较所达到的效果与所付出的耗费,用于分析判断所付出的代价是否值得,它是项目经济评价的基本原理。广义的费用效果分析并不刻意强调采用何种计量方式。狭义的费用效果分析专指耗费采用货币计量,效果采用非货币计量的分析方法。而效果和耗费均用货币计量的称为费用效益分析。项目评价中一般采用狭义的概念。

根据社会和经济发展的客观需要直接进行费用效果分析的项目,一般情况下,在充分论证项目必要性的前提下,重点是制订实现项目目标的途径和方案,并根据以尽可能少的费用获得尽可能大的效果原则,通过多方案比选,提供优先选定方案优先次序排队,以供决策。正常情况下,进入方案比选阶段,不再对项目的可行性提出疑问,不可能得出无可行方案的结论。费用效果分析只能比较不同方案的优劣,不能像费用效益分析那样保证所选方案的效果大于费用,因此,更加强调充分挖掘方案的重要性。

费用效益分析的优点是简洁、明了、结果透明,易于被人们接受。在市场经济中,货币是最为统一和认可的参考物,在不同产出物(效果)的叠加计算中,各种产出物的价格往往是市场认可的公平权重。总收入、净现金流量等是效果的货币化表达。财务盈利能力、偿债能力分析必须采用费用效益分析方法。在项目经济分析中,当项目效果或其中主要部分易于货币化时也采用费用效益分析方法。

费用效果分析回避了效果定价的难题,直接用非货币化的效果指标与费用进行比较,方法相对简单,最适用于效果难以货币化的领域。在项目经济费用效益分析中,当涉及代内公平(发达程度不同的地区、不同收入阶层等)和代际公平(当代人福利和未来人福利)等问题时,对效益的价值判断将十分复杂和困难。环境的价值、生态的价值、生命和健康的价值、人类自然和文化遗产的价值、通过义务教育促进人类的全面发展的价值等往往很难定价,而且不同的测算方法可能有数十倍的差距。勉强定价,往往引起争议,降低评价的可信度。另外,在可行性研究的不同技术经济环节,如场址选择、工艺比较、设备选型、总图设计、环境保护、安全措施等,无论进行财务分析,还是进行经济费用效益分析,都很难直接与项目最终的货币效益直接挂钩测算。这些情况下,都适宜采用费用效果分析。

费用效果分析既可以应用于财务现金流量,也可以用于经济费用效益流量。用于前者,主要用于项目各个环节的方案比选,项目总体方案的初步筛选;用于后者,除可以用于上述方案比选、筛选外,对于项目主体效益难以货币化的,则取代费用效益分析,并作为经济分析的最终结论。

2. 费用效果分析的方法

费用效果分析是将效果与费用采取不同的度量方法、度量单位和指标,在以货币度量费用的同时,采用某种非货币指标度量效果。费用效果分析遵循多方案比选原则,通过对各种方案的费用和效果进行比较,选择最好或较好的方案。对于单一方案的项目,由于费用与效果采取不同的度量单位和指标,不易直接评价其合理性。在进行费用效果分析时,项目的备选方案应具备以下条件:

(1) 备选方案互斥:备选方案是互斥方案或可转化为互斥方案的,且不少于2个。

(2) 备选方案目标相同:各个方案必须具有共同的既定实物目标。实物目标是指不以货币计量的一项具体的使命。目标不同的方案,不满足目标最低要求的方案不可比。

(3) 费用可以货币量化:备选方案的费用应能货币化,并采用同一计量单位,且资金用量未突破资金限额。

(4) 效果应采用同一非货币单位计量:效果应采用同一非货币单位计量。如果有多个效果,可通过加权的方法处理成单一的综合指标。

(5) 寿命周期可比备选方案应具有可比的寿命周期。

费用效果分析的程序如下:

(1) 确立项目目标,并将其转化为可量化的效果指标;

(2) 拟订各种可以完成任务(达到效果)的方案;

(3) 识别和计算各方案的费用与效果;

(4) 计算指标,综合比较,分析各方案的优点和缺点;

(5) 推荐最佳方案或提出优先采用的次序。

费用的测算强调采用全寿命周期费用,它是项目从建设投资开始到项目终结整个过程期限内所发生的全部费用,包括投资、经营成本、末期资产回收和拆除、恢复环境的处置费用。全寿命周期费用一般按现值计算或年值计算。

费用效果分析的常用方法是最小费用法、最大效果法和增量分析法。

(1) 最小费用法:当项目目标是明确固定的,即效果相同的条件下,选择能够达到效果的各种可能方案中费用最小的方案。这种满足固定效果寻求费用最小方案的方法称为最小费用法,也称固定效果法。

(2) 最大效果法:当对费用有明确规定时,追求效果最大化的方法称为最大效果法,也称固定费用法。例如，用于某一贫困地区扶贫的资金通常是事先固定的，扶贫效用最大化是通常要追求的目标，也就是采用最大效果法。

（3）增量分析法：有时，各个方案的费用和效果都不固定，则必须进行增量分析，分析增加的效果与增加的费用相比是否值得。不可盲目选择效果与费用比值最大的方案。其原理与费用效益分析中不可盲目选择 IRR、B/C 最大的方案相同。

当采用增量分析法时，需要先确定效果与费用比值最低可以接受的基准指标 $[E/C]$ 或最高可接受的单位成本指标 $[C/E]$。当 $\Delta E/\Delta C \geqslant [E/C]$ 或 $\Delta C/\Delta E \leqslant [C/E]$ 时，选择费用高的方案；否则，选择费用低的方案。基准指标的确定需要根据国家经济状况、行业特点、以往同类项目 E/C 比值水平综合确定，例如，每吨自来水可以接受的成本，城市公共交通每人每千米成本等。

7.9 经济分析案例

7.9.1 项目背景资料

某大型投资项目 X 生产有多种产品，大部分产品的市场价格可以反映其经济价值。其中的主要产品 Y，年产量为 20 万吨，产量大，但市场空间不够大。该项目市场销售收入总计估算为 760 000 万元（含销项税额），适用的增值税税率为 17%。当前产品 Y 的市场价格为 2 200 元/t（含销项税额）。据预测，项目投产后，将导致产品 Y 的市场价格下降 20%，且很可能挤占国内原有厂家的部分市场份额。由于该项目是大型资源加工利用项目，主要产品 Y 涉嫌垄断，要求进行经济费用效益分析，判定项目的经济合理性。

1. 该项目的建设投资估算财务值

该项目的建设投资估算财务值见表 7.26。

表 7.26 项目建设投资财务估算表

序号	项目	财务数值		
		外币/万美元	人民币/万元	合计/万元
1	建设投资	81 840	746 046	1 425 317
1.1	建筑工程费	0	131 611	131 611
1.2	设备及工器具购置费	45 450	17 884	556 119
1.3	安装工程费	11 365	152 368	246 697
1.4	工程建设其他费用	17 220	180 191	323 117
	其中：土地费用		57 353	57 353
	专利及专有技术费	8 250	0	68 475
1.5	基本预备费	65 650	58 573	113 021
1.6	涨价预备费	1 245	44 419	54 752

2. 该项目的流动资金估算财务值

该项目的流动资金估算财务值见表 7.27。

表 7.27 项目的流动资金财务估算表   万元

序号	项目	财务数值	序号	项目	财务数值
1	流动资产	153 486	2	流动负债	40 421
1.1	应收账款	0	2.1	应付账款	40 421
1.2	存货	68 100	3	流动资金	40 421
1.3	现金	6 198			

7.9.2 项目经济分析的财务数值调整方法

根据项目具体情况，项目经济分析的财务数值调整方法如下。

1. 该项目营业收入的调整

按照产出物影子价格的确定原则和方法，产品的影子价格应按社会成本确定，可按不含税的市场价格作为其社会成本。

按照市场定价的非外贸货物影子价格确定方法，采用"有项目"和"无项目"价格的平均值确定影子价格：

$$[22\,000 + 22\,000 \times (1 - 20\%)]/[2 \times (1 + 17\%)] = 16\,923(元/t)$$

调整后的年营收入 $= 760\,000 - 20 \times (22\,000 - 16\,923) = 658\,460$（万元）

2. 该项目建设投资的调整

（1）外币部分按影子汇率换算为人民币。

（2）因建筑材料市场供应偏紧，建筑材料影子价格按市场价格确定（含增值税进项税额），即不予调整其财务数值；对其中的非技术劳动力费用采用影子工资换算系数调整。

（3）国内设备费影子价格按市场价格（含增值税进项税额），即不予调整其数值。由于该项目享受免除进口关税和进口环节增值税的优惠政策，其财务数值中不包含进口关税和进口环节增值税，因此国内设备费的经济数值与财务数值相同，只是将外币部分采用影子汇率换算后合计。

（4）安装工程费的调整方法同设备费。

（5）在工程建设其他费用中，由于是按市场价格购买开发区的土地使用权，因此土地的经济数值等同于财务数值；专利与专有技术费采用影子汇率换算为人民币；其他各项不予调整。

（6）基本预备费费率不变，按调整后的数值重新计算。

（7）剔除涨价预备费。

依据上述调整方法，编制项目建设投资调整表，见表 7.28。

表 7.28 项目建设投资调整表

序号	项目/万美元	财务数值			经济数值		
		外币/万美元	人民币/万元	合计/万元	外币/万美元	人民币/万元	合计/万元
1	建设投资	81 840	746 046	1 425 317	80 595	695 848	1 418 302

续表

序号	项目/万美元	财务数值			经济数值		
		外币/万美元	人民币/万元	合计/万元	外币/万美元	人民币/万元	合计/万元
1.1	建筑工程费	0	131 611	131 611	0	126 347	126 347
1.2	设备及工器具购置费	45 450	17 884	556 119	45 450	178 884	586 298
1.3	安装工程费	11 365	152 368	246 697	11 365	152 368	254 244
1.4	工程建设其他费用	17 220	180 191	323 117	17 220	180 191	334 551
	其中：土地费用		57 353	57 353	0	57 353	57 353
	专利及专有技术费	8 250	0	68 475	8 250	0	73 953
1.5	基本预备费	65 650	58 573	113 021	65 650	58 058	116 862
1.6	涨价预备费	1 245	44 419	54 752	0	0	0

3. 该项目流动资金的调整

该项目财务分析中流动资金是按照分项详细估算法估算的，在剔除现金、应收账款和应付账款后，剩余的存货部分要用影子价格重新分项估算。按照此方法调整计算后，该项目流动资金调整见表 7.29。

表 7.29 项目流动资金调整表　　　　　　　　　　　　　　万元

序号	项目	财务数值	经济数值
1	流动资产	153 486	67 160
1.1	应收账款	79 188	0
1.2	存货	68 100	67 160
1.3	现金	6 198	0
2	流动负债	40 421	0
2.1	应付账款	40 421	0
3	流动资金	113 065	67 160

4. 该项目经营费用的调整

该项目主要原材料紧缺，按照消费者支付意愿，用含税市场价格作为影子价格，其他原材料和燃料动力按社会成本，用不含税价格作为影子价格，经营费用中的其他项目不予调整。调整后的经营费用见表 7.30。

表 7.30 项目经营费用调整表　　　　　　　　　　　　　　万元

序号	项目	财务数值	经济数值
1	外购原材料	355 813	353 323
2	外购燃料及动力	59 687	52 014
3	工资	25 240	25 240
4	修理费	33 823	33 823
5	其他费用	49 135	49 135
	经营费用合计	523 698	513 535

7.9.3 项目经济分析

1. 编制项目投资经济费用效益流量表

项目投资经济费用效益流量见表7.31。

表7.31 项目投资经济费用效益流量表　　　　　　　　万元

序号	项目	计算期						
		1	2	3	4	5	6~18	19
1	效益流量					658 460	658 460	885 864
1.1	项目直接效益					658 460	658 460	658 460
1.2	回收固定资产余值							160 244
1.3	回收流动资金							67 160
1.4	项目间接效益							
2	费用流量	212 745	354 575	496 406	354 575	580 695	513 535	513 535
2.1	建设投资	212 745	354 575	496 406	354 575			
2.2	流动资金					67 160		
2.3	经营费用					513 535	513 535	513 535
2.4	项目间接费用							
3	净效益流量（1-2）	-212 745	-354 575	-496 406	-354 575	77 765	144 925	372 329

计算指标：
项目投资经济内部收益率：5.3%
项目投资经济净现值（i_n=8%）：-236 887 万元

2. 经济分析结论

根据项目投资经济费用效益流量表，计算出该项目的投资经济内部收益率为5.3%，小于社会折现率8%；该项目的投资经济净现值为236 887 万元，小于零。故该项目经济分析结论为经济不可行。

课外延伸阅读

发展平安工程、
绿色工程

未来房地产个人
投资的基本原则

第7章 建设项目财务评价与经济评价

一、简答题

1. 什么是财务评价？它的评价方法及评价内容包括哪些？
2. 财务评价有哪些基本报表？全投资现金流量表与自有资金现金流量表各自的作用是什么？二者有什么区别与联系？
3. 简述财务评价的内容与评价指标的关系。
4. 简述经济分析的作用。
5. 简述经济分析与财务分析的异同。

二、案例分析题

1. 某企业拟建一个市场急需产品的工业项目。建设期为1年，运营期为6年，项目建成当年投产。投产第1年当地政府扶持该产品生产的启动经费为500万元。其他基本数据如下：

(1) 建设投资1 000万元，预计全部形成固定资产，固定资产使用年限为10年，期末残值为100万元，投产当年又投入资本金200万元作为运营期的流动资金。

(2) 正常年份营业收入为800万元，经营成本为300万元，产品营业税及附加税率为6%，所得税税率为33%，行业基准收益率为10%，基准投资回收期为6年。

(3) 投产第1年仅达到设计生产能力的80%，预计这一年的营业收入、经营成本和总成本均按正常年份的80%计算，以后各年均达到设计生产能力。

(4) 运营的第3年预计需要更新新型自动控制设备，购置投资500万元才能维持以后的正常运营需要。

要求：

(1) 编制拟建项目投资现金流量表；
(2) 计算项目的静态投资回收期、财务净现值；
(3) 从财务角度分析拟建项目的可行性。

2. 某拟建项目固定资产投资估算总额（无形资产）为3 600万元，其中，预计形成固定资产3 060万元（含建设期贷款利息为60万元），无形资产50万元。固定资产使用年限为10年，残值率为4%，固定资产余值在项目运营期末收回。

(1) 该项目的建设期为2年，运营期为6年，项目的资金投入、收益、成本等基础数据，见表7.32。

表7.32 某建设项目资金投入、收益及成本表   万元

序号	项目	1	2	3	4	5~8
1	建设投资： 自有资金部分 贷款（不含利息）	1 200	340 2 000			
2	流动资金： 自有资金部分 贷款（不含利息）			300 100	400	

续表

序号	项目	1	2	3	4	5~8
3	年销售量/万件			60	120	120
4	年经营成本			1 682	3 230	3 230

（2）建设投资借款合同规定的还款方式为，投产期的前4年等额成本，利息照付。借款利率为6%（按年计息），流动资金借款利率为4%（按年计息），无形资产在运营期6年中，平均摊入成本。流动资金为800万元，在项目的运营期末全部收回。

（3）设计生产能力为年产量120万件某种产品，产品售价为38元/件，营业税金及附加税率为6%，所得税税率为33%，行业基准收益率为8%。

（4）行业平均总投资收益率为10%，资本金净利润率为15%。

（5）提取应付投资者各方股利的利率，按股东会事先约定计取运营期头两年按可供投资者分配利润10%计取，以后各年均按30%计取，亏损年份不计取。期初未分配利润作为企业继续投资或扩大生产的资金积累。

要求：

（1）编制借款还本付息计划表、总成本费用估算表和利润与利润分配表；

（2）编制项目资本金现金流量表，计算项目的静态投资回收期和财务净现值；

（3）从财务角度评价项目的可行性。

第8章

不确定性分析与风险分析

★ 学习目标

通过掌握基本概念和计算方法,理解风险管理在项目管理中的重要性,并学会简单的风险分析和管理方法以便在工作和生活中能针对简单的项目进行风险管理。

★ 主要内容

不确定性分析的目的和意义;盈亏平衡分析的方法;单因素敏感性分析的方法和步骤及多因素敏感性分析的原理;风险分析的基本内容和方法;盈亏平衡分析的原理与具体应用。

8.1 概述

8.1.1 不确定性分析的概念

前面所介绍的经济效果分析与评价,其所采用的大部分基础数据,如投资额、产量、成本、价格、收入、计算期等都来自预测和估算,同时,为了方便进行财务评价,假定这些参数在计算期内保持不变,在这种条件下对项目作出的决策称为确定性决策。然而,由于人们可获信息的不完全性及未来事物本身的变化,使得这些数据与实际情况可能有出入,这样就产生了不确定性。

不确定性的直接后果是项目经济效果评价指标的实际值与评价值偏离,从而使按照评价值作出的决策带有风险,严重时可能造成决策的失误。为了提高经济效果评价的可靠性和决策的科学性,需要在确定性评价的基础上,进一步分析各种不确定因素对项目经济效果的影响,分析项目本身对各种风险的承受能力,这就是不确定性分析。

不确定性分析,就是对影响项目的不确定性因素进行分析,计算这些不确定性因素的增减变化对项目经济效果的影响程度,找出最敏感的因素及其临界点的过程。

不确定性分析主要包括盈亏平衡分析和敏感性分析。

8.1.2 风险分析的概念

1. 风险与不确定性

风险是指未来发生不利事件的概率或可能性。风险发生的根源在于项目的不确定性。不确定性是与确定性相对的概念，确定性是指某一事件在未来一定发生或一定不发生；不确定性是指某一事件在未来可能发生，也可能不发生，其发生的状况、时间及结果的可能性或概率是未知的。确定性只有一种结果，不确定性由于存在多种可能性，因而可能有多种结果，但不能预测某一事件发生的概率。风险则被认为是介于确定性与不确定性之间的一种状态，是指某一事件发生的可能性（或概率）是可以知道的。

2. 风险分析概念

风险分析是通过对风险因素的识别，采用定性或定量分析方法估计各风险因素发生的可能性及其对项目的影响程度，揭示影响项目成败的关键风险因素，对项目的风险进行有效的预警并提出相应的对策，为投资决策服务的一种分析方法。

在项目决策分析阶段进行风险分析有助于在可行性研究的过程中，通过信息反馈，改进或优化项目设计方案，直接起到降低项目风险的作用，避免因忽视风险的存在而蒙受损失。

8.1.3 风险分析与不确定性分析的关系

由于项目的不确定性，使得项目实施结果可能偏离预期目标，这就形成了项目预期目标的不确定性，从而使项目可能得到高于或低于预期的收益，甚至遭受一定的损失，导致项目"有风险"。通过不确定性分析可以得知项目的敏感因素和敏感程度，借助于风险分析，可进一步得知这种不确定性因素发生的可能性及给项目带来的损失程度。

简而言之，风险分析与不确定性分析的目的相同，都是识别、分析、评价影响项目的主要因素，防范不利影响以提高项目的成功率。两者的主要区别在于分析方法不同，不确定性分析方法主要用盈亏平衡分析和敏感性分析对项目的不确定性因素进行分析，并粗略了解项目的抗风险能力；风险分析则是通过概率分析方法对项目风险因素进行识别和判断。

8.2 盈亏平衡分析

8.2.1 盈亏平衡分析概述

1. 盈亏平衡分析的概念

盈亏平衡分析是一种在一定的市场、经营管理条件下，计算项目达产年的盈亏平衡点，研究项目成本与收入平衡关系的一种分析方法。随着影响项目的各种不确定因素（如投资额、生产成本、产品价格、销售量等）的变化，项目的盈利与亏损会有一个转折点，这一点称为盈亏平衡点（Break-Even Point，BEP）。在这一点上，项目销售（营业、服务）收入等于总成本费用，恰好盈亏平衡。

盈亏平衡点通常根据项目正常生产年份的产品产量、固定成本、可变成本、产品价格和营业税金及附加等数据计算。可变成本主要包括原材料、燃料、动力消耗、包装费和计件工资等；固定成本主要包括工资（计件工资除外）、折旧费、无形资产及其他资产摊销费、修理费和其他费用等。为简化计算，将财务费用也作为固定成本。

盈亏平衡点的表达方式有多种，可以用产量、产品售价、单位可变成本等绝对量表示，也可以用生产能力利用率等相对值表示。

2. 盈亏平衡分析的作用

盈亏平衡分析主要考查当影响方案的各种不确定因素发生变化时，对项目经济效果的影响。特别是当这些因素的变化达到某一临界值（即处于盈亏平衡点）时，对项目取舍的影响。盈亏平衡分析的目的就是要找到盈亏平衡点，以判断项目对不确定性因素变化的适应能力和抗风险能力。盈亏平衡分析只适宜在财务分析中应用。

3. 盈亏平衡分析的基本方法

盈亏平衡分析的基本方法是建立成本与产量、销售收入与产量之间的函数关系，通过对这两个函数及其图形的分析，找出用产量和生产能力利用率表示的盈亏平衡点，进一步确定项目对减产、降低售价、单位产品可变成本上升等因素变化所引起的风险的承受能力。

按照不确定因素间的函数关系，盈亏平衡分析可分为线性盈亏平衡分析和非线性盈亏平衡分析。

8.2.2 线性盈亏平衡分析

1. 线性盈亏平衡分析的基本假设

（1）产量等于销售量，即当年生产的产品当年全部销售出去。
（2）产量变化，单位可变成本不变，从而总成本费用是产量的线性函数。
（3）产量变化，产品售价不变，从而销售收入是销售量的线性函数。
（4）按单一产品计算，当生产多种产品，可以换算成单一产品，不同产品的生产负荷率的变化应一致。

2. 线性盈亏平衡分析的数学模型

根据线性盈亏平衡分析的假定条件，产品的销售收入、总成本费用与产量的线性盈亏平衡分析基本公式为

$$R = (P - T)Q = P(1 - t)Q \tag{8.1}$$

$$C = F + V = F + vQ \tag{8.2}$$

式中　R——正常生产年总销售收入；

　　　P——单位产品销售价格；

　　　Q——年销售量或年产量；

　　　t——单位产品销售税金；

　　　T——销售税金及附加税率；

　　　C——正常生产年总成本费用；

　　　F——总成本费用中的固定成本；

V——总成本费用中的可变成本;

v——单位产品可变成本。

3. 线性盈亏平衡分析图

线性盈亏平衡分析图如图 8.1 所示。

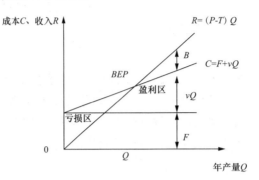

图 8.1 线性盈亏平衡图

设项目利润为 B,则

$$B = R - C = (P - T - v)Q - F \tag{8.3}$$

图 8.1 中销售收入 R 与总成本费用 C 的交点即盈亏平衡点。在 BEP 的左边,总成本费用线高于销售收入线,项目亏损;在 BEP 的右边,销售收入线高于总成本费用线,项目盈利。在 BEP 点上,项目不盈不亏。

4. 盈亏平衡点的计算

盈亏平衡点的表达方式有多种,具体形式如下:

(1) 用产量表示:

$$Q_{EMP} = \frac{F}{P - T - v} \tag{8.4}$$

经济意义:项目不发生亏损时所必须达到的产量,此产量越小,表明项目适应市场需求变化的能力越大,抗风险能力越强。

(2) 用生产能力利用率表示:

$$f_{BEP} = \frac{Q_{BEP}}{Q_C} \times 100\% = \frac{F}{(P - v - T)Q_C} = \frac{F}{R - V - TQ_C} \tag{8.5}$$

式中 Q_C——设计年产量。

经济意义:项目不发生亏损时所必须达到的最低生产能力,此值越小,表明项目适应市场需求变化的能力越大,抗风险能力越强。

(3) 用销售收入表示:

$$R_{BEP} = (P - T)Q_{BEP} = \frac{(P - T)F}{P - v - T} \tag{8.6}$$

经济意义:项目不发生亏损时所必须达到的最低销售收入,此值越小,表明项目适应销售收入变化的能力越大,抗风险能力越强。

（4）用销售价格表示：

$$P_{BEP} = v + T + \frac{F}{Q_C} \qquad (8.7)$$

经济意义：项目不发生亏损时所必须达到的最低销售价格，此值越小，表明项目适应销售价格变化的能力越大，抗风险能力越强。

（5）用单位产品变动成本表示：

$$v_{BEP} = P - T - \frac{F}{Q_C} \qquad (8.8)$$

经济意义：项目不发生亏损时能够承担的单位产品可变成本的最高值，此最高值越低，表明项目适应生产技术进步的能力越大，抗风险能力越强。

5. 盈亏平衡点计算的几点说明

（1）盈亏平衡点应按照项目达产年份的数据计算，不能按照项目计算期内的平均值计算。由于项目盈亏平衡点表示的是相对于设计生产能力，达到多少产量或负荷率才能达到盈亏平衡，或在设计生产能力下保持盈亏平衡的最低价格、能承受的最高单位可变成本，所以，必须按照项目达产年份的数据计算，如按项目计算期内的平均值计算就失去了意义。

（2）若项目达产年份各年数值不同，如在项目还款期内各年利息支出不同，除此之外，折旧费和摊销费也可能不同，这样，各达产年的固定成本可能不同。具体按哪一年计算盈亏平衡点，可根据项目实际情况确定，最好选择还款期间的第一个达产年和还款后的年份，这样可给出最高和最低的盈亏平衡点区间范围。

（3）前面盈亏平衡计算公式中的销售收入总成本费用、销售税金都是按不含税价格计算的，如果是含税价格，则应减去相应的增值税。

【例8.1】 某厂建设方案设计生产能力为30 000件，预计单位产品的变动成本为60元，单位产品售价为150元，年固定成本为120万元。销售税金税率为6%，问该厂盈亏平衡点的年产量和生产能力利用率分别是多少？盈亏平衡销售价格是多少？达产后每年可获利多少？

解：（1）产量 Q_{EMP} 由式（8.4）得

$$Q_{EMP} = \frac{F}{P - T - v} = \frac{F}{P(1-t) - v} = \frac{1\ 200\ 000}{150 \times (1 - 6\%) - 60} = 14\ 815(\text{件})$$

（2）生产能力利用率 f_{BEP} 由式（8.5）得

$$f_{BEP} = \frac{Q_{BEP}}{Q_C} \times 100\% = \frac{14\ 815}{30\ 000} \times 100\% = 49.38\%$$

（3）销售价格 P_{BEP} 由式（8.7）得

$$P_{BEP} = \frac{v + \frac{F}{Q_C}}{(1-t)} = \frac{60 + \frac{1\ 200\ 000}{30\ 000}}{1 - 6\%} = 106.38(\text{元})$$

（4）达到设计生产能力每年可获利 B 由式（8.3）得

$$B = (P - T - v)Q_C - F = (150 - 150 \times 6\% - 60) \times 30\ 000 - 1\ 200\ 000 = 123(\text{万元})$$

8.2.3 非线性盈亏平衡分析

在实际工作中，常会遇到在项目的不同时期内，其产品销售收入产品总成本费用与产量并不一定是线性关系。当市场供求关系变化时,产品价格不再是一个不变的值。另外,产量不同时,产品总成本中的固定成本在一定时期内不随产量变化,但可变成本将随产量的变化而呈非线性变化。如在垄断竞争条件下,随着产量的增加,市场上产品的单位价格就会下降,因而,销售收入与产量之间是非线性关系;同时,企业增加产量时原材料价格可能上涨,可能还会多支付一些加班费、奖金、设备维修费等,使得单位产品可变成本增加,从而,总成本费用与产量之间呈现非线性关系。这种情况下,销售收入、产品总成本应视为是产量的非线性函数,即 $R = R(Q)$、$C = C(Q)$。

销售收入、产品总成本与产量的非线性函数通常可表示为一元二次函数:

$$R = aQ + bQ^2 \tag{8.9}$$

$$C = c + dQ + eQ^2 \tag{8.10}$$

式中 a、b、c、d、e——常数。

在盈亏平衡时应有 $R(Q) - C(Q) = 0$,即

$$(b-e)Q^2 + (a-d)Q - c = 0 \tag{8.11}$$

得

$$Q_{BEP1,2} = \frac{-(a-d)}{2(b-e)} \pm \frac{\sqrt{(a-d)^2 + 4(b-e)c}}{2(b-e)} \tag{8.12}$$

可求得两个盈亏平衡点的产量:Q_{BEP1} 与 Q_{BEP2},在 $Q_{BEP1} - Q_{BEP2}$ 范围内的产量即为盈利区的产量。

在项目的两个盈亏平衡点之间,存在最大利润点,对应于利润最大点的产量 Q_{max} 有

$$\frac{d(R-C)}{dQ} = 2(b-e)Q + (a-d) = 0$$

$$Q_{max} = \frac{-(a-d)}{2(b-e)} \tag{8.13}$$

非线性盈亏平衡分析图如图 8.2 所示。

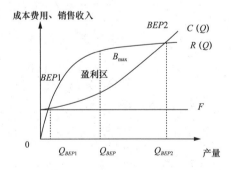

图 8.2 非线性盈亏平衡分析图

【例 8.2】某企业生产某种产品,年固定成本为 50 000 元,当原材料为批量采购时,可使单位产品成本在原来每件 48 元的基础上降低产品产量的 0.4%,产品售价在原来每件 75 元的基础上降低产品产量的 0.7%,试求企业在盈亏平衡点的产量及最优产量(即产量的经济规模区及最优规模)。

解:由题意,销售收入、产品总成本可分别表示为产量 Q 的函数:

$$R(Q) = (75 - 0.007Q)Q = 75Q - 0.007Q^2$$

$$C(Q) = 50\,000 + (48 - 0.004Q)Q = 50\,000 + 48Q - 0.004Q^2$$

盈亏平衡有 $R(Q) = C(Q)$,即

$$75Q - 0.007Q^2 = 50\,000 + 48Q - 0.004Q^2$$

化简得

$$0.003Q^2 - 27Q + 50\,000 = 0$$

$$Q_{BEP1} = \frac{27}{2 \times 0.003} - \frac{\sqrt{27^2 - 4 \times 0.003 \times 50\,000}}{2 \times 0.003} = 2\,607(件)$$

$$Q_{BEP2} = \frac{27}{2 \times 0.003} + \frac{\sqrt{27^2 - 4 \times 0.003 \times 50\,000}}{2 \times 0.003} = 6\,393(件)$$

最优产量为

$$\frac{dB(Q)}{dQ} = \frac{d(R-C)}{dQ} = 0.006Q - 27 = 0$$

即

$$Q_{\max} = 4\,500(件)$$

8.2.4 盈亏平衡分析的优缺点

在项目的一些主要参数如产量（销售量）、产品售价、固定成本、单位可变成本已经初步确定的情况下，通过盈亏平衡点的计算可以确定项目的合理生产规模，初步了解项目抗风险能力的强弱。除此之外，盈亏平衡分析还可用于生产能力不同、工艺流程不同的互斥方案的优选等。盈亏平衡分析是一种简单实用的不确定性分析方法。

盈亏平衡分析的缺点主要体现在两个方面：第一，它建立在产量等于销量的基础之上，这是近于理想化的假设；第二，它所使用的数据是正常生产年份的历史数据修正后得出的，精确度不高。因此，盈亏平衡分析适用于现有项目的短期分析，不能对项目整个寿命期内现金流量作出全面评价，其结果是粗略的。

8.3 敏感性分析

8.3.1 敏感性分析的概念、方法与步骤

1. 敏感性分析的概念

敏感性分析是考察项目所涉及的各种不确定性因素的变化对项目基本方案经济评价指标的影响，从中找出敏感因素，确定其敏感程度，据此预测项目可能承担风险的一种分析方法。

项目的不确定性因素有很多，但并不是对所有不确定性因素进行分析，这样既不现实也没有必要，只需要分析那些可能会对项目效益产生较大影响的不确定性因素，具体应根据行业、项目的特点选择。一般来说，选择发生在项目期初、金额较大的因素，如投资，或选择在费用效益构成中比例大的因素及在项目寿命期内会发生较大变化的因素。

敏感性分析包括单因素敏感性分析和多因素敏感性分析。单因素敏感性分析每次只改变一个因素的数值来进行分析，估算单个因素的变化对项目效益产生的影响。多因素敏感性分析则同时改变两个或两个以上因素的数值进行分析，估算多个因素同时变化对项目经济效益

的影响。进行敏感性分析时，假设因素之间相互独立，每个因素的变化不会影响其他因素。

敏感性分析既适用于项目财务分析与评价，也适用于经济分析与评价。

2. 敏感性分析的方法与步骤

（1）选择需要分析的不确定性因素。应结合项目特点选择对项目效益影响大且重要的因素进行分析。经验表明，建设项目应选择的因素为建设投资、产出物价格、主要投入物价格或可变成本、运营负荷、建设期、人民币汇率等。

（2）确定不确定性因素变化程度。敏感性分析通常针对不确定性因素的不利变化进行，为了绘制敏感性分析图，也可考虑其有利变化。一般选择不确定因素变化的百分数，如 $\pm 5\%$、$\pm 10\%$、$\pm 15\%$、$\pm 20\%$ 等；对于不便于用百分数表示的因素，如建设期，可采用延长一段时间表示，如延长一年。

（3）确定敏感性分析指标。建设项目经济评价有一整套指标体系，敏感性分析可选定其中一个或几个主要指标进行分析。最基本的分析指标是内部收益率，也可根据项目具体情况选择净现值或投资回收期指标，必要时可同时针对两个或两个以上的指标进行敏感性分析。

（4）计算不确定性因素的敏感度系数。计算各不确定性因素发生不同幅度变化时，项目经济评价指标的变化结果，同时，计算各不确定性因素的敏感度系数及临界点。

1）敏感度系数是指项目评价指标变化的百分数与不确定性因素变化的百分数之比。敏感度系数高，表示项目效益对该不确定性因素敏感程度高。其计算公式为

$$S_{AF} = \frac{\frac{\Delta A}{A}}{\frac{\Delta F}{F}} \tag{8.14}$$

式中　S_{AF}——评价指标 A 对于不确定性因素 F 的敏感度系数；

$\frac{\Delta F}{F}$——不确定性因素 F 的变化率；

$\frac{\Delta A}{A}$——不确定性因素 F 发生变化时，评价指标 A 的相对变化率。$S_{AF} > 0$，表示评价指标与不确定性因素同方向变化；$S_{AF} < 0$，表示评价指标与不确定性因素反方向变化；$|S_{AF}|$ 较大者敏感程度高。

2）临界点（转换值，Switch Value）是指不确定性因素的变化使项目由可行变为不可行的临界数值，是项目允许不确定性因素向不利方向变化的极限值。例如，当产品价格下降到某值时，项目内部收益率恰好等于基准收益率，此点称为产品价格下降的临界点。临界点可以用不确定性因素相对于基本方案的变化率或其对应的具体数值表示。当该不确定性因素为费用项目时，即为其增加的百分数；当其为效益项目时为降低的百分数；也可用该百分数对应的具体数值表示。

临界点的高低与计算临界点的指标初始值有关。若选取基准收益率为计算临界点的指标，对于同一个项目，随着设定基准收益率的提高，临界点就会变低（即临界点表示的不确定性因素的极限变化小）；而在一定的基准收益率下，临界点越低，说明该因素对项目评价指标影响越大，项目对该因素就越敏感。

（5）编制敏感性分析表、绘制敏感性分析图并提出决策建议。根据敏感性分析计算结

果，编制敏感性分析表、敏感度系数和临界点分析表；根据敏感性分析表，以横轴为不确定性因素变化率，纵轴为项目效益评价指标绘制敏感性分析图。还应根据图、表的结果进行文字说明，找出敏感度系数绝对值较高或临界点（用变化率表示），绝对值较低的一个或几个关键因素，分析其可能造成的风险并提出应对措施。

8.3.2 单因素敏感性分析

【例 8.3】 某投资项目的基本数据估算值见表 8.1，i 为 10%，试对其进行单因素敏感性分析。

表 8.1 项目基本方案现金流量表 　　　　　　　　　万元

序号	项目＼年份	1	2	3	4	5	6	7	8
1	现金流入	0	0	1 000	1 400	2 400	2 400	2 400	2 400
1.1	销售收入			1 000	1 400	2 400	2 400	2 400	2 400
2	现金流出	2 000	1 000	600	800	1 200	1 200	1 200	1 200
2.1	投资	2 000	1 000						
2.2	经营成本			600	800	1 200	1 200	1 200	1 200
3	净现金流量	-2 000	-1 000	400	600	1 200	1 200	1 200	1 200

解：（1）选择销售收入、投资、经营成本、投资收益率四个因素进行敏感性分析；

（2）设各不确定性因素变化幅度为 ±5%、±10%、±15%、±20%；

（3）以 NPV 作为经济效益评价指标，计算基本方案的 NPV；

$$NPV = -2\,000(P/F,10\%,1) - 1\,000(P/F,10\%,2) + 400(P/F,10\%,3)$$
$$+ 600(P/F,10\%,4) + 1\,200(P/A,10\%,4)(P/F,10\%,4) = 664(万元)$$

（4）分别计算这四个因素变化 ±5%、±10%、±15%、±20% 时各自对应的 NPV 值。计算结果汇总在表 8.2 中。

表 8.2 例 8.3 敏感性分析表 　　　　　　　　　万元

变化因素＼变化率	-20%	-15%	-10%	-5%	0%	5%	10%	15%	20%
投资	1 193	1 060	928	796	664	532	399	267	135
销售收入	-717	-372	-27	319	664	1 009	1 354	1 699	2 045
经营成本	1 383	1 203	1 023	844	664	484	304	124	-55
投资收益率	971	890	812	736	664	594	527	462	399

（5）根据敏感性分析表的计算结果绘制敏感性分析图，如图 8.3 所示。

图 8.3 中每条曲线代表净现值随不确定性因素变动而发生的变化。每条曲线与横坐标轴的相交点是该不确定因素变化的临界点，用该点对应的不确定因素的变化率表示。用变化率表示的临界点的绝对值越小，说明项目效益评价指标对该不确定性因素越敏感。从图中可以看出，销售收入的临界点大约在 -10%，净现值指标对该因素最敏感。

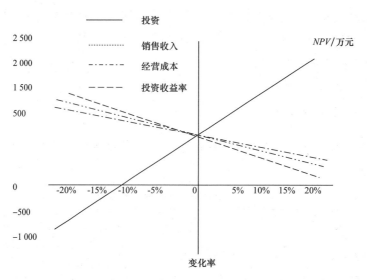

图 8.3　例 8.3 敏感分析图

（6）编制敏感度系数和临界点分析表，并进行结果分析。

以投资变化 -20% 为例说明敏感度系数的计算。

投资降低 20%，则有

$$\Delta A = 1\ 193 - 664 = 529（万元）$$

$$\frac{\Delta A}{A} = \frac{529}{664} = 0.796\ 7$$

$$\frac{\Delta F}{F} = -20\%$$

$$S_{AF} = \frac{\dfrac{\Delta A}{A}}{\dfrac{\Delta F}{F}} = \frac{0.796\ 7}{-20\%} = -3.983$$

计算结果见表 8.3。

表 8.3　例 8.3 敏感度系数和临界点分析表

序号	不确定因素	不确定因素变化率	净现值/万元	敏感度系数	临界点	临界值
	基本方案		664			
1	投资	-20%	1 193	-3.983	25.10%	第1年：2 502 万元 第2年：1 251 万元
		-15%	1 060	-3.976		
		-10%	928	-3.976		
		-5%	796	-3.976		
		5%	532	-3.976		
		10%	399	-3.991		
		15%	267	-3.986		
		20%	135	-3.983		

续表

序号	不确定因素	不确定因素变化率	净现值/万元	敏感度系数	临界点	临界值
	基本方案		664			
2	销售收入	-20%	-717	10.399	-9.620%	第3年：903.85 万元 第4年：1 265.39 万元 第5~8年：2 149.24 万元
		-15%	-372	10.402		
		-10%	-27	10.407		
		-5%	319	10.392		
		5%	1 009	10.392		
		10%	1 354	10.392		
		15%	1 699	10.392		
		20%	2 045	10.399		
3	经营成本	-20%	1 383	-5.414	18.46%	第3年：710.772 万元 第4年：947.696 万元 第5~8年：1 421.544 万元
		-15%	1 203	-5.412		
		-10%	1 023	-5.407		
		-5%	844	-5.422		
		5%	484	-5.422		
		10%	304	-5.422		
		15%	124	-5.422		
		20%	-55	-5.414		
4	基准收益率	-20%	971	-2.312	57.30%	15.73%
		-15%	890	-2.269		
		-10%	812	-2.229		
		-5%	736	-2.169		
		5%	594	-2.108		
		10%	527	-2.063		
		15%	462	-2.028		
		20%	668	-1.995		

说明：1. 表中临界点的计算采用的是试插法求解。
　　2. 临界点为正，表示允许该不确定性因素升高的比率；临界点为负，表示允许该不确定因素降低的比率。
　　3. 表中敏感度系数为负，说明效益指标变化方向与不确定性因素变化方向相反；敏感度系数为正，说明效益指标变化方向与不确定性因素变化方向相同。

表 8.3 分析结果，各不确定性因素的敏感度系数绝对值从大到小的顺序依次是销售收入、经营成本、投资、投资收益率，也就是说项目净现值指标对销售收入最敏感，之后是经营成本、投资和基准收益率。根据各不确定因素临界点（用变化率表示）的绝对值从小到大的顺序，也能得到同样的结论。

【例 8.4】 对例 8.3 用内部收益率指标进行单因素敏感性分析。

解：(1) 拟进行敏感性分析的不确定性因素仍然是销售收入、投资、经营成本、投资收益率，其变化范围仍采用 ±5%、±10%、±15%、±20%。

（2）基本方案的内部收益率：

$$-2\,000(P/F,IRR,1)-1\,000(P/F,IRR,2)+400(P/F,IRR,3)+600(P/F,IRR,4)$$
$$+1\,200(P/F,IRR,4)(P/F,IRR,4)=0$$

得 $IRR=15.73\%$

（3）分别计算这四个因素变化 ±5%、±10%、±15%、±20% 时各自对应的 IRR 值，本例将敏感性分析表与敏感度系数及临界点分析表合并，结果见表 8.4。

表 8.4 例 8.4 敏感度系数和临界点分析表

序号	不确定因素	不确定因素变化率	内部收益率	敏感度系数	临界点	临界值
	基本方案		15.73%			
1	投资	-20%	21.89%	-1.958	25.10%	第1年：2 502 万元 第2年：1 251 万元
		-15%	20.17%	-1.882		
		-10%	18.58%	-1.812		
		-5%	17.10%	-1.742		
		5%	14.44%	-1.640		
		10%	13.24%	-1.583		
		15%	12.10%	-1.538		
		20%	11.03%	-1.494		
2	销售收入	-20%	2.70%	4.142	-9.62%	第3年：903.85 万元 第4年：1 265.39 万元 第5~8年：2 149.24 万元
		-15%	6.39%	3.958		
		-10%	9.75%	3.802		
		-5%	12.85%	3.662		
		5%	18.43%	3.433		
		10%	20.98%	3.338		
		15%	23.40%	3.251		
		20%	25.70%	3.169		
3	经营成本	-20%	21.23%	-1.748	18.46%	第3年：710.772 万元 第4年：947.696 万元 第5~8年：1 421.544 万元
		-15%	19.91%	-1.772		
		-10%	18.56%	-1.799		
		-5%	17.16%	-1.818		
		5%	14.25%	-1.882		
		10%	12.72%	-1.914		
		15%	11.13%	-1.950		
		20%	9.49%	-1.983		
4	投资收益率	±5%、±10%、±15%、±20%	15.73%	0	57.30%	15.73%

应注意：实际上项目内部收益率的大小与投资收益率无关，也就是说，无论投资收益率

怎样变化，内部收益率始终不变，即投资收益率是内部收益率的非敏感性因素。

（4）绘制敏感性分析图，如图8.4所示。

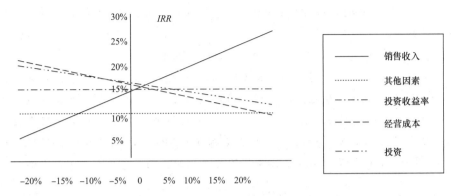

图8.4　例8.4敏感分析图

图中每条曲线与 $i_c=10\%$ 这条直线的交点即该不确定因素变化的临界点。

8.3.3　多因素敏感性分析

单因素敏感性分析，是假定一个因素变动的同时其他因素保持不变，这种方法虽然简单但忽视了因素间的相关性。实际上，一个因素的变动往往引起其他相关因素同时变动，多因素变动造成的风险要比单因素变动的风险大。多因素敏感性分析考虑到这种相关性，能更全面地揭示事物的本质。

1. 双因素敏感性分析

双因素敏感性分析是假定其他因素不变，仅考察两个因素同时变化时对项目效益的影响程度。它通常是在单因素敏感性分析的基础上先确定两个主要的敏感性因素，然后进行双因素敏感性分析。分析步骤如下：

（1）作直角坐标图，分别以 x 轴、y 轴代表一个不确定性因素的变化率。

（2）以 NPV 为评价指标，令 $NPV=0$，可得到一个直线方程，这条线称为临界线。进一步判断临界线的哪一侧任何点的 $NPV>0$，哪一侧任何点的 $NPV<0$。

（3）结果判断。

1）若两个不确定性因素同时变化的交点落在临界线 $NPV>0$ 的一侧，则认为项目可行；若两不确定性因素同时变化的交点落在临界线 $NPV<0$ 的一侧，则认为项目不可行。

2）如果两个不确定性因素变化范围是设定好的，则以这两个因素的变化范围所形成的区域为总区域，$NPV>0$ 所占的区域和总区域的比值，即这两个因素同时在设定范围内变动时项目可行的概率。

【例8.5】在例8.3中，经单因素敏感性分析知销售收入与经营成本是两个强敏感性因素，为进一步评估项目的风险，需对这两个因素作双因素敏感性分析。

解：（1）用 x 表示销售收入的变化率，y 表示经营成本的变化率，x、y 均在 $\pm 20\%$ 范围内变化。

（2）计算 $NPV=0$ 时的临界线，由净现值的计算公式得

$$NPV = -2\,000(P/F,10\%,1) - 1\,000(P/F,10\%,2) + [1\,000(1+x) - 600(1+y)]$$
$$(P/F,10\%,3) + [1\,400(1+x) - 800(1+y)](P/F,10\%,4) +$$
$$[2\,400(1+x) - 1\,200(1+y)](P/A,10\%,4)(P/F,10\%,4) = 0$$

整理上式得

$$y = 1.920\,2x + 0.184\,6$$

(3) 作双因素敏感性分析图，如图8.5所示。图中，当 x、y 两个因素变化率的交点落临界线 $y = 1.920\,2x + 0.184\,6$ 上，此时项目净现值为零；当 x、y 两个因素变化率的交点落在临界线的左侧，此时项目净现值小于零；当 x、y 两个因素变化率的交点落在临界线的右侧，此时项目净现值大于零。当 x、y 两个因素都在 ±20% 范围内变化时，项目可行的概率大约是 3/4，即 x、y 两个因素都在 ±20% 范围内变化时，项目有较强的抗风险能力。

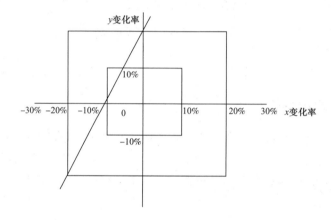

图 8.5 例 8.5 双因素敏感分析图

2. 多因素敏感性分析

多因素敏感性分析要考虑可能发生的多种因素不同变动幅度的多种组合，所以，计算起来复杂得多，通常最多分析三个因素。三因素敏感性分析多采用三项预测值分析法，即给出各因素出现的三种特殊预测值（最不利状态 P、最可能状态 M、最有利状态 O）为依据来计算项目的经济效果评价指标。

【例 8.6】有一投资项目，初始投资 1 000 元，已经预测出年销售收入、年经营成本、使用寿命的三种可能状态，具体情况见表 8.5，$i = 10\%$，固定资产残值为零。试对年销售收入、年经营成本、使用寿命这三个不确定因素进行三因素敏感性分析。

表 8.5 项目不确定因素的三项预测值

因素变化	因素	年销售收入/万元	年经营成本/万元	使用寿命/年
最有利（O）		600	300	15
最可能（M）		520	360	12
最不利（P）		400	400	10

解：本题采用净现值指标作为效益评价指标。

由于项目有三个不确定性因素同时发生变化，每个因素都有三种状态，且这三个因素相互独立，因而项目总共有 27 种状态（净现值）。这三个因素发生变化的所有可能组合见表 8.6，计算其发生变化后项目的净现值，将结果列入表 8.6 中。

以表 8.6 中左上角数据 1 281.82 为例说明计算过程。1 281.82 万元是项目在年销售收入处于最有利状态（600 万元），年经营成本处于最有利状态（300 万元），以及使用寿命处于最有利状态（15 年）时项目的净现值，计算过程如下：

$$NPV = -1\,000 + (600 - 300)(P/A, 10\%, 15) = -1\,000 + 300 \times 7.606\,1 = 1\,281.82(万元)$$

表 8.6 三项预测值敏感性分析   万元

项目		年经营成本								
		O			M			P		
		寿命			寿命			寿命		
		O	M	P	O	M	P	O	M	P
年销售收入	O	1 281.82	1 044.11	843.37	825.46	635.29	474.70	521.22	362.74	228.91
	M	673.34	499.01	351.80	216.97	90.19	-16.87	-87.27	-182.36	-262.65
	P	-239.39	-318.63	-385.54	-695.76	-727.45	-754.22	-1 000	-1 000	-1 000

由表 8.6 的计算结果可以得出：在项目 27 种状态中，净现值大于零的状态有 14 种，即当三个因素同时变化时，项目可行的概率是 14/27；还可以判断出项目净现值达到某一目标要求的概率，如当这三种因素同时变化时，项目净现值大于 500 万元的概率是 7/27。

8.3.4 敏感性分析的不足

敏感性分析通过考察各种不确定性因素的变化对项目基本方案经济评价指标的影响程度，可以找出项目效益对之敏感的不确定性因素，有助于决策者确定一些需要进行重点研究和控制的因素，对项目风险作出初步预测但是敏感性分析没有考虑到每个不确定性因素发生变化的概率，也就不能判断因素变化对项目效益影响发生的可能性有多大，这是敏感性分析最大的不足之处。实际上，各不确定因素在未来发生变动的概率不尽相同。可能出现这种情况：通过敏感性分析找出的某一强敏感性因素，因其未来发生的概率较小，所以对项目的影响不大；而另一不太敏感的因素未来发生的概率较大，其给项目带来的风险远远大于前一因素。为了正确地判断项目的风险，必须进行风险分析。

8.4 风险分析

8.4.1 风险分析的基本原理

1. 风险分析的程序

项目风险分析的程序是风险识别、风险估计、风险评价和风险应对。

在决策分析中，应首先从认识风险特征入手去识别风险因素，然后根据需要和可能选择适当的方法估计风险发生的可能性及其影响；其次，按照一个标准评价风险程度，包括单个因素风险程度估计和对项目整体风险程度估计；最后，提出针对性风险对策，将项目风险进行归纳，提出风险分析结论。也就是说，风险分析实质上是从定性分析到定量分析，再从定量分析到定性分析的过程。

2. 风险识别

风险识别是风险分析的基础工作，是运用系统论的方法对项目进行全面的考察和综合分析，找出潜在的风险因素，并对各种风险因素进行比较、分类，确定各因素间相关性和独立性，判断其发生的可能性及对项目的影响程度，按其重要性进行排队或赋予权重的过程。

在风险识别过程中应注意，风险因素因不同行业、不同项目而具有不同的特殊性，并且在项目的不同阶段存在的主要风险也不同，对于同一风险事件不同的风险管理主体所面临的风险也不同，这就要求风险识别人员富有经验，在借鉴历史经验的基础上运用系统论的观点层层剖析风险的构成递阶层次，正确判断风险因素间的相关性与独立性，尽可能明确风险的根本来源。风险的识别应根据项目特点选用适当的方法，常用的识别方法有问卷调查法、专家调查法和风险分解法、情景分析法等，但在具体操作中大多通过问卷调查或专家调查法完成。

3. 风险估计

风险估计是在风险识别之后用定量分析方法测度风险发生的可能性及对项目的影响程度，即估算风险事件发生的概率及其严重后果。概率是度量某一事件发生的可能性大小的量，是随机事件的函数。必然发生的事件概率为1，不可能事件的概率为0，一般的随机事件概率在 0~1。

由于概率分为主观概率和客观概率，因而风险估计也分为主观概率估计和客观概率估计。主观概率估计是人们基于长期经验的积累和所掌握的大量信息对某一风险因素发生可能性的主观判断；客观概率估计是根据大量的试验数据用统计的方法计算得到的某一风险因素发生的可能性，是客观存在的规律。

风险估计的一个重要方面是确定风险事件的概率分布及期望值、方差等参数。常用的概率分布类型有离散型概率分布和连续型概率分布。

（1）离散型概率分布。当输入变量可能值是有限个数，称这种随机变量为离散随机变量。其概率称为离散概率。

$$\bar{x} = \sum_{i=1}^{n} x_i p_i \tag{8.15}$$

式中 $\bar{x}$——风险变量的期望值；

n——风险变量的状态值；

x_i——风险变量在第 i 种状态下变量的值；

P_i——风险变量在第 i 种状态出现的概率。

离散型概率分布的方差为

$$D = \sum_{i=1}^{n} (x_i - \bar{x})^2 p_i \tag{8.16}$$

标准差为

$$\sigma = \sqrt{D} \tag{8.17}$$

（2）连续型概率分布。当输入变量的取值充满一个区间，无法按一定次序一一列举出来时，这种随机变量就称为连续随机变量，其概率分布用概率密度和分布函数表示。常用的连续概率分布有如下几种：

1）正态分布。其特点是密度函数以均值为中心对称分布，概率密度如图8.6所示。正态分布适用于描述一般经济变量的概率分布，如销售量、售价、产品成本等。

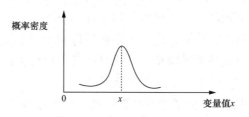

图 8.6　正态分布概率密度

设正态分布随机变量为 x，其概率密度函数为 $p(x)$，其期望值、方差 D 的计算公式分别为

$$\bar{x} = \int x p(x) \mathrm{d}x \tag{8.18}$$

$$D = \int_{-\infty}^{\infty} (x - \bar{x})^2 p(x) \mathrm{d}x \tag{8.19}$$

当 $\bar{x} = 0, \sqrt{D} = 1$ 时，称这种分布为标准正态分布，用 N（0，1）表示．

2）β 分布。其特点是密度函数在最大值两边不对称分布，如图 8.7 所示。β 分布适用于描述工期等不对称分布的输入变量。通常可以对变量作出三种估计，最悲观值 p、最乐观值 o、最可能值 m。其期望值和方差近似为

$$\bar{x} = \frac{p + 4m + o}{6} \tag{8.20}$$

$$D = \left(\frac{o - p}{6}\right)^2 \tag{8.21}$$

3）三角分布。其特点是密度函数是由最悲观值 p、最可能值 m 和最乐观值 o 构成的对称或不对称的三角形，如图 8.8 所示。三角分布适用于描述工期、投资等不对称的输入变量，也适用于描述工期、成本等对称分布的输入变量。

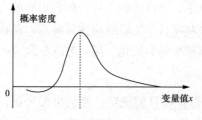

图 8.7　β 分布概率密度

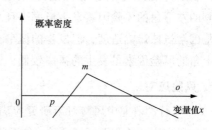

图 8.8　三角分布概率密度

确定概率分布时，注意充分利用已获得的各种信息进行估测和计算，在获得的信息不够

充分的条件下则需要根据主观判断和近似的方法确定概率分布。确定概率分布常用的方法有概率树、蒙特卡罗模拟及 CM 模型分析等方法。

4. 风险评价

风险评价是在风险识别和估计的基础上，通过建立项目风险的系统评价指标体系和评价标准，对风险程度进行划分，以找出影响项目的关键风险因素，确定项目的整体风险水平。

（1）风险评价的内容：包括单因素风险评价和整体风险评价。单因素风险评价是评价单个风险因素对项目的影响程度，以找出项目的关键风险因素，评价方法主要有风险概率矩阵、专家评价法等；整体风险评价是综合评价影响项目的若干主要风险因素对项目整体的影响程度，对于重大投资项目或估计风险很大的项目应进行项目整体风险评价。

（2）风险评价的判别准则。可采用如下两种类型：

1）以经济指标的累积概率、标准差为判别准则。内部收益率大于等于基准收益率的累计概率值越大，风险越小；标准差越小，风险越小。净现值大于等于零的累计概率值越大，风险越小；标准差越小，风险越小。

2）以综合风险等级作为判别标准。风险等级的划分既要考虑风险因素出现的可能性，又要考虑风险出现后对项目的影响程度，有多种表述方法，一般建立矩阵划分风险等级，方法如下：首先将风险因素发生的可能性划分为四个等级。高：风险因素很有可能发生；较高：风险因素发生的可能性较大；适度：风险因素可能发生；低：风险因素不太可能发生。其次将风险因素的影响程度也划分为四级。严重：一旦发生风险，将导致整个项目目标的失败；较大：一旦发生风险，将导致整个项目的目标值严重下降；适度：一旦发生风险，对整个项目的目标造成中度影响，但仍然能够到达大部分目标；低：一旦发生风险，项目对应部分的目标受到影响，但不影响整体目标。然后建立风险评价矩阵。以风险因素发生的概率为横坐标，以风险因素发生后对项目影响的大小为纵坐标，发生概率大且对项目影响也大的因素位于矩阵的右上角，发生概率小且对项目影响也小的因素位于矩阵的左下角。接着明确风险等级，综合风险等级分五个等级。

K：表示风险很强，出现这类风险就要放弃项目；M：表示项目风险较强，需要修正拟议中的方案，改变设计或采取补偿措施等；T：表示风险较强，设定某些临界值，指标一旦达到临界值，就要变更设计或对负面影响适度采取措施；R：表示风险适度（较小），适当采取措施后不影响项目；I：表示风险弱，可忽略。

落在矩阵的右上角的风险因素发生概率大且对项目影响也大，会对项目产生严重后果；落在矩阵的左下角的风险因素发生概率小且对项目影响也小，可以忽略不计；落在矩阵的右下角的风险因素虽然影响适度，但发生的概率相对高，也会对项目产生影响应注意防范；落在矩阵的左上角的风险因素虽发生的概率较低，但必须注意临界指标的变化，提前防范与管理。

5. 风险应对

（1）可行性研究中风险对策研究应满足的要求为保证项目的成功，避免决策失误，在项目可行性研究中，不仅要了解项目可能面临的风险，还要提出针对性的风险对策，尽可能降低风险的不利影响，实现预期投资效益。在可行性研究阶段的风险对策研究应满足以下基本要求：

1）风险对策研究应贯穿可行性研究的全过程。可行性研究是一项复杂的系统工程，而风险因素又存在于技术、工程、市场、经济等方面，在识别出风险因素后，应从规划设计方案上即采取规避防范风险的措施，才能防患于未然。

2）风险对策应具有针对性。不同行业、项目所涉及的风险因素不尽相同，风险对策应结合行业特点，针对特定项目注意的或关键的风险因素提出必要的措施，将其影响降到最低限度。

3）风险对策应具有可行性。可行性研究阶段所进行的风险应对研究应立足于现实客观的基础上，提出的风险应对在财务、技术等方面是切实可行的。

4）风险对策必须具备经济性。规避防范风险是要付出代价的，如果提出的风险应对所花费的费用远远大于可能造成的损失该对策则无任何意义。在风险应对研究中，应将规避防范风险措施所付出的代价与该风险可能造成的损失进行权衡，旨在寻求以最少的费用获取最大的风险效益。

（2）在项目寿命周期不同阶段的风险应对措施。风险管理应该贯穿于项目的整个寿命周期，在项目的决策、实施和运营阶段，风险管理、风险应对措施又各不相同。

1）决策阶段的主要风险应对措施。

①提出多个备选方案，通过多方案的技术、经济比较，选择最优方案。

②对有关重大工程技术难题潜在风险因素提出必要的研究与试验课题，准确把握有关问题，消除模糊认识。

③对影响投资、质量、工期和效益等有关数据，如价格、汇率和利率等风险因素，在编制投资估算、制订建设计划和分析经济效益时，应留有充分余地，谨慎决策，并在项目执行过程中实施有效监控。

2）建设或运营阶段的风险可建议采取回避、转移、分担和自担措施。

①风险回避是投资主体有意识地放弃风险行为，彻底规避风险的一种做法，即断绝风险的来源。风险回避是一种最消极的风险应对措施，因为放弃风险行为也就放弃了潜在的收益，因而，只有当某种风险造成非常大的损失或防范风险代价昂贵、得不偿失的时候才使用。

②风险转移是将项目业主可能面临的风险转移给他人承担，以避免风险损失的一种方法。风险转移可以大大降低业主的风险程度，使更多的人共同承担风险。转移方式有两种：一种是将风险源转移出去，如将已经完成前期工作的项目转给他人投资或将其中风险大的部分转给他人承包建设或经营；另一种是把部分或全部风险损失转移出去，如通过保险转移。

③风险分担是针对风险较大、投资人无法独立承担，或是为了控制项目的风险源，而采取的与其他企业合资或合作等方式，共同承担风险、共享收益的方法。

④风险自担是将风险损失留给项目业主自己独立承担。风险自担包括无计划自留和有计划自我保险。无计划自留是业主没有意识到风险及其损失，或对风险及损失估计不足时，只能被动地将风险发生后的损失从收入中扣除的一种方法；有计划自我保险是项目业主在风险发生之前通过各种资金安排以确定损失出现后能及时获得资金以补偿损失的方法，如以建立风险预留基金的方式来实现。

8.4.2 风险分析的主要方法

1. 概率树分析

概率树分析是借助现代计算技术，运用概率论和数理统计原理进行概率分析，求得风险因素取值的概率分布，并计算期望值、方差或标准差、离散系数，表明项目的风险程度的一种分析方法。

由于项目效益评价指标与输入变量（风险因素）之间的数量关系比较复杂，概率树分析一般只适用于服从离散分布的输入与输出变量。概率树分析步骤如下：

（1）假设风险变量（输入变量）之间相互独立，在敏感性分析的基础上确定项目风险变量。

（2）判断每个风险变量可能发生的情况。

（3）将每个风险变量的各种状态值组合计算，分别计算每种组合状态下的评价指标（内部收益率或净现值等）及相应的概率，每种状态发生的概率之和必等于1。

（4）将评价指标由小到大进行顺序排列，列出相应的联合概率和从小到大的累计概率，绘制以评价指标为横轴、累计概率为纵轴的累计概率曲线。计算评价指标的期望值、方差或标准差、离散系数。

（5）根据评价指标 $NPV=0$，$IRR=i$，由累计概率表计算 $p(NPV \geq 0)$ 或 $p(IRR \geq i)$ 的累计概率。

【例8.7】某房地产公司一个开发项目的现金流量见表8.7，根据敏感性分析，项目的主要风险因素有开发成本与租售收入两个。经调查，两个不确定因素的可能状态及其概率见表8.8。若计算期为10年，基准收益率为10%，试求净现值的期望值、净现值大于等于零的累计概率；若投资者要求净现值大于0的累计概率是70%，问此时项目在经济上是否可行。

表8.7　某房地产开发项目现金流量表　　　　　　　　　　万元

年份	开发成本	租售收入	期末残值	净现金流量
0	4 500			-4 500
1~9		800		800
10		800	400	1 200

表8.8　开发成本和租售收入变化的概率

变动幅度 \ 变化率	-20%	0	+20%
开发成本	0.1	0.6	0.3
租售收入	0.3	0.5	0.2

解：因为每个变量有三种状态，共组成9种组合，如图8.9中的9个分支圆圈内的数字表示风险变量各种状态发生的概率，如第一个分支表示开发成本、租售收入同时减少20%的状态。

（1）计算各状态下净现值的大小及其发生概率。

1）分别计算各种状态（可能发生事件）的概率，$p_j(j=1,2,\cdots,9)$ 以第一种状态为例进行说明。第一种状态发生的概率：

$$p = p(开发成本减少20\%) \times p(租赁收入减少20\%) = 0.1 \times 0.3 = 0.03$$

第 8 章 不确定性分析与风险分析

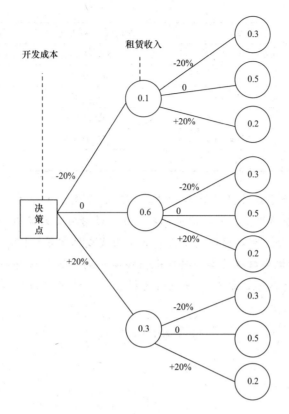

图 8.9 概率树分析图

其他状态的概率计算见表 8.9。

2) 计算项目各状态的净现值 $NPV_j = (j=1,2,\cdots,9)$，令开发成本的变动幅度为 x，租售收入的变动幅度为 y，则有

$$NPV = -4\,500(1+x) + 800(1+y)(P/A,10\%,10) + 400(P/F,10\%,10)$$

以第一种状态为例进行计算：

$$\begin{aligned}NPV &= -4\,500 \times (1-20\%) + 800 \times (1-20\%)(P/A,10\%,10) + 400(P/F,10\%,10)\\ &= -3\,600 + 640 \times 6.144\,6 + 400 \times 0.385\,5\\ &= 486.74(万元)\end{aligned}$$

计算加权净现值 $NPV \times p = (j=1,2,\cdots,9)$，填入表 8.9 中，9 种状态的加权净现值之和即为项目净现值的期望值，该项目的期望值为 291.57 万元。

表 8.9 各状态下的概率与加权净现值

状态 j	概率 p	净现值 NPV/万元	加权净现值 $NPV \times p$/万元
1	0.1×0.3=0.03	486.74	14.60
2	0.1×0.5=0.05	1 469.88	73.49
3	0.1×0.2=0.02	2 453.02	49.06
4	0.6×0.3=0.18	−413.26	−74.39

续表

状态 j	概率 p	净现值 NPV/万元	加权净现值 $NPV \times p$/万元
5	0.6×0.5=0.30	569.88	170.96
6	0.6×0.2=0.12	1 553.02	186.36
7	0.3×0.3=0.09	-1 313.26	-118.19
8	0.3×0.5=0.15	-330.12	-49.52
9	0.3×0.2=0.06	653.02	39.18
合计	1.00		期望值：291.57

（2）净现值大于等于零的累计概率的计算。通过净现值大于等于零的累计概率的大小可以判断项目承受风险的程度，若该概率越接近1，说明项目的风险越小；若该概率越接近0，说明项目的风险越大。可以通过绘制累计概率曲线或填制累计概率表进行分析。

1）通过绘制累计概率曲线计算。将净现值按从小到大进行顺序排列，列出相应的联合概率和从小到大的累计概率，绘制以净现值为横轴、累计概率为纵轴的累计概率曲线，如图8.10所示。

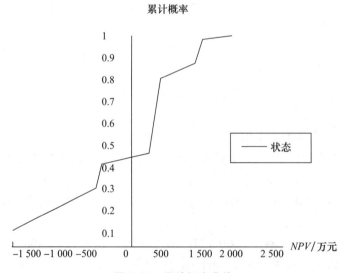

图8.10 累计概率曲线

累计概率曲线图可以直观地给出项目的风险状态，从图8.10中可大致判断，项目净现值小于0的概率大约是0.42，也就是说项目净现值大于等于0的概率大约是0.58。精确概率值应通过累计概率计算表进行计算。

2）编制累计概率表进行计算。将项目可能发生的各种状态的净现值按照从小到大的顺序排列，到出现第一个正值为止，并将各可能状态发生的概率按同样顺序累加起来得到累计概率，可得到净现值小于0的概率，同时根据 $p(NPV \geq 0) = 1 - p(NPV < 0)$，可得到净现值大于等于0的累计概率，累计概率表见表8.10。

表 8.10 累计概率计算表

状态	NPV/万元	p	累计概率
7	−1 313.26	0.09	0.09
4	−413.26	0.18	0.27
8	−330.12	0.15	0.42
1	486.744	0.03	0.45

根据表 8.10 可知，项目净现值小于 0 的概率为

$p(NPV<0) = 0.42 + (0.45 - 0.42) \times (330.12/330.12 + 486.74) = 0.432$，即项目不可行的概率是 0.432，则项目净现值大于等于 0 的概率是 0.568。

由于投资者要求净现值大于 0 的累计概率是 70%，项目净现值大于等于 0 的概率是 56.8%，小于投资者的要求，因此，项目在经济上是不可行的。

2. 随机现金流量法

(1) 随机现金流量的概率描述。严格来说，影响项目经济效果的绝大多数因素都是随机变量。可以预测其未来的取值范围估计各种取值的概率，但不能确切地知道其具体的取值。所以，投资方案在各期的现金流量都是随机变量，在概率分布中称之为随机现金流量。

通常情况下，项目的随机现金流量受很多因素的影响，可以看成是多个独立随机变量之和，它在多数情况下近似地服从正态分布。此时描述随机变量的主要参数是期望值和方差。

$$E(y_i) = \sum_{j=1}^{n} y_{ij} p_{ij} \tag{8.22}$$

$$D(y_i) = \sum_{j=1}^{n} [y_{ij} - E(y_i)]^2 p_{ij} \tag{8.23}$$

(2) 方案净现值的期望值与方差。以净现值为例讨论方案经济效果指标的概率描述。由于各期的现金流量都是随机变量，把各期的随机现金流量的现值汇总得到方案的净现值，也是随机变量，称为随机净现值。在多数情况下，随机净现值也近似服从正态分布。期望值反映了平均最有可能达到的值的水平，方差反映了平均的离散程度。

设各期的随机现金流量 y_t ($t=0,1,2,\cdots,n$)，则随机净现值的计算公式为

$$NPV = \sum_{i=0}^{n} y_i (1+i_0)^{-i} \tag{8.24}$$

设方案寿命期的周期数 n 为一常数，各期的随机现金流量的期望值为 $E(y_t)$ ($t=0,1,2,\cdots,n$)，则可求得方案净现值的期望值为

$$E(NPV) = \sum_{i=0}^{n} E(y_i)(1+i_0)^{-i} \tag{8.25}$$

在方案寿命期内任意两个随机现金之间相互独立时，方案净现值的方差为

$$D(NPV) = \sum_{i=0}^{n} D(y_i)(1+i_0)^{-2i} \tag{8.26}$$

由于净现值的方差与净现值具有不同的量纲,为了便于分析,通常使用与净现值具有相同量纲的参数——标准差来反映随机净现值的离散程度,方案净现值的标准差可由下式求得:

$$\sigma(NPV) = \sqrt{D(NPV)} \tag{8.27}$$

【例 8.8】 某项目在寿命期内可能出现的 5 种状态的净现金流量及其发生的概率见表 8.11。

假定各年净现金流量之间相互独立,净现值服从正态分布,基准折现率为 10%,试计算:净现值大于或等于零的概率,净现值小于 -75 万元的概率,净现值大于 1 500 万元的概率。

表 8.11 项目各状态净现金流量及发生概率　　　　　　　　　　　百万元

状态	1	2	3	4	5
概率	0.1	0.2	0.4	0.2	0.1
第 0 年	-22.5	-22.5	-22.5	-24.75	-27
第 1 年	0	0	0	0	0
第 2~10 年	2.445	3.93	6.9	7.59	7.785
第 11 年	5.445	6.93	9.9	10.59	10.935

解:(1) 计算方案净现值的期望值和标准差。

1) 计算各状态下的净现值 NPV:

$$NPV_1 = -22.5 + 2.445(P/A,10\%,9)(P/F,10\%,1) + 5.445(P/F,10\%,11)$$
$$= -7.791(百万元)$$

$$NPV_2 = -22.5 + 3.9.3(P/A,10\%,9)(P/F,10\%,1) + 6.93(P/F,10\%,11)$$
$$= 0.504(百万元)$$

$$NPV_3 = -22.5 + 6.9(P/A,10\%,9)(P/F,10\%,1) + 9.9(P/F,10\%,11)$$
$$= 17.095(百万元)$$

$$NPV_4 = -22.5 + 7.59(P/A,10\%,9)(P/F,10\%,1) + 10.59(P/F,10\%,11)$$
$$= 18.699(百万元)$$

$$NPV_5 = -22.5 + 7.758(P/A,10\%,9)(P/F,10\%,1) + 10.935(P/F,10\%,11)$$
$$= 17.591(百万元)$$

2) 计算净现值的期望值、方差、标准差:

$$E(NPV) = \sum_{j=1}^{5} NPV_j p_j = 11.659(万元)$$

$$D(NPV) = \sum_{j=1}^{5} [NPV_j - E(NPV)]^2 P_j = 87.968(万元)$$

$$\sigma(NPV) = \sqrt{D(NPV)} = 9.379(百万元)$$

(2) 概率分析。由于项目净现值为连续变量,且 $\mu = E(NPV) = 11.659$, $\sigma = \sigma(NPV) = 9.379$,可以求出各项待求概率,值可由标准正态分布表中得净现值大于或等于零的概率。

$$P(NPV \geq 0) = 1 - P(NPV < 0)$$
$$= 1 - \varphi\left(\frac{0 - 11.659}{9.379}\right)$$
$$= 1 - 1 + \varphi(1.24)$$
$$= \varphi(1.24) = 0.8925$$

1) 净现值小于 -75 万元的概率：

$$P(NPV < 0.75)$$
$$= 1 - \varphi\left(\frac{-0.75 - 11.659}{9.379}\right)$$
$$= 1 - \varphi(1.32)$$
$$= 1 - 0.90658$$
$$= 0.09342$$

2) 净现值大于 1 500 万元的概率：

$$P(NPV \geq 15) = 1 - P(NPV < 15)$$
$$= 1 - \varphi\left(\frac{15 - 11.659}{9.379}\right)$$
$$= 1 - \varphi(0.36)$$
$$= 1 - 0.6406$$
$$= 0.3594$$

由计算结果可知，该项目净现值大于等于 0 的概率为 89.25%，且净现值大于 1 500 万元的概率为 35.94%，故风险不大，可以放心通过。

习题

一、简答题

1. 什么是不确定性分析？它包括哪些内容？
2. 线性盈亏平衡分析有哪些前提条件？
3. 什么是敏感性分析？敏感性分析的步骤是什么？敏感性分析有什么不足之处？
4. 不确定性分析与风险分析的关系是什么？风险分析主要有哪些内容？

二、计算题

1. 某项目设计年产量为 10 万件，每件产品的出厂价格估算为 60 元，每年固定成本为 120 万元，每件产品变动成本为 30 元，销售税金及附加税率占销售收入的 6%。计算：
   (1) 项目盈亏平衡点的产量和生产能力利用率；
   (2) 项目最大可能盈利；
   (3) 项目年利润为 50 万元时的产量。

2. 某项目需要购置一台设备，有两种自动化程度不同且产率也不等的设备可供选择。各设备的参数见表 8.12，基准收益率为 12%，试进行设备的选择。

表 8.12　某项目设备参数表

项目设备	购置、安装费/元	维修费/（元·年）	残值/元	寿命/年	生产能力/（件·h^{-1}）	操作费用/（元·h^{-1}）
A 自动化设备	120 000	21 000	12 000	10	48	60
B 非自动化设备	70 000	7 500	2 000	10	32	120

3. 某投资项目的主要经济参数的估计值如下：初始投资为 15 000 元，寿命为 10 年，期末无残值，年收入为 9 000 元，年支出为 5 000 元，投资收益率为 15%，预测年收入、初始投资、寿命为项目的不确定因素，其变化率在 −20% ～ +20% 范围内。以内部收益率为评价指标对这几个因素进行单因素敏感性分析，要求绘制敏感性分析图、编制敏感度系数及临界点分析表。

4. 某项目主要经济参数见表 8.13，其中年收入与贴现率为不确定因素，试对净现值评价指标进行多因素敏感性分析，并进行初步风险判断。

表 8.13　某项目主要经济参数

参数	最不利	最可能	最有利
初始投资/万元	−12 000	−12 000	−12 000
年净收入/万元	3 500	4 000	4 200
贴现率	20%	15%	10%
寿命/年	5	5	5

5. 某工程项目，预计其平均投资为 1 000 万元，以后 5 年平均净现金流量及方差见表 8.14，假定净现金流量各期独立，基准收益率为 10%，净现值服从正态分配。试求：

表 8.14　项目年平均净现金流量及方差

年份	0	1	2	3	4	5
$E(y)$/万元	−1 000	550	550	550	550	550
$D(y)$	500	300	350	420	500	500

（1）净现值大于或等于零的概率；

（2）净现值大于或等于 550 万元的概率。

6. 某公司为提高本企业产品的竞争力，准备开展研发活动以提高产品的节能率。新产品均可使用 6 年，期末无残值，投资收益率为 15%。通过研发活动，该公司新产品与原有产品相比可能达到的节能率及每年节约的费用见表 8.15。问该公司是否应开展研发活动。

表 8.15　新产品可能节能率及年节约额

新产品的节能率	估计概率	投资额/元	年节约额/（元·年）
90%	0.20	8 600	3 470
70%	0.40	8 600	2 920
50%	0.25	8 600	2 310
30%	0.15	8 600	1 560

第9章

BIM 技术对工程经济的影响

★学习目标

根据工程经济学的基本理论的发展特点，能够对新兴的理论知识进行梳理，自主学习。

★主要内容

BIM 技术的特点；BIM 技术在工程领域中的应用现状。

9.1 BIM 技术概述

9.1.1 BIM 的定义

BIM 技术的发展起源于西方国家，在西方国家的发展非常迅猛。BIM 技术最早诞生于美国，国外的建筑工程大多数利用 BIM 技术完成从设计到建造的全过程，国外 BIM 技术已经发展到能够对项目的建造、施工、运维等全方面进行展示，能够在使用时及时发现项目中所存在的问题，通过运营平台、物业管理平台对建造完成后的模型进行监测，及时查找工程后期运营中具体的参数化设置，为使用者提供一系列的参数信息，能够大大提高工作效率。

BIM 是一个共享的知识资源，能够在项目实施的时候提供有利于工程的数据决策，带来准确的数据，在项目各个不同的阶段，BIM 技术通过互联网的方式实现工程建设项目全生命周期数据共享和信息化管理，并且协调各部门职责的发展。BIM 技术是一项数字化的技术，能够用信息数据的方式来帮助施工项目建立基础数据。BIM 技术带来的数据化信息使得工程项目施工实现信息的真实性，进行可视化、虚拟化施工，信息化管理，数字化加工，通过与运维管理的相结合及信息数据的有效传递，最终实现 BIM 价值的最大化。

一谈到 BIM，专家们都会及时提醒客户：我们介绍的 BIM 是 "Building Information Modeling"，而不是 "Building Information Model"，BIM 是利用数字模型进行建设项目设计、施

工、运营管理的过程，而不仅仅是我们要生产的那个产品（建筑物）的数字模型，虽然BIM模型也是BIM过程的成果之一（图9.1）。

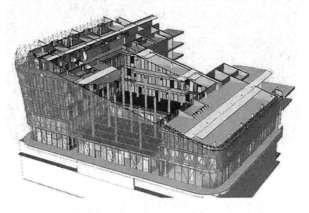

图9.1 BIM模型1

那么BIM究竟是过程呢，还是模型呢？

先来看看这里所谓的过程是什么过程。BIM是利用建筑物数字模型里面的信息在设计、施工、运维等各个阶段对建筑物进行分析、模拟、可视化、施工图、工程量统计的过程。显然，这里的核心是信息，一个创建、收集、管理、应用信息的过程。

再来看看那个所谓的模型，当然这是作为工作客体的那个建筑物的虚拟模型（数字模型），那么要这个模型做什么用呢？当然是支持设计、施工、运维决策和实施。那靠什么支持呢？当然是存放在模型中的信息了！因此所谓BIM模型（或者说虚拟模型、数字模型），它的核心不是模型本身。

所以，BIM既是过程，也是模型，但是归根结底是信息，是存储信息的载体，是创建、管理和使用信息的过程。因此模型也好，过程也罢，事实上真正的核心是信息。

9.1.2 BIM采用的信息组织方法

BIM的核心是信息，同样的信息在不同的项目阶段，不同的参与方会有不同的组织、管理和使用方法，这样的结果就是信息冗余，即多个工程文档包含同一个信息，可能只是表达方式不同。

随着项目信息的不断发展，信息冗余就会导致潜在的协调错误，随之而产生的就是对信息检查过程的需求，在不同时间节点上的信息检查消耗了项目的工期和预算，而在协调检查过程中没有发现的错误被带到施工现场就引起了施工延误和重复工作，从而产生了额外的项目成本。

自然而然人们需要一个代表这个建设项目且具有唯一性的工程信息模型，由此可以导出所有针对这个项目的各个"视图"——不同参与方在项目不同阶段对项目进行各种专业工作的信息应用，如做结构分析、日照模拟、工程量统计、施工计划优化等（图9.2）。

理论上信息的唯一性是合理的，也是可能的，因为信息所代表和描述的实际项目是同一个，因此完全有可能建立一个包含项目所有必要信息的模型来支持各种不同的信息应用。

图 9.2 BIM 模型 2

另外，满足人类生产生活需要的建设项目的类型可以是无限的，但是组成项目的基本元素（构件、部件、组件）是有限的，虽然基本元素本身也是在不断发展着的。因此，基本元素是可以通过不断完善的方法建立起标准模型和信息库的。

具有唯一性的建设项目基本元素，通过组合构成同样具有唯一性的建设项目，需要由不同的专业人士在不同的建设和使用阶段使用不同的技术和方法进行不同目的的作业（视图），并且产生表示这些作业过程和成果的不同类型的文档作为合同提交物，这就是对信息代表的本体（项目）与信息不同的应用之间关系和过程的描述。

9.2 BIM 技术在工程中的应用

9.2.1 BIM 在设计阶段的应用

BIM 技术的理念，符合营建业界人士长期以来对改善工程运作效能的期盼；以追求工程之"利益最大化、效能优化"，为推展 BIM 技术在整个建筑物整个生命周期中追求的目标。

1. 设计创作

以 BIM 的 3D 软件工具为主，尽可能将建筑物设计创作的所有内涵做完整的阐释，"设计创作"即依此阐释的标准程序为基础，所发展建构建筑信息模型的过程。设计创作可包括创建模型及分析审核。设计创作工具主要负责创建模型，而审核和分析工具，则提供特定分析研究成果的信息加入前述所创建的模型，有时审核和分析软件工具还包括设计评审与工程专技方面（如结构、MEP）的分析作业。在整个 BIM 的执行作业中，设计创作软件工具算是迈向 BIM 技术最重要的第一步，而其成功关键取决于使用一规划完善且效能很强的数据库，将此创建的 3D 模型和对应其元组件的性质属性、数量、手段和方法、成本和进度等信息，尽可能准确而有效地联结在一起，使该建筑物名副其实，且深具应用价值与共享的信息模型。设计创作能为工程项目的所有利益相关者提供更具透明度与可视化的设计。而且对设计质量和成本、进度管控方面会有优于过去的改善。

2. 工程专技分析（结构、照明、能源、机械、其他）

在智能型建模软件工具中，使用已建好的 BIM 模型，以设计或其他专业技术的规范（如结构或机电等）为基础，来检测此建筑物是否满足有关各项专业技术要求的各种分析作业。由此所发展出来的信息，将会是业主及营运者将来运用在建筑物系统中（如能源分析、结构分析、紧急疏散规划等）的基础。这些分析和性能仿真工具，可以在其整个生命周期过程中发挥价值，且可以显著地改善设施的能源消耗。设计公司也可借既有的 BIM 模型及价钱不高的分析软件进行比以往更详尽与客观的数据分析，供业主与投资者后续参用。

3. 永续性评估

以目前国内外既有的建筑物永续性评估基准（如 LEED、绿建筑标章、绿建材标章、智慧建筑标章等）为基础，对一工程项目进行系统化、组织化的评估过程。这个评估作业可以是针对材料、建筑物性能方面，或是一个履历过程的评估工作，并应用到整个工程项目的生命周期，跨越规划、设计、施工和营运四个阶段。其评估工作在项目规划阶段和设计创作阶段就开始进行是最有效的，然后在施工和营运阶段增加应用。

4. 法规验证

应用法规验证的专业软件工具必须以 BIM 模型为作业载体，并据以检查一个工程项目的模型参数是否符合建筑规范相关规定的过程。法规验证工作目前在我国，甚至美国或其他国家都是处于起步的发展阶段，目前国内尚未见正式付诸实施。工程项目若能在设计规划初期，针对其坐落的工程基地的地籍位置已知数据（包括基地面积、都市计划使用分区、建蔽率、容积率等）即先以软件辅助工具进行一般法规的初步验证，可以降低初期规划时因法规细节问题而误导设计、遗漏或疏忽，避免造成浪费。

5. 设计评审

BIM 执行团队在工程项目规划会议的审议场合，利用 BIM 的 3D 模型来对该工程项目的利益相关者（可能包括业主、营运单位代表、其他工程专技的项目负责人、设计者、工程承揽者、下游第三方等），展示其设计内容的过程，借以针对此工程项目的布局、采光、照明、安全、人体工学、声学、纹理和色彩等重要议题制定决策。设计师透过 BIM 模型更能将设计理念轻松地传达给业主、施工团队和最终用户。在针对规划需求的工程项目协调会议上，有关业主的需要和建筑物或空间美学方面，则较易得到实时的回馈。

6. 成本估算

BIM 执行团队以 BIM 模型作为执行作业的基础，充分利用 BIM 专业软件及其延展开发的软件工具，在该工程项目设计过程初期，对此 BIM 的 3D 模型，进行一些必要的数量计算程序，产出一套（或部分重要工项）准确的工程数量估算和成本估算，并能快速响应项目可能的变更修改，而将反映在成本增减的影响马上呈现出来，避免预算超支，以节省时间和金钱的过程（图 9.3）。这个过程也可以让设计人员及时从设计调变中随时观察到成本的影响，可以有效遏制由于过度修改项目而造成预算超支。

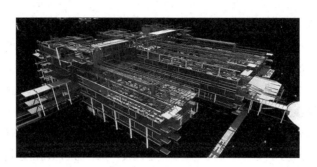

图 9.3 BIM 模型 3

9.2.2 BIM 在施工阶段的应用

1. 工地运用规划

工程项目在漫长的生命周期中,施工阶段是其真正在实体空间产出的关键阶段,无论如何模拟虚空间,在真实的时间与空间交织下,任何实作细节都无法回避,因此若要在虚空间尽可能拟真地排演施工过程,借以检视复杂的施工系统规划,BIM 模型必须从 3D 建模时(不一定在设计时间)就必须考虑模型组件的组构程序,以及实际工程施作的顺序与时程问题。本项作业首重以包括工地现况在内的 BIM 模型为主要载体,探讨工地施工运作的规划,以及人、机、物料等设施设备的空间配当模拟。此作业可以产出现场临时设施执行作业配置图和施工各阶段的材料进场执行作业布局,并确认空间和时间冲突的潜势和关键点,借以选择一个可行的施工方案。

2. BIM 的 3D 控制与规划(数字布局)

3D 控制与规划的执行作业,就是利用 BIM 的 3D 模型来进行仿真建筑物组件在施工阶段的空间配置规划工作,以及产出施工佐图的过程。所谓施工佐图(Liftdrawings)是指将原有 2D 图形数据汇入 BIM 模型中,经由设定对应的动作,将相关的 2D 信息联系到模型组件上,形成 2D/3D 元组件的施工佐图,专门提供给工地领班在现场参阅使用。

3. 施工系统设计(虚拟模型)

BIM 执行团队以 BIM 模型为作业基础,应用 3D 系统设计的软件工具,对一个复杂的建筑物系统进行施工细节方面的设计和分析(如模板作业、帷幕作业、挡土设施等)作业,以提升工程项目施工规划质量。此项作业可增进复杂建筑系统的施工性,提高营建生产力,增加对复杂建筑系统的安全性意识。

4. 数字化组建

BIM 执行团队直接从 BIM 的 3D 模型信息,拿来与自动化机械制造技术做结合,组构加工建筑物的部分实体对象。数字化组建作业等于自动化加工制造作业,如同传统的 CAD/CAM 作业,现在可称 BIM/CAM 作业,首先将 3D 模型处理出有需要进一步加工制造的适当部分,再输入自动化机械加工制造,产出系统组件。

5. 3D 协调作业

在 BIM 术语出现后,其所界定的语意内涵很快就被业界所接受,但所谓具有 BIM 技术实作功能的软件工具,虽然未来潜势十足,但真正要达到人们所期待的理想成效,需要配套的工程信息管理技术,仍不易马上到位。

然而可以肯定的一件事就是,以现有 BIM 相关软件工具提供的功能,从其参数设变引擎及 3D 模型可视化等特色的充分应用,来改善传统的工程协调会议,其成效已普遍证明是明显的,若再加上对 BIM 模型等数据中心版次控管得宜的话,整体获益必将更令人振奋。因此,所有欲考虑初次导入 BIM 技术的任何工程项目,都应认真考虑优先纳入"BIM 的 3D 协调作业"。BIM 执行团队以 BIM 模型为作业基础,使用一个 3D 模型元组件冲突(干涉)的自动检测软件,在工程项目协调会议进行仿真、检讨、修正的过程,即称为"3D 协调作业"。BIM 的 3D 协调作业在设计时间的应用也非常重要。

6. 工地现况建模

执行团队以 BIM 模型为作业基础,为工程项目发展出应对目前工地现有条件下的 3D 模型的过程,包括工地地理环境、周遭状况、工地上的设施设备、含有设施设备的空间区域。此模型可以用多种方式发展,主要取决于当下的需求,以及对未来营运的附加价值。此作业建置的建筑物现况数据可作为记录建筑履历使用,提供有关工址环境的文件,强化描述现况条件的文件效能和准确性,以利后续应用。

7. 施作工项规划(4D 建模)

BIM 的执行团队运用一个 4D 模型(加上时间维度的 3D 模型)有效地规划施工阶段(也可指营运期的修建、改建等)各分段工项进场施作的先后顺序作业。本项作业重点在施工工项排程和 BIM 模型中元组件有效的系结及依时间轴的运作规划过程。4D 建模为功能强大的可视化和沟通工具,可以给项目团队,包括业主,更清楚地了解到工程项目里程碑和营建施工实作的计划细节,让业主和整个工程项目参与者都能更加了解施工各阶段的排程,并掌握该项目进行中的关键路径。

9.3 BIM 应用现状

建筑信息模型(Building Information Model)作为一种信息化管理工具,对施工建设起到辅助和优化作用。近年来,随着 BIM 技术的加速推广及针对其在多类型房建项目实际应用的深层次研究增多,BIM 技术在建筑工程中的应用取得了一定的进展。

专家学者的研究现状表明,BIM 技术在建筑工程中的应用研究应从起始的构建建筑信息模型到对施工管理所面临的成本、进度、质量等都给出成熟、有效的解决方案。BIM 技术在建筑工程领域的成功推广、深化落实、成熟运用并取得的一定效益,给基础设施工程项目带来了启示和借鉴,政府部门、相关企业等都在研究如何将 BIM 技术落实深化于基础设施工程项目中以获得良好的经济效益。

邻近营业线施工作为基础设施工程领域的一部分,是指在营业线邻近区域,影响或可能影响铁路营业线设备稳定、使用和行车安全的作业。下穿铁路工程作为邻近营业线施工的施工类型,一般为市政道路、公路等穿越既有线,需要在保证铁路安全运输的同时,将公铁平面交通的形式转变为立面交通,有分项工程多、施工环境复杂、施工工期长等特点。施工企业作为工程建设项目生产建设的直接主体,既要按时、按质、按量保证工程项目完工,又要节约成本。现阶段大部分施工企业的成本控制仍然比较粗犷,BIM 技术应用较少,存在较大研究空白。因此,找出传统施工成本控制中存在的问题并提供相应的解决措施,能为其他同类型或相似类型的工程项目在应用 BIM 技术方面提供一定的参考和借鉴。

9.3.1 传统施工成本控制存在问题和 BIM 技术落实难点

1. 传统工程施工成本控制存在的问题

成本控制应在事前、事中、事后各阶段对施工期间下穿类型的邻近营业线工程进行影响成本控制因素的识别,并提出相应的解决措施。但下穿类型邻近营业线的施工过程需要多类专业工程协同,施工过程复杂,易出现事前和事中成本控制缺失,具体表现在实际项目施工过程中,项目经理部的管理人员往往重视工程完工事后核算步骤,对于工程开工前的事前测算过程和施工过程中的成本检查及相关纠偏措施不重视,使得成本控制的效果较差。

成本、进度、质量作为施工管理的三大目标本应相互依存、相互作用,工程项目经理部经常将管理人员归入安全质量部、技术部、材料设备部等部门以方便理清任务安排和职责划分,但施工现场的管理人员往往缺乏协同控制的意识,不利于成本控制措施的实施。另外,成本控制不能仅依靠工程项目经理部门的审核,施工方案的优劣,相应设备材料的种类、数量等因素也时刻影响着施工成本的有效控制。

2. BIM 技术前端落实存在的问题

为解决传统施工成本控制的问题,可利用 BIM 技术信息化管理的优势,为施工过程中出现的影响成本的相关因素提供相应的解决措施。利用 BIM 技术的前提是在相应的建筑信息模型上进行施工成本控制,但包含下穿类型的邻近营业线施工 BIM 技术应用案例匮乏,从前期模型的搭建到后期基于模型的成本控制都缺少可参考的工程案例。

9.3.2 BIM 技术在工程项目中的成本控制措施

1. 工程概况

某市市政公路延伸下穿既有铁路站场,上方存在多条既有线路,采用挖空现浇的方式,布置箱涵隧道的铁路站场的下穿施工。铁路站场段下穿长度为 214.98 m,采用人工挖孔桩形成浇筑支撑,上方既有营业线的支撑桩和开挖基坑后的桩板墙,又有钢支撑构成结构受力体系的支护桩。应采用施工便梁和支撑桩的方式,形成对需要进行基坑开挖的上方既有线的线路加固结构体系,在架空区域下方进行箱涵隧道的垫层施工,布置钢筋和模板,浇筑混凝土,达到强度后拆模,回填混凝土和道砟,恢复相应线路(图 9.4)。

2. 下穿铁路工程邻近营业线施工建筑信息模型的构建

(1) 下穿铁路工程的结构分解。下穿铁路工程作为邻近营业线施工的施工类型,一般为市政道路、公路等穿越既有线,要在保证铁路安全运输的同时,将公铁平面交通转变为立面交通,具备分部分项工程多、施工环境复杂、施工工期长等特点。在下穿铁路工程的施工过程中需要与多类专业工程配合,因施工步骤多,相应的施工工法复杂,构建建筑信息模型

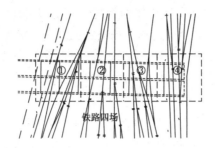

图 9.4 BIM 模型邻近营业线施工现场

难度大,现对下穿铁路的施工项目进行总结、分析,将整体项目初步分解为以下几点:

1)通信和信号工程。通信工程包含了既有光电缆的迁改、光电缆割接和土建期间电缆的防护;信号工程包含了局部的割接迁改和后续的信号台柱的加固固定。

2)接触网工程。接触网工程包含了基坑工程的施工,接触网的基础浇筑,以及立杆的整正和支柱腕臂的装配。

3)隧道、涵洞工程。铁路段的箱涵包含了人工挖孔桩的施工、线路加固的施工、工作坑的支护和开挖、箱涵的施工;市政排水管涵包含了泵房基坑支护施工、调蓄池结构的施工、泵房施工。

依据专业工程组成,进行构建族的再次结构分解划分。以隧道、箱涵工程为例,从箱涵工程整体结构和使用功能来看,可将整个隧道、涵洞工程分为施工便梁、铁路段、支撑与基础和供电辅助设施。参考住房和城乡建设部发布的《建筑信息模型分类和编码标准》(GB/T 51269—2017)和中国铁路 BIM 联盟发布《铁路工程信息模型信息分类和编码标准》,进行线路加固、信息模型信息编码和分类。在企业族库建立过程中,添加自定义属性集和自有属性集(图 9.5)。

图 9.5 工程结构分布图

（2）下穿铁路工程建筑信息模型族库的构建。下穿铁路的施工方案是根据相关施工工法和施工现场实际条件共同决定的。实际工程项目三维信息模型族的构建与传统二维图纸相比，实现了三维立体实物图可视化展示，并携带各类参数信息供施工方在工程项目施工过程中进行施工预建造，实现方案设计优化和包含成本控制在内的目标管控。该信息模型的核心主要由以下两部分组成：

1）几何类参数信息，三维信息模型在平台上关于几何尺寸、材料强度、材料消耗量等数据的表达；

2）非几何参数信息，主要包括材料信息、时间分析信息等，供管理者在工程施工建设中进行目标管控（表9.1）。由于上述专业工程类型过多，下文将以隧道工程中的铁路段箱涵工程的箱涵为例，构建建筑信息模型族库。

表 9.1 模型族构建参数

族名称		族样板	族命令	几何参数	非几何参数
箱涵族	钢筋混凝土框架涵族	公制常规模型	拉伸、空心拉伸	框架长、宽、高，加腋角度，边墙宽，中墙宽	材质、施工班组、模板安装时间、混凝土浇筑时间、混凝土浇筑量
	预留空洞族		空心放样	—	—
管廊框架族		基于线的公制常规模型	拉伸	挂板长、宽、高	材质、安装时间
灯具类族		—	—	默认高程、高度、直径	材质、负荷分类、灯、瓦特备注、电压、级数、安装时间
路基路面族	路基族	基于线的公制常规模型	拉伸	长、宽、高、空洞间距	材质、施工班组、施工时间、养护记录
	路面族				
	人行横道和污水处理道族		拉伸、空心放样		

下穿箱涵在实际施工过程中，首先要进行外部钢筋混凝土框架的施工，包含布置钢筋、支设模板、浇筑混凝土等施工工序，达到强度后进行内部路基路面和管道设备的施工，按照不同的族样板和族命令，进行模型族构建（图9.6）。

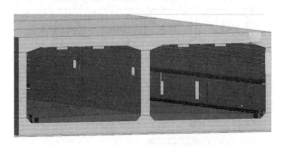

图 9.6 钢筋混凝土箱涵钢筋族 1

构建完成的模型族应满足后续成本控制的需求,因此,要能够随时提取族库有关参数信息,并与材料单元信息价结合,得出相关工程的成本造价。以构建完成的钢筋混凝土箱涵族为例,其内部的钢筋工程族,可使用 Revit 2016 中的明细表得出相关参数信息,获取相关钢筋的单价即能得出相应的成本(图 9.7)。

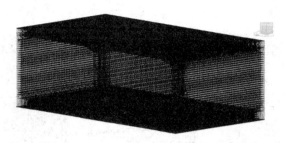

图 9.7 钢筋混凝土箱涵钢筋族 2

整体下穿铁路邻近营业线工程建筑信息模型,其建立流程如下:在线路加固信息模型建立前,选择 Revit 2016 自带的基础项目样板,导入 CAD 图纸,绘制好标高、轴网,建立好符合该项目的线路加固专项项目样板。将 Civil 3D 中建立好的地形点云文件通过 DWG 格式导入 Revit 2016 中,经过软件处理,得到施工地形模型文件。分别将上述族构件加载进线路加固专项项目样板,搭建线路加固信息模型。

3. 基于 BIM 技术的施工成本控制措施

(1)施工技术交底。将在 Revit 2016 中建立的线路加固信息模型通过 NVT 转 FBX 格式导入 3ds Max 中,以施工动画的形式直接展示线路加固过程中人工挖孔桩钢筋笼放入、混凝土砂浆的灌注、部分铁轨的拆卸,以及不同桥跨间施工便梁、纵梁和横梁的搭接要点等一系列施工流程(图 9.8)。现场管理人员和一线工人认知水平层次不同,通过施工动画进行施工技术交底,抛却了传统二维 CAD 图纸的烦琐性,给现场管理人员和一线施工工人更直观的感受,帮助其更好地了解施工步骤和流程,加快工程进度,确保工程质量,减少工程返工,从而降低相应施工成本。

图 9.8 BIM 模型现场施工图

（2）施工碰撞检查。在进行下穿铁路工程邻近营业线施工过程中，要考虑施工过程是否会对铁路干线造成"侵限"问题。因此，利用下穿工程建筑信息模型进行碰撞检查，通过 RVT 将模型转成 NWD 格式。在 Navisworks 中，导入加固模型和铁路干线限界模型进行动态模拟，查看铁路干线是否会影响线路加固施工过程，避免因碰撞而造成工程延误、后期工程变更和成本增加（图 9.9）。

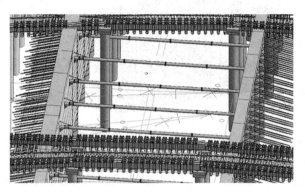

图 9.9　施工效果图

（3）施工方案对比模拟。在下穿铁路的邻近营业线工程中，各分项工程存在多类施工方案，使用某类施工方案能够完成相应的施工步骤，但可能存在施工成本超标情况，利用 BIM 技术，实现模拟施工模型，分别导入含有成本信息的施工方案所需的参数族，进行方案对比，下穿铁路施工前，会对上方既有线路进行加固，通过利用 BIM 模型进行对比，发现利用定制 D 型施工便梁虽然在材料成本上会有所增加，但是以后日常养护的成本会有所降低，因此，选取定制 D 型施工便梁方案可有效降低施工成本。具体的数据见表 9.2。

表 9.2　利用 BIM 模型的施工方案对比

常用方法	工字钢施工便梁方案	定制 D 型施工便梁方案
每月成本分析（单条 48 m 铁路线路加固）	人工：①每次检查线路需 3 人，每月检查线路 3×30×200＝18 000；②每次养护工字钢 5 人，每月需 5×15×200＝15 000；③每次封锁养护线路 8 人，每月需 8×4×200＝64 000。材料：15 000 元/月。其他：每个封锁点 20 000，每月 80 000	人工：①每次检查线路需 3 人，每月检查线路 3×30×200＝18 000；②每次养护 D 型施工便梁 5 人，每月需 5×4×200＝4 000；③每次封锁养护线路 8 人，每月需 8×200＝1 600。材料：购置费 800 000。其他：每个封锁点 20 000，每月 20 000
备注：人工费按 200 元/人/工日，每次作业都按一个工日计算；工期以 12 个月计算。		

下穿工程的邻近营业线施工过程中存在缺乏相应族库模型的问题，传统工程的施工成本控制存在控制措施落后、协同性差的问题。通过引入 BIM 技术并构建相应的下穿铁路建筑信息族库并搭建详细的建筑信息模型，可以做到有效统计各类专业工程的成本信息，并通过施工技术交底、施工碰撞检查和施工方案对比等有效措施降低施工成本，提高工程效益。

9.3.3 BIM 技术应用的重点

BIM 技术应用的重点也是优势之一，就是要在工程还没有实际进行前，透过拟真的事前分析与模拟，来协助各项决策及运筹帷幄，以降低甚至避免工程中可能发生的误解、冲突、错误、浪费与风险等。

1. 环境影响模拟

此部分的模拟工具通常需要 LOD 200 的 BIM 几何模型，而目标建筑物周遭环境的建筑物则可用 LOD 200 的 BIM 几何模型或只需 LOD 100 的量体模型即可，再搭配数字地形图与地图，来进行一年四季的日照与建筑物阴影相互影响等的分析，甚至再搭配能进行流体动力分析的工具来进行建筑物周围风场的模拟（图 9.10）。

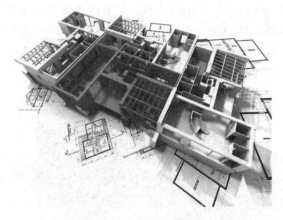

图 9.10　BIM 模型 4

2. 节能减碳设计分析

此部分的应用工具随着近年来对节能减碳的要求，以及绿色建筑规范的发展而越来越受到重视，工具软件的功能也越来越细致。通常，这类工具必须能让用户输入气象单位提供的当地全年气候数据，然后根据对日照热辐射及室内采光、通风与空调的模拟，来考虑符合人体舒适度及室内照明需求的节能减碳设计，如外壳隔热、遮阳、自然通风等，减少照明及空调的使用，达到节能减碳的目的（图 9.11）。

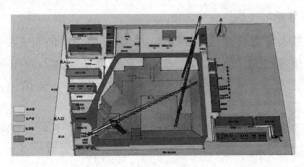

图 9.11　BIM 模型 5

在室内通风与热流的分析中，通常需要 LOD 200 或 LOD 300 的 BIM 模型。开口、玻璃、隔间等与其材质、透光度、导热性等信息，也牵涉到照度模拟、流体动力计算与热传导分析，详细的分析多需要大量的计算，而目前大部分的应用工具多采用较简易快速的分析方法，毕竟在初步设计规划阶段，只要能满足设计方案的比较与节能减碳效益粗估上的精确度要求即可。

此类分析模拟工具的发展空间还很大，一方面是在分析的精确度与可视化呈现及模拟效能的提升方面；另一方面则是现代建筑与设施日渐智能化，利用许多自动的感测装置及半自动或自动的控制装置来达成节能减碳目标，但如何将这些控制机构及情境（例如，随室内温度变化与需求而自动开关的窗户）纳入分析模拟中，则仍是需要继续努力的研究与应用议题。

3. 结构分析

此部分的分析工具已发展多年且相当成熟，只是过去通常都是由结构工程师根据 2D 建筑图自行建构分析所需的三维模型，现在则可以由 LOD 300 的 BIM 模型中自动导出所需的几何及材料属性信息，除较简单方便外，也可避免因人工解读及建模时可能造成的错误，尤其对于不规则造型的构造物而言，效益最为显著（图 9.12）。

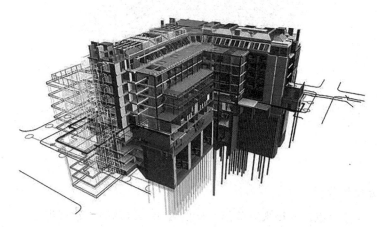

图 9.12　BIM 模型 6

目前，此部分应用最大的困境还是在 BIM 塑模工具与结构分析软件间的信息抛转还不是很标准及完善，尤其是将分析完成后的信息回馈到 BIM 模型中以利于后续应用方面。

4. 机电管线系统分析

传统上，机电管线系统的设计以平面图为主，且在设计时间所完成的设计还留有很多以示意为主的表达，必须等到施工阶段才由施工者自行判断决定。应用 BIM 技术之后，设计成果在几何与空间位置上必须够明确清楚才有办法据以建构 BIM 模型，因此，一些设计及施工上的决策必须提前。

然而每个系统在 BIM 模型中都被更清楚地展示出来，除可以提前检讨协调系统间的冲突问题外，也有利于进行个别系统的相关设计仿真分析，如管流的分析、电力负载分析、水循环分析等。此部分的分析功能多需与 BIM 建模及设计工具密切结合，所需要 BIM 模型多为 LOD 300 程度。

5. 空间碰撞分析

在设计时间、施工前或施工中,由于建筑、结构、机电管线系统都由不同专业分工协同设计与施作,难免会在设计与施工上发生空间碰撞的问题,因此必须透过 BIM 模型整合来检测,并加以协调来改善整体的设计成果。此部分的应用需求与效益目前已十分显著,因此,也已有不少的软件包工具可以运用。

综上所述,BIM 技术作为在建筑领域新应用的技术,虽然目前主要应用于设计阶段和施工阶段,但从其信息集成的本质上看,BIM 技术能够在项目决策阶段大幅度提高工程项目成本数据的准确性,从而为项目的经济性评价提供更加科学合理的基础数据。

9.4 BIM 技术在造价管理中的应用

工程造价是指进行某项工程建设所花费的全部费用。工程造价是一个广义概念,在不同的场合,工程造价含义不同。由于研究对象不同,工程造价有建设工程造价、单项工程造价、单位工程造价及建筑安装工程造价等。广义来讲造价是成本、税金及利润之和,但狭义的造价与成本的概念是等同的。因此,在很多地方两者是混用的。例如,施工单位与建设单位的工程结算价格,对于施工单位来说是工程造价,而对于建设单位来说又可以作为工程成本的一部分。

9.4.1 行业及工具的转变

工程计价管理阶段演变如下:

(1) 无标准阶段。中华人民共和国成立初期属于无统一预算定额、单价情况下的工程造价计价模式。国家没有统一标准和规范,仅通过图纸手工计算工程量后,凭经验、凭市场行情来确定工程造价。

(2) 预算定额模式阶段。由政府统一预算定额、单价情况下的工程造价计价模式,即政府决定造价。按正常的施工条件,以平均的劳动强度、平均的技术熟练程度,在平均的技术装备条件下,完成单位合格产品所需的劳动消耗量就是预算定额的消耗水平。

(3) 消耗量定额模式阶段。在原有预算定额计价模式的基础上提出了"控制量,放开价,引入竞争"的新模式。消耗量定额反映的是人工、材料和机械台班的消耗量标准,适用于市场经济条件下建筑安装工程计价,体现了工程计价"量价分离"的原则;传统的预算定额是计划经济的产物,"量价合一",不利于竞争机制的形成。

(4) 清单模式阶段。有关部门颁布了《建设工程工程量清单计价规范》(GB 50500—2013),使用统一的工程量计算规则和统一的施工项目划分规定。工程量清单采用综合单价,它包括人工费、材料费、机械费、管理费和利润、各项费用均由投标人根据企业自身情况并考虑各种风险因素后自行编制。

计价工具的转变经历了以下阶段:

(1) 全手工计算阶段。在计算机还没有普及的年代,一切只能靠手工来完成(借助算盘和计算器)。

(2) 计价软件阶段。随着家用计算机的逐渐普及,各地计价软件如雨后春笋般不断涌现。由于各地定额不同及程序开发难度低，造成了每个省甚至是每个地级市都有当地的计价软件。由于效率提高明显，在得到用户认可后计价软件迅速普及。

（3）算量软件阶段。计价软件普及后，造价人员把50%~80%的时间花在了工程量计算上面。而且随着工程规模越来越大，复杂程度不断提高，异形结构大量应用，手工计算工程量已经难以适应。因此，算量软件的应用也越来越普及，即通过软件建立工程BIM模型，进行三维计算和扣减。例如，鲁班和广联达软件等都是国内较早一批做算量软件的厂商，目前每年至少有数万个模型建立。算量软件的应用，也标志着BIM在5D造价中的价值得以体现。

9.4.2 造价管理存在的问题

1. 与市场脱节

目前，国内各界普遍采用的工程造价管理模式，是静态管理与动态管理相结合的模式，即由各地区主管部门统一采用单价法编制工程预算定额实行价格管理（地区平均成本价）。分阶段调整市场动态价格，将指导价和指定价相结合，定期或不定期公布指导性系数，再由各地区的工程造价机构据此编制、审查、确定工程造价。多年来，这种管理办法基本适应了由计划经济向市场经济的转变，强化了政府对工程造价的宏观调控，初步起到了自成体系、管理有序、控制造价、促进效益的积极作用。同时，已经开始实施的注册造价工程师制度，又促使我国的建设工程造价管理向专业化、正规化方向前进了一大步。

但随着市场经济的发展，现行的建设工程造价管理体制与管理模式存在的局限性越来越明显，并已开始制约管理水平的提高与发展。国家虽然已经意识到这种制度存在的局限性对经济发展形成了不利因素，并已开始制定相关制度，但仍需加大相关管理力度。

2. 区域性明显

造价管理区域性非常明显，全国各省、自治区、直辖市几乎都有一套当地的标准。这主要是由中国的管理体制决定的：定额管理是一个部门，招标投标管理是另一个部门，定额又分为全国统一定额、行业统一定额、地区统一定额、补充定额等。所以人们看到的一个现象是全国性的施工企业、房产企业很多，但是全国性的造价咨询公司很少。这与地方保护有关，更重要的是由于各地标准不同，在一个地区积累的经验和数据，到另外一个地区往往就不适用了，可能需要重新再来，而这些历史造价指标数据恰恰是造价咨询公司立足的根本。

3. 共享与协同不够

目前，造价管理还停留在工程项目特定节点的应用（概算、预算和结算）、单个岗位的应用和单个项目的应用上。共享与协同程度不够。主要表现为：造价工程师所获得的数据还没有办法共享给内部人员：一方面是因为技术手段；另一方面是因为所提供的数据其他人无法直接使用，需要进行拆分和加工。同时，各地区标准不同也造成了共享困难。造价工程师无法与其他岗位协同办公。例如，进行项目的多算对比、成本分析，需要财务数据、仓库数据、材料数据等,这些就涉及多岗位的协同,现阶段的协同效率非常低而且拿到的数据也很难保证及时性和准确性。所以,做好项目要进行三算对比,但实际上目前造价管理无法真正做到。

4. 造价不够精细

精细化造价管理需要细化到不同时间、不同构件、不同工序。目前很多的施工企业只知道项目一头一尾两个价格,过程中成本管理完全放弃了。项目做完了才发现,实际成本和之前的预算出入很大,这个时候再采取措施为时已晚。对建设单位而言,预算超支现象十分普遍,这首先是由于没有能力做准确的估算,其次是缺乏可靠的成本数据。

5. 数据的及时更新和维护不及时

现场的设计变更,签证索赔,对量和价的调整比比皆是,另外材料价格的波动也非常频繁。如何掌握这些最新的数据,并及时做出相应的调整和对策,这也是目前造价管理遇到的问题。材料、设备、机械租赁、人工与单项分包价格还凭借人工采集、定额站和建材信息网提供的价格数据,与实际的市场行情相比,在准确性、及时性和全面性方面都存在问题。

工程量项目的经济管理、工程造价控制是基本建设的核心任务,正确、快速地计算工程量是这一核心任务的首要工作。工程量计算是编制工程预算的基础工作,具有工作量大、烦琐、费时等特点,占编制整份工程预算工作量的 50%~70%,而且其精确度和快慢程度将直接影响预算的质量与速度。改进工程量计算方法,对于提高概(预)算质量,加速概(预)算速度,减轻概(预)算人员的工作量,增强审核、审定的透明度都具有十分重要的意义。

建筑材料的种类、型号繁多,不同种类和型号的价格也不同,而且建筑市场的价格不透明,国家统一的定额价格不能做到实时更新,导致采购员无法获得准确的材料价格,直接影响到工程造价。

目前使用的是各地政府制定的当地定额书,里面的消耗量指标反映的是整个地区的整体生产力水平,且更新较慢,许多地方用的还是 21 世纪初的定额,已经无法反映当下的水平,再加上各公司生产力水平的不等,根据定额书里的消耗量指标已经无法准确计算工程造价,更不用提各企业按照定额书中消耗量指标来测算成本了。

9.4.3 BIM 在造价管理中的作用和意义

BIM 在建设项目造价管理信息化方面具有不可比拟的优势,对于提升建设项目造价管理信息化水平、提高效率,乃至改进造价管理流程,都具有积极意义。工程造价主要由量数据、价格数据和消耗量指标数据三个关键要素组成,而 BIM 在造价管理中的作用主要体现在量数据的获得方面。

(1)提高工程量计算准确性。基于 BIM 的自动化算量方法比传统的计算方法更加准确。工程量计算是编制工程预算的基础,但计算过程非常烦琐和枯燥,造价工程师容易人为造成计算错误,影响后续计算的准确性。一般项目人员计算工程量误差在 ±3% 左右已经算合格了;如果遇到大型工程、复杂工程、不规则工程结果就更加难说了,另外,各地定额计算规则的不同也是阻碍手工计算准确性的重要因素。每计算一个构件都要考虑相关哪些部分要扣减，需要具有极大的耐心和细心。BIM 的自动化算量功能可以使工程量计算工作摆脱人为因素影响，得到更加客观的数据。利用建立的三维模型进行实体扣减计算，对于规则或不规则构件都能同样计算。

（2）合理安排资源计划，加快项目进度。好的计划是成功的一半，这在建筑行业尤为重要。建筑周期长，涉及人员多，条线多，管理复杂，没有充分合理的计划，容易导致工期延误，甚至发生质量和安全事故。利用 BIM 模型提供的数据基础可以合理安排资金计划、人工计划、材料计划和机械计划。在 BIM 模型所获得的工程量上赋予时间信息，就可以知道任意时间段各项工作量是多少，进而可以知道任意时间段造价是多少，根据这些制订资金计划。另外，还可以根据任意时间段的工程量，分析出所需要的人、材、机数量，合理安排工作。

（3）控制设计变更。遇到设计变更，传统方法是依靠手工先在图纸上确认位置，然后计算设计变更引起的量增减情况。同时，还要调整与之相关联的构件。这样的过程不仅缓慢，耗费时间长，而且可靠性也难以保证。加之变更的内容没有位置信息和历史数据，之后查询也非常麻烦。利用 BIM 模型，可以把设计变更内容关联到模型中。只要把模型稍加调整，相关的工程量变化就会自动反映出来。甚至可以把设计变更引起的造价变化直接反馈给设计人员，使他们能清楚地了解设计方案的变化对成本的影响。

（4）对项目多算对比进行有效支撑。利用 BIM 模型数据库的特性，可以赋予模型内的构件各种参数信息，如时间信息、材质信息、施工班组信息、位置信息、工序信息等。利用这些信息可以把模型中的构件进行任意的组合和汇总。例如，找第 5 施工班组的工作量情况时，在模型内就可以快速进行统计，这是手工计算所无法做到的。BIM 模型的这个特性，为施工项目做多算对比提供了有效支撑。

（5）历史数据积累和共享。工程项目结束后，所有数据要么堆积在仓库，要么不知道去向，要参考这些数据就很难了，造价咨询单位视这些数据为企业核心竞争力，对今后项目工程的估算和审核具有非常大的价值。利用 BIM 模型可以对相关指标进行详细、准确的分析和抽取，并且形成电子文档以便保存和共享资料。

9.4.4 基于 BIM 的全过程造价管理

全过程造价管理是为确保建设工程的投资效益，对工程建设从决策阶段到设计阶段、招投标阶段、施工阶段等的整个过程，围绕工程造价进行的全部业务行为和组织活动。对基于 BIM 技术的全过程造价管理在项目建设各阶段发挥的作用简单总结如下：

（1）在项目投资决策阶段，可以利用以往 BIM 模型的数据，如类似工程每平方米造价是多少，估计出投资一个项目大概需要多少费用。根据 BIM 数据库的历史工程模型进行简单调整，估算项目总投资，提高准确性。

（2）在设计阶段，可以利用 BIM 模型的历史数据做限额设计，这样既可以保证设计工程的经济性，又可以保证设计的合理性。设计限额指标由建设单位独立提出，目前限额设计的目的也由"控制"工程造价改成了"降低"工程造价。住房和城乡建设部绿色建筑评价标识专家委员曾表示："工程建设项目的设计费虽仅占工程建安成本的

1%~3%，但设计决定了建安成本的70%以上，这说明设计阶段是控制工程造价的关键。设定限额可以促进设计单位有效管理，转变长期以来重技术、轻经济的观念，有利于强化设计师的节约意识，在保证使用功能的前提下，实现设计优化。设计限额是参考以往类似项目提出的。但是，多数项目完成后没有进行认真总结，数据也没有根据未来限额设计的需要进行认真的整理校对，可信度低。利用BIM模型来测算造价数据，一方面可以提高测算的准确度；另一方面可以加大测算的深度。设计完成后，可以利用BIM模型快速做出概算，并且核对设计指标是否满足要求，控制投资总额，发挥限额设计的价值。

（3）随着工程量清单招投标在国内建筑市场的逐步应用，建设单位可以根据BIM模型短时间内快速准确提供招标所需的工程量，以避免施工阶段因工程量问题引起的纠纷。对于施工单位，由于招标时间紧，靠手工来计算，多数工程很难对清单工程量进行核实，只能对部分工程、部分子项进行核对，难免出现误差。利用BIM模型可以快速核对工程量，避免因量的问题导致项目亏损。

（4）在招标完成并确定总包方后，会组织由建设单位牵头，施工单位、设计公司、监理单位等参加的一次最大范围的设计交底及图纸审查会议。虽然图纸会审是在招标完成后进行的，大多数问题的解决只能增加工程造价，但是能够在正式施工前解决，可以减少签证，减少返工费用及承包商的施工索赔，而且随着承包商和监理公司的介入，可以从施工及监理的角度审核图纸，发现错误和不合理因素。

然而，传统的图纸会审是基于二维平面图纸的，且各专业的图纸分开设计，靠人工检查很难发现问题。利用BIM技术，在施工正式开始以前，把各专业整合到统一平台，进行三维碰撞检查，可以发现大量设计错误和不合理之处，从而为项目造价管理提供有效支撑。当然，碰撞检查不仅用于施工阶段的图纸会审，在项目的方案设计、扩初设计和施工图设计中，建设单位与设计公司已经可以利用BIM技术进行多次图纸审查，因此，利用BIM技术在施工图纸会审阶段就已经将这种设计错误降到很低的水平了。

（5）建设单位可以利用BIM技术合理安排资金，审核进度款的支付。特别是对于设计变更，可以快速调整工程造价，并且关联相关构件，便于结算。施工单位可以利用BIM模型按时间、按工序、按区域计算出工程造价，便于成本控制，也可以利用BIM模型做精细化管理，如控制材料用量。材料费在工程造价中往往占有很大的比重，一般占预算费用的70%，占直接费用的80%左右。因此，必须在施工阶段严格按照合同中的材料用量控制，从而有效地控制工程造价。控制材料用量最好的办法就是限额领料，目前施工管理中限额领料手续流程虽然很完善，但是没有起到实际效果，关键是因为领用材料时，审核人员无法判断领用数量是否合理。利用BIM技术可以快速获得这些数据，并且进行数据共享，相关人员可以调用模型中的数据进行审核。

（6）施工结算阶段，BIM模型的准确性保证了结算的快速准确，避免了有些施工单位为了获得较多收入而多计工程量，结算的大部分核对工作在施工阶段完成，从而减少了双方的争议，加快了结算速度。

对于施工单位来说，造价管理中最重要的一环就是成本控制。而成本控制最有效的手段就是进行工程项目的多算对比。多算对比涉及三个维度，即时间、工序和区域

（空间位置）确度。控制项目成本，检查项目管理问题，必须要有从这两个维度统计分析成本关键要素的能力，只分析一个时间段的总成本是不够的。例如，一个项目完成了 500 万元产值，实际成本 400 万元，总体状况非常好，但并不能说明这个项目管理没有问题，很有可能其中某个子项工序只有 70 万元的预算成本，却发生了 90 万元的实际成本，这就要求有能力将实际成本拆到每个工序之中，而不能只统计一个时间段的总成本。另外，项目实施经管按施工段、按域实施与分包，这就需要能按区域分析统计成本关键要素，实行限额领料、与分包单位结算和控制分包项目成本。三个维度的分析能力要求系统快速高效拆分汇总实物量和造价的预算数据，以往的手工预算是无法支撑这样巨大的工作量的。

利用 BIM 模型得到数据时，还可以与企业内部的 ERP 系统相结合。ERP 系统是企业资源计划（Enterprise Resource Planning）的简称，是指建立在信息技术基础上，集信息技术与先进管理思想于一身，以系统化的管理思想，为企业员工及决策层提供决策手段的管理平台。例如，现在国家相关部委对特级施工企业信息化提出了要求，因而相关企业纷纷购置 ERP 系统。但随之问题就出现了，ERP 中的大量数据需要手工输入，面对这种情况，大部分企业都无所适从。一般特级企业在建项目每年都有数百个，而且每个项目都是不一样的，涉及数据也非常多，靠人工输入是一项浩大的工程。而利用建立完全的 BIM 模型，直接将数据导入 ERP 系统中，将大大节约时间和人力。

目前，BIM 技术在造价管理中的应用大多还停留在施工阶段，与设计阶段及建筑物运营维护阶段的应用交集不多，比较孤立。这一方面是因为 BIM 技术在设计和运营维护阶段的应用还不普及；另一方面是因为相互之间的数据标准还没有建立，表现如下：

（1）数据接口的标准：目前国内造价管理的 BIM 模型与设计的 BIM 模型是相互独立的，因此，建立数据接口的标准将让造价管理的效率更上一个台阶。可以利用应用程序接口（API）建立链接，这就需要建立国内统一的 BIM 标准。这种方法可以把 BIM 相关软件进行无缝对接，避免重复建立模型，同时保证模型的准确性。

（2）BIM 模型建立的标准：造价管理的特性决定了同一个项目有多家单位会进行自己的造价管理，如何形成一个统一的、方便核对的标准，决定了 BIM 技术在造价管理中应用的深度。

（3）材料编码、消耗量指标：条目编写规范相当重要，能否顺利建立标准将影响整个进程。目前，国内还没有统一的材料编码，这就导致了各软件系统自成一套体系，阻碍了数据的共享。可以看到，目前 BIM 模型应用于造价管理更多地体现在量上面，由于我国的特殊国情，各地定额标准都不同，需要把量导入计价软件中才能得到总造价。相信随着我国市场与国际接轨的深入，在不久的将来这方面将更加完善。随着 BIM 技术在造价管理中的应用不断深入，建筑工程行业将变得更加透明，更加有序，企业发展的重心也会趋向于内部管理、成本控制、技术创新等。

第 9 章　BIM 技术对工程经济的影响

> 课外延伸阅读

《通知》附件

BIM 对企业信息
管理的要求

关于印发《黑龙江省工程建设
项目审批涉及技术性评估评价
事项清单（试行）》的通知

哈尔滨地铁 2 号线
项目中 BIM 技术的应用

什么是 CIM？
和 BIM 有什么关系？

参 考 文 献

［1］杜葵．工程经济学［M］．5版．重庆：重庆大学出版社，2020．
［2］鹿雁慧，王铁，宋晓惠．工程经济学［M］．2版．北京：北京理工大学出版社，2013．
［3］（美）沙利文，（美）威克斯，（美）科林．工程经济学［M］．14版．北京：清华大学出版社，2011．
［4］刘晓君，李玲燕．技术经济学［M］．3版．北京：科学出版社，2022．
［5］刘辉宁．建设项目投资估算案例实操［M］．北京：中国建筑工业出版社，2020．
［6］郑立群．工程项目投资与融资［M］．2版．上海：复旦大学出版社，2011．
［7］陈琳，谭建辉．房地产项目投资分析［M］．北京：清华大学出版社，2015．